탄소시장과 탄소배출권

신 동 훈 · 著

"본 저서는 인하대학교의 지원에 의하여 연구되었습니다."

책머리에__

　이 책은 전 세계 탄소시장을 구성하는 탄소세와 탄소배출권의 역사와 기원, 성격과 현황을 살펴보는 책이다. 특히, 다른 탄소정책 보다는, 주로 탄소배출권의 현황에 대해 좀 더 살펴보았다. 저자는 약 10년 전에 친한 학자들과 탄소배출권보다 더 효과적인 파생상품을 고안해보자는 엉뚱한 생각을 한 적이 있었다. 물론 그 당시 EU-ETS 시장마저도 생존을 걱정해야 할 판국이어서, 딱히 그럴듯한 결과가 나오진 않았지만, 살면서 처음 탄소배출권에 대해 깊이 고민하던 시간을 가졌다.
　그러나 지구의 온난화와 환경의 지속가능성 문제는 나의 삶과는 별개로 꾸준한 화두로 자리잡았고, 2010년대 후반에는 유럽으로부터 불어오는 탄소감축, 그린 에너지 전환의 논의가 극에 달했다. 탄소배출권의 가격은 다시 최고점을 찍고 있었고, 전 세계 기업들은 지속가능경영, ESG 경영 등을 회사운영의 모토로 삼기 시작했다. 각국 정부는 화석연료를 줄이고 그린 에너지 전환을 하지 않으면 무역에서 도태될 것 같은 분위기를 연출하였고, 각 정부부처에 그린 뉴딜 사업을 지시했다. 그리고 인하대학교는 교육부에서 지원한 녹색융합기술 인재양성 특성화 대학원 지원사업을 통해서 2021년에 일반대학원 석박사과정으로 녹색금융 전공과정을 개설할 수 있었다. 저자가 탄소배출권과 탄소시장을 학생들에게 가르치게 된 건 이상한 인연이지만 스스로에겐 왠지 자연스러워 보였다.
　막상 가르치려고 하니 마땅한 교재가 없었다. 2013년에 EU-ETS 시장이 한차례 거의 무너지면서 관련 서적들의 출판도 무너졌나 생각했다. 여러 서적을 뒤적이다가 양승용 교수님께서 쓰신 '국제 탄소시장의 이해'(2009)란 책을 보고 학생들을 가르칠 수 있겠구나 하는 생각이 들었다. 하지만 2015년 파리협정 채택, 2015년 이후 국내 탄소배출권 거래시작, 2021년 파리협정 이행 시작 등 탄소시장에 엄청나게 많은 변화가 있었는데 그러한 변화가 생략된, 10년도 더 된 책으로 강의를 할 순 없는 노릇이었다. 본서는 '국제 탄소시장의 이해'에 많은 영향을 받았지만, 또한 여러 부분을 보완한 책이라고 할 수 있겠다. 이 책은 탄소배출권에 관심있는 대학원생들을 가르치기 위해 집필된 것이지만, 대학생들이 보기에도 어려움은 없다.

본서를 집필하면서 최대한 오류를 줄이고 출처를 명확히 하려 많은 노력을 기울였으나, 남은 오류와 인용이 빠진 부분이 있다면 이는 저자의 의도치 않은 실수이며 향후 보완할 것을 약속드린다. 이 책을 통해 아직은 생소한 탄소시장과 탄소배출권의 구체적인 모습이 조금이라도 많은 사람들에게 알려지고 활성화되길 기대해본다.

본서는 총 8장으로 구성되어 있다. 1장은 서론, 2장은 탄소시장의 역사와 배경을 소개하고, 3장은 탄소시장의 구조를 여러 방면에서 살펴본다. 4장에서는 탄소시장을 구성하는 참여자들을 알아보고, 5장은 전 세계 주요 탄소배출 국가들의 탄소정책과 각 국가의 탄소정책에 대해 국내적, 또는 국제 사회적 분위기를 전달한다. 6장은 탄소배출권 가격은 어떻게 결정되며, 배출권 가격을 결정하는 요소들은 무엇이 있는지를 살펴보고, 7장은 리스크관리와 헤지거래에 쓰이는, 탄소배출권을 기초자산으로 하는 파생상품에 대해 살펴본다. 마지막으로 8장에서는 국내의 탄소시장과 탄소배출권의 역사, 법적근거, 배출권 종류, 거래시장 구조, 그리고 미래의 감축계획 등에 대해 알아본다.

본서를 집필하면서 지면을 빌어 감사드리고 싶은 분들이 많다. 아무래도 그중 첫 번째는, 공부 길게 하느라 늦게 취업한 장남을 끝까지 기다려주시고, 저자의 모든 일이 잘 풀리길 늘 기도하시는 저자의 부모님(신삼철 사장님, 이상란 여사님)께 가장 큰 감사를 드린다. 다음으로 본서의 출간에 있어 시작과 끝을 함께하며 큰 도움을 준 도서출판 에듀컨텐츠휴피아 이상열 대표를 비롯한 임직원 여러분께도 감사의 말을 전한다.

약 10년 전 뜬금없이 탄소배출권과 관련된 연구를 같이 하자고 하셔서 저자의 탄소배출권에 대한 눈을 뜨게 하셨던 고려대학교 김창기 교수님, 지속가능경영을 20년 이상 연구하시면서 인하대학교에 녹색금융대학원 프로그램을 유치하시고 저자에게 탄소배출권 관련 공부를 10년 만에 다시 하게 해주신 인하대학교 김종대 교수님과 저자의 탄소시장 첫 수업이었던 2021년 가을, 녹색금융대학원 '배출권과 탄소시장' 수업을 들으면서 여러 피드백과 정보를 공유했던 여러 석박사 대학원생들에게 깊이 감사드린다. 집필된 책의 초안을 학생의 입장에서 세세하게 읽어가면서 각종 피드백과 아이디어를 제공한 제자 우주희에게 수고와 감사의 말을 전한다.

마지막으로 사랑하는 아내 나영, 착한 아들 민결에게 늘 고마운 마음을 선한나.

2022년 11월 초
인하대학교 경영대학 연구실에서

신 동 훈 씀

목 차

1. 서론 ··· 3

2. 탄소시장의 역사와 배경 ··· 13
   2.1 기후변화에 관한 정부간 협의체(IPCC) ··· 13
   2.2 기후변화협약(UNFCCC) ··· 15
   2.3 당사국 총회(COP: Conference of the Parties) ························· 20
   2.4 교토의정서(Kyoto Protocol, 1997.12) ·· 23
   2.5 교토메커니즘 ··· 25
   2.6 POST-2012, 교토의정서 2차 공약기간 ·· 30
   2.7 파리협정 ·· 33

3. 탄소시장의 구조 ·· 41
   3.1 교토 메커니즘 ··· 41
   3.2 탄소시장의 분류와 주요 ETS 시장의 현황 ································· 42
   3.2 배출권거래시장(ETS)의 구조 ··· 44
   3.3 또 다른 할당배출권 RMU ··· 52
   3.4 상쇄배출권 ··· 56
   3.5 자발적 탄소시장(VCM, Voluntary Carbon Market) ··················· 59
   3.6 파리협정에서의 탄소시장 구조의 변화 ·· 61
   3.7 탄소세 ·· 64
   3.8 탄소국경세 ··· 68

4. 탄소시장 참여자 ·· 71
   4.1 정부 ··· 71
   4.2 산업 및 기업 ··· 72
   4.3 탄소펀드(carbon fund) ··· 78
   4.4 탄소배출권 거래소 ·· 80
   4.5 탄소시장 조성자 ·· 81
   4.6 NGO 및 환경단체, 소비자 ··· 87

5. 각 국가의 탄소정책 ·· 89
   5.1 국제 탄소시장 현황 ···································· 90
   5.2 EU 이니셔티브 ·· 91
   5.3 중국 ·· 96
   5.4 미국 ·· 98
   5.5 캐나다 ··· 100
   5.6 인도 ·· 103
   5.7 러시아 ··· 103
   5.8 일본 ·· 105
   5.9 이란 ·· 106
   5.10 영국 ·· 107
   5.11 스위스 ··· 108
   5.12 인도네시아 ··· 109
   5.13 뉴질랜드 ·· 110
   5.14 한국 ·· 110
   5.15 파리협정 내 국제 탄소배출권 시장 ········ 115
   5.16 국제 레지스트리 ·································· 116
   5.17 배출권거래제의 국제 연계 ···················· 116

6. 탄소배출권 가격 결정 ································ 119
   6.1 탄소배출권의 수요와 공급법칙 ················ 119
   6.2 탄소배출권의 수요에 영향을 주는 요인들 ·· 122
   6.3 탄소배출권의 공급에 영향을 주는 요인들 ·· 127
   6.4 CER의 가격 결정 ·································· 130
   6.5 탄소가격 실증연구 ································ 134
   6.6 REC가 탄소배출권 가격에 미치는 영향? ·· 136

7. 탄소배출권 파생상품 ················ 139
- 7.1 탄소배출권 파생상품의 운영과 현황 ················ 140
- 7.2 선물의 기초 ················ 141
- 7.3 옵션 기초 ················ 146
- 7.4 EUA 선물옵션 가격결정모형 ················ 150
- 7.5 실물옵션(Real Option) ················ 150
- 7.6 선물 옵션 이외의 상품들 ················ 154

8. 국내 탄소시장과 탄소배출권 ················ 157
- 8.1 우리나라의 탄소감축의 역사 ················ 157
- 8.2 배출권거래제의 법적 근거 ················ 161
- 8.3 온실가스 배출권거래제: 할당 배출권(KAU) ················ 164
- 8.4 온실가스 배출권거래제: 상쇄 배출권(KCU) ················ 168
- 8.5 KRX의 기래시징 구조 ················ 172
- 8.6 KRX와 거래 종목 ················ 174
- 8.7 계획기간별 거래 현황 ················ 176
- 8.8 국내 NDC 추진경과와 계획 ················ 180

【 참고문헌 】 ················ 181
【 약어정리 】 ················ 187

에듀컨텐츠 휴피아
CH Educontents Huepia

탄소시장과 탄소배출권

에듀컨텐츠·휴피아
Educontents Huepia

1. 서 론

세계경제포럼(WEF)이 최근 발간한 '2022 글로벌 리스크 보고서'에 따르면 머지않은 미래에 인류를 위협할 글로벌 위험요인 중 영향도면에서 상위 10위에 포함된 위험을 아래와 같이 정리했다. 기후변화 대응실패, 극단적인 기상현상, 생물다양성 손실, 사회적 응집력 약화, 생계위기, 전염병, 인간 환경 훼손, 천연자원 위기, 채무위기, 지경학적(Geoeconomic) 대립 등이 순서대로 꼽혔다. 이 중, 기후변화 대응실패, 극단적인 기상현상, 생물다양성 손실, 인간 환경훼손 등의 상위에 랭크된 4가지 이상이 기후변화와 관련이 있다. 당장 우리나라의 경우만 하더라도 이러한 문제들로 산불과 폭우등 잇따른 대형 자연재해, 수십 년 만의 폭염, CO_2 배출량 증가 등을 겪으며, 현실적인 피해를 보고 있는 실정이다. 이러한 전 지구적 재앙에 맞서 세계 각국은 환경과 관련된 여러 다양한 분야의 활동을 통해 위기 극복을 위한 노력들을 경주해오고 있다.

화석 연료로 인한 전 세계 탄소 배출량은 산업화와 함께 1900년 이후 크게 증가했다. 1970년 이후 CO_2 배출량은 약 90% 이상 증가했으며 화석 연료 연소 및 산업 공정으로 인한 배출량은 1970년부터 현재까지 증가하는 총 온실 가스 배출량의 약 78%를 차지하고 있다. 농업, 삼림 벌채 및 기타 토지 사용 변화가 두 번째로 큰 기여를 했다. 이산화탄소를 제외한 온실 가스 배출량도 1900년 이후 크게 증가했다.

우리나라는 지난 2020년 10월 28일 2050 탄소중립을 선언했다. 이는 2050년까지 온실가스 순 배출량을 0으로 만들겠다는 선언인데, 그 이유는 2015년에 체결된 "파리기후변화협정"(Paris Climate Agreement)에서 2100년까지 산업화 이전(1850년~1900

년)을 기준으로 지구 평균기온 상승 폭이 1.5도를 넘지 않도록 노력하는 것을 목표로 협정을 이끌어냈고, 탄소중립 선언은 그 목표의 충분조건 중 하나이기 때문이다. 그린피스에 따르면 파리협정에 참여하지 않은 국가는 197개 당사국 중 2022년 2월 기준 이란, 리비아, 예멘, 에리트레아 등 4개국뿐이어서 거의 대부분의 국가들이 가입되어있다고 해도 과언이 아니다. 즉, 탄소중립 선언은 각 나라의 사정에 따른 시간문제일 뿐 전 지구적인 선언이 될 것이다.

이렇게 온실가스 문제가 인류생존의 핵심적 논의대상이 되면서 탄소저감을 위한 인류의 여러 노력들이 다양한 방향으로 전개되고 있다. 탄소시장은 이러한 배경하에 경제적인 활동을 통하여 인간의 온실가스 생성 활동에 경제적 제한을 가함으로써 지구온난화의 위기를 극복해 보자는 차원에서 탄생하게 되었다. 전 세계적으로 온실가스 배출을 직접적으로 규제하는 제도는 온실가스 배출권 거래제와 탄소세를 대표적으로 들 수 있으며, 우리나라는 본격적인 온실가스 거래제를 2015년부터 시행해 왔다. 이와 함께, 우리나라는 2030년까지 2017년 대비 온실가스를 24.4% 감축하는 목표를 제시했다.

[그림1.1] 1970~2020년 전세계 이산화탄소 배출량

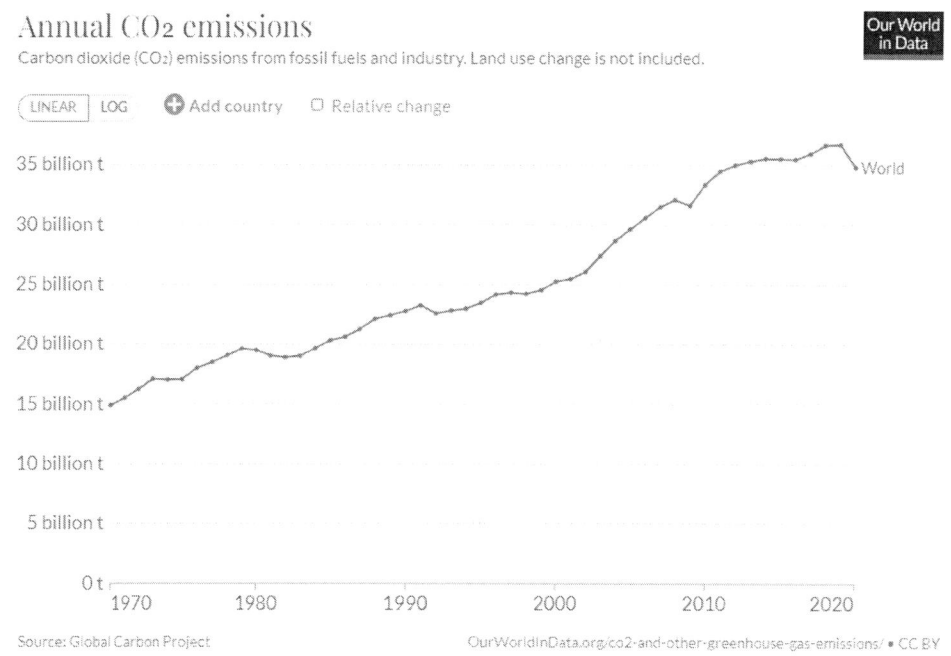

출처: Our World in Data[1)]

1. 서 론

배출권 거래제는 교토의정서 제17조에 규정된 온실가스 감축체제로서, 정부가 온실가스(GHG: Greenhouse Gas)를 배출하는 기업을 대상으로 연단위 배출량을 할당하여, 기업의 온실가스 배출행위를 할당된 범위내에서 할 수 있도록 허용하는 제도이다. 기업의 온실가스 배출량을 평가하여, 여분과 부족분에 대해서는 기업간 거래를 허용한다. 여기서 온실가스는 이산화탄소(CO_2), 메테인(CH_4), 아산화질소(N_2O), 과불화탄소(PFCs), 수소불화탄소(HFC), 육불화황(SF6)의 6대 온실가스를 그 대상으로 한다.

배출권 거래제가 탄생한 가장 근본적인 이유는 지구가 환경을 스스로 보존할 수 있는 능력 이상의 탄소를 인류가 배출하기 시작하면서 온난화가 진행되었고, 온난화는 인류의 생존을 위협할 만큼 위협적이란 과학적 근거와 인식이 뒤따르고 있기 때문이다. 그러한 위협의 현실적 후속조치로써, 배출권 거래제는 지구가 환경을 일정하게 유지할 수 있을 정도의 탄소 총량을 정한 뒤, 각 국가에 그 총량을 분배한 후, 분배된 만큼의 배출을 허가하게 하기 위한 제도이다.

온실가스 배출권 거래제는 정부가 온실가스 배출허용 총량에 해당하는 배출권을 기업에게 나눠주면, 온실가스 감축을 많이 해서 배출권이 남은 기업은 배출권이 부족한 기업에게 남은 배출권을 판매할 수 있게 하는 제도이다. 이 제도는 탄소감축의 활동이 기업재무에 영향을 주게 함으로써, 온실가스 감축을 경제적으로 유인해내는 제도이다.

The world bank에 따르면 2022년 10월 현재 전 세계적으로 32개의 ETS 및 36개의 탄소세 이니셔티브를 포함하여 이미 시행되었거나 시행을 계획 중인 68개의 탄소 가격 이니셔티브가 있다. 이 이니셔티브들이 다루는 2022년 한 해 이산화탄소의 총량은 11.83GtCO_2eq로, 한해 전세계 온실가스 총 배출량의 23.11%와 맞먹는다. 탄소 가격은 USD 1 미만 tCO_2eq에서 USD 137 tCO_2eq(스웨덴 탄소세)까지 계획에 따라 크게 다르다. 최근 몇 년 동안 일부 지역에서 탄소 가격이 인상되었지만 현재 전 세계 탄소 가격의 5%만이 파리협정 목표를 달성하는 배출 기준과 일치하는 수준이고 4% 미만이 IEA의 지속가능 발전 시나리오의 배출 기준과 일치하는 수준이다.

---

1) https://ourworldindata.org/

[그림1.2] 세계 온실가스 배출상황과 세계 배출권 거래 현황

출처: The world bank, Carbon Pricing Dashboard.

탄소시장과 탄소배출권의 탄생은 현세 인류의 절대과제인 탄소감축을 경제적인 방향으로 풀어내고자 하는 노력이다. 탄소배출에 패널티를 매기고, 탄소감축기술 개발을 촉진하며, 기술개발을 위한 자금을 모으는 여러 활동이 바로 탄소시장의 존재 이유이다. 본 저서는 2022년을 기준으로 탄소시장과 탄소배출권을 소개하기 위해 만들어졌으며, 저자가 처음 탄소시장을 공부하면서 가졌던 아래의 여러 의문에 대해 스스로 답을 구한 결과물이기도 하다. 아마도 저자와 같은 질문을 가지고 탄소시장을 공부하는 독자들을 위해, 이 책의 전체적인 내용을 아래와 같이 짧게 기술하며, 서론을 마무리한다.

1.1 탄소시장이 생기게 된 배경

앞서 기술하였듯이, 온실가스가 지구온난화의 주범이라는 사실은 이미 과학적으로 증명이 되었고, 온실가스를 저감하기 위한 경제적 노력이 탄소시장을 탄생시켰다고 볼 수 있다. 따라서 탄소시장의 탄생을 이해하기 위해서는 지구온난화를 일으키는 주범이 온실가스라는 것을 과학적으로 인지한 시점까지 그 역사를 거슬러 올라갈 필요가 있다. 기록에 의하면 인류는 1900년대 초반에 여러 데이터들을 토대로 이산화탄소가 기후에 주는 영향을 인지하기 시작했다. 그리고 심각성을 깨달은 몇몇 과학자들의 주장을 바탕으로 1900년대 중반에 기후변화의 심각성과 관련된 여러 연구들이 왕성하게 보고되었다. 이는 자연스레 환경보호를 위한 국제협력을 이끌어내기 시작하였

고, 유엔환경계획(UNEF) 같은 국제기구들이 창설되기 시작하였다.

이후 1990년을 전후하여 기후변화에 관련된 좀 더 세분화되고 전문화된 국제기구들이 창설되고, 기후변화에 관해 세계가 더욱 조직적으로 대응할 수 있게 되었다. 1988년에 창설된 '기후변화에 관한 정부협의체'(IPCC)는 1990년부터 지금까지 인간의 활동이 온실효과를 일으키고 기후변화가 인류의 생존을 위협한다는 여러 과학적 증거들을 모아 보고서를 발간하고 있다. 인류는 IPCC의 보고서를 통해 과학적인 증거들을 바탕으로 기후변화에 대한 인식을 제고할 수 있게 되었다. 1990년에 창설된 유엔기후변화협약(UNFCCC)은 본격적으로 전세계의 여러 국가들이 대기중의 온실가스 농도를 안정화하려는 노력을 경주하기 위한 협의체이다. 이 협의체를 통해 인류는 어느 국가든 온실가스배출을 줄이기 위한 노력을 공동으로 할 것을 약속하였으며, 실질적인 대책을 세우고 실천하기 위한 당사국 협의를 주기적으로 진행할 수 있게 되었다. 당사국 총회(COP)에서는 환경과 관련된 각국의 대표들이 모여 온실가스 저감을 실행하기 위한 여러 정책과 조직, 재정 등을 협력하여 결정할 수 있다. UNFCCC 내에 당사국 총회를 최고 결정권을 가진 위원회로 두고, 과학 기술적 부문, 이행부문, 기술 네트워크 부문, 재정 부문에 자문을 받을 수 있는 여러 자문 부속기구를 두어 체계적인 정책을 집행할 수 있는 조직을 꾸렸다. 당사국 총회는 1995년을 시작으로, 세계적으로 큰 이변이 없는 한 현재까지 매년 열리고 있다. 코로나19가 창궐하기 시작한 시기인 2020년에 당사국 총회가 한번 순연된 적이 있다.

1.2 탄소시장의 역사

탄소시장에서 국가차원의 탄소세 제도를 포함한다면 그 시작은 1990년 핀란드가 될 것이다. 하지만 '상품'의 매매를 시장의 필수역할로 본다면 탄소배출권이 거래되는 시장의 탄생을 빼놓을 수 없을 것이다. 그리고 국경을 초월한 이산화탄소와 관련된 상품의 매매를 위한 시장이 만들어지려면 전세계적인 협약은 필수조건이다.

당사국 총회가 열리면서 비로소 탄소감축을 위한 실질적 행동들이 나타나기 시작했다. 그중 1997년 일본 교토에서 열린 제3차 당사국 총회에서 처음으로 배출권 거래제를 다루는 교토메커니즘을 도입하였고, 여러 추가적 논의 끝에 2001년 제7차 당사국 총회에서 교토의정서를 채택하게 된다. 교토의정서의 발효는 이보다 4년 뒤인 2005년이며, 미국의 탈퇴라는 큰 암초를 만나지만, 여러 우여곡절 끝에 2008년부터 본격적 탄소시장을 형성하는 근거로 자리잡는다. 유럽의 탄소배출권시장인 EU-ETS는 시범사업기간(2005년~2007년)까지 포함하면 2005년부터 탄소시장이 형성되었다고 볼 수 있다. 그리고 미국의 2005년 교토의정서 탈퇴는 미국내 양심적인 여러 단체들과 지식인들에 의해 자발적 탄소배출권 시장이라는 뜻밖의 시장을 탄생시킨다.

무척 어렵게 자리잡은 교토 메커니즘은 유효기간인 2012년까지도 캐나다, 일본, 러시아의 탈퇴라는 여러 암초를 만난다. 근본적으로 탄소배출권이란 제도는 '에너지 사용'이라는 인류의 기본적 욕구를 제한하는 제도이기 때문이기도 하지만, 누군 줄이고 누군 줄이지 않아도 된다는 이분법적인 책임 적용도 한몫을 했다. 교토메커니즘의 핵심원칙 중 하나인 '공통되나 차별화된 책임'은 주로 부속서 I 국가로 분류된, 과거에 선진국이었던 서방 및 유럽국가들에게 돌아갔다. 선진국들이 초기 산업화로 충분히 많은 탄소를 배출하고 기후변화 위기를 촉발했으니, 더 많은 책임을 감수해야 하지 않겠냐는 개발도상국의 논리가 통한 결과였다. 그러나 이는 또한, 교토의정서가 도입되고 채택되는 2000년 전후의 시기에 신흥 강자인 중국, 인도, 한국은 온실가스 감축의 직접적 책임에서 빗겨나가면서, 핵심 탄소배출국인 미국, 캐나다, 일본, 러시아의 탈퇴의 좋은 핑곗거리가 되기도 했다. 이런 점에서 교토의정서의 한계는 분명했지만, 다른 대안이 없었기 때문에 교토메커니즘은 2020년까지 연장된다.

당사국 총회는 교토의정서를 폐기하고, 보다 많은 나라가 자발적인 계획으로 탄소 감축을 시행하기 위한 제도를 연구했고, 2015년 '파리협정'이라는, 조금 더 융통성 있는 계획을 채택한다. 새로운 메커니즘 채택으로 참여국 수는 훨씬 많아졌고 책임소재도 교토의정서에 비하면 고르게 돌아간 편이지만, 그만큼 협의 기간도 길어지고 제도를 다듬는데도 시간이 많이 걸린다. 파리협정의 시행은 2021년부터이지만, 탄소배출권 거래를 위한 세부 정책은 2022년 10월 현재까지도 '협의중'이다.

1.3 탄소시장의 구조

교토의정서에 기반한 '강제적' 탄소배출권 시장은 세계에서 가장 큰 배출권 시장인 EU-ETS에 2005년부터 2020년까지 적용되어 최장의 기간동안 최고의 거래량을 기록한 배출권 거래시스템이다. 앞서도 간략히 언급했지만, 강제적 배출권 시장은 Cap and Trade로 요약되는 할당배출권 거래시스템과 Baseline and Credit으로 요약되는 상쇄배출권 시스템으로 나뉜다.

할당배출권 시스템은 탄소시장에서 가장 큰 권위를 가지는 정부가 산업별, 기업별로 적정량을 할당해주면 기업들은 할당받은 만큼을 쓰고 남는 배출권은 배출권이 추가로 필요한 다른 기업에게 팔수 있다. 여기서 할당방식도 크게 두 가지로 나뉘는데, Grandfathering(GF) 방식과 Benchmarking(BM) 방식이 있다.

상쇄배출권 시스템은 교토메커니즘에서 청정개발체제(Clean Development Mechanism)에 의해 선진국이 개발도상국에게 탄소저감을 위해 허가되는 사업을 시행하면, 저감되는 탄소의 양만큼을 상쇄배출권으로 보상해주는 방식을 말한다. 선진국끼리의 탄소저감 기술을 제휴하는 이와 비슷한 사업방식인 JI(Joint Implementation)도 역시 존재했는데 CDM만큼 인기가 있지는 않아서 거래량이 미미했다. 문제는 중국과 브라질, 한국 등에 시행된 CDM사업의 수가 급증하여 상쇄배출권인 CER의 공급이 너무 많아지고 이는 2013년 탄소배출권 가격 급락에 이바지했다는 것이다. 이 사건은 많은 환경운동가들로부터 탄소배출권 시장의 근본적 기능인 탄소감축 역할을 의심하게 만든 사건이었다.

교토의정서에 기반한 강제적 탄소시장과는 별개로, 순수하게 탄소감축을 위해 원래부터 존재했거나 또는 교토의정서를 탈퇴한 미국과 같은 나라에서 탄소감축을 이행하기 위해 만든 '자발적' 탄소시장이라는 독특한 시장도 존재한다. 이들은 주로 비영리 단체로써, 단체 자체적으로 만든 기준을 따르는 탄소감축 사업을 이행하면 상쇄배출권을 주는 형태이다. 강제적이라는 측면을 제외하면 CDM이나 JI와 비슷한 방식으로 이해할 수 있다. 2022년 10월 현재 파리협정에서는 자발적 탄소시장에서 생산되는 상쇄배출권을 어떤 식으로 감축실적으로 인정할 수 있는지 논의중에 있다.

1.4 탄소시장 참여자

탄소시장은 탄소배출 감축이라는 뚜렷한 목표를 가지고 기업들이 탄소배출권을 거래하는 시장이다. 정부에 의해 형성된 탄소시장에는 수많은 역할을 가진 기관들이 나름의 목적을 가지고 조직되어 활동한다. 이러한 참여자들 중 가장 중요하고 핵심적인 참여자는 당연히 정부이다. 정부는 국가의 목적에 맞게 탄소시장을 조성하는, 탄소시장의 알파이자 오메가이다. 매년 탄소배출 감축량을 고려하여 연간 총 탄소배출량을 정해주는 지배자임과 동시에, 기업들이 탄소배출을 위한 노력을 공평하게 경주하고 있는지 감독하는 감독자, 할당과 경매 등을 통해 배출권의 판매가격을 적정수준으로 유지해주는 시장공급자, 탄소저감의 미래 계획을 담은 NDC를 설계하는 기획자이기도 하다. 탄소시장을 조성하고 운영하기 위한 법과 정책을 만들고 제도를 입안하며, 다른 적합한 참여자들을 끌어들이고, 국제사회와 탄소감축을 공조하기도 한다.

기업은 생산활동에 필요한 탄소배출권을 확보해야 하므로, 탄소배출권 시장에서는 탄소배출권의 수요자 역할을 한다. 물론 모든 기업이 참여하는 것은 아니고, 정부에 의해 일정규모 이상의 이산화탄소를 배출하는 기업들이 탄소시장의 참여대상이 된다. 기업은 어떠한 산업군에 속해있느냐에 따라 이산화탄소 배출량이 달라지고, 또 그에 따라 정부에 의해 할당되는 탄소배출권의 할당량이 달라지는데, 보통 에너지 다소비 산업군에 포함되는 산업일수록 다량의 탄소배출권이 필요하다. 대략, 발전, 수송, 화학, 철강, 플라스틱, 정유, 세라믹, 시멘트 등의 산업군이 에너지 다소비 산업군에 포함된다. 이들의 감축노력 여하에 따라 전체적인 탄소배출량이 달라지고, 성공한 감축노력이 할당된 탄소배출권의 여분을 만들어내면, 이들이 탄소시장에서 탄소배출권의 공급자 역할을 하기도 한다. 이런 에너지 다소비 산업군을 타겟으로 하여 탄소감축기술이 많이 개발되는 편이며, 역설적으로 이 산업군에서 감축으로 인해 시장에 나오는 잉여 배출권이 상대적으로 많은 편이다.

순수하게 탄소감축을 위해 자금을 조달하기도 한다. 탄소펀드는 상쇄배출권을 확보할 수 있는 여러 프로젝트에 투자되며, 자금조성을 위해 정부 또는 민간의 자본을 모은다. 이 과정에서 프로젝트의 법리를 검토하는 법률전문가, 관련 프로젝트의 회계를 담당하는 회계법인, 상쇄배출권의 구매자와 판매자를 연결시켜주는 브로커들이 소속된 증권회사나 은행, 탄소시장에 존재하는 여러 위험을 헷지하기 위한 보험상품을 판매하는 보험회사, 탄소시장의 각종 정보를 제공하고 컨설팅 해주는 컨설팅 회사등이 탄소시장이라는 거대 생태계를 지탱하며 맞물려 있다.

탄소배출권 거래는 권역별로 다르다. 세계에서 가장 크고 오래된 탄소배출권 체제인 EU-ETS의 탄소배출권들은 독일의 EEX(European Energy Exchange), 북미와 유럽에 여러 거래소를 두고 있는 ICE(Intercontinental Exchange) 등에서 주로 거래된다. EU-ETS의 시장은 규모도 크고 참여기업들도 많으며, 충분한 역사를 가지고 있는 만큼 매우 성숙해서, 탄소배출권을 기초자산으로 하는 선물 및 선물을 기초자산으로 하는 옵션 같은 파생상품들도 같이 거래되고 있다. 역사는 짧지만 탄소배출량 면에서 세계 최고를 자랑하는 중국의 전국단위 탄소배출권 거래소는 상하이거래소(Shanghai Stock Exchange)이다. 한국에서의 탄소배출권 거래는 한국거래소(Korea Exchange: KRX)가 담당하고 있다.

하지만 탄소시장이 생겨난 가장 근본적인 원인은 경제적인 이유보다는 인류를 위협하는 기후변화일 것이다. 즉, 지속가능한 인류의 번영을 위한 탄소저감, 또는 환경을 위한 순수한 민간활동이 탄소시장 형성의 밑거름이라고 본다면, 가장 중요한 탄소시장 참여자는 NGO라고 불리는 탄소저감활동 관련 비영리기구, 환경단체 등이 될 것이다. 이들의 감시활동, 환경교육, 시위, 탄소저감을 위한 여러 제언 및 프로그램, 법안 촉구 등의 여러 직간접적 활동들은 탄소시장 운용을 감시하기도 하고, 나아갈 방향을 제시하기도 한다.

1.5 각 국가의 탄소정책

인체에 무해하지만 온실효과로 인해 기후변화를 일으키는 이산화탄소를 저감하기 위해서는 전세계 국가의 공조가 필수적이다. 하지만 모든 나라가 탄소저감을 강력히 추진하기에는 각자의 사정이 있다. 특히 저개발국가들은 '산업화를 먼저 이룬 선진국들이 탄소배출을 많이 해서 지구 온도를 올려놓고 책임은 공통으로 지우려 한다'고 주장하며 차별화된 책임을 주장하기도 한다. 그 이유로 교토의정서나 파리협정에서 공통적으로 등장하는 전제는 기후위기에 각 나라가 '공통의, 그러나 차별화된 책임'을 지는 것이다.

그럼 탄소저감을 위한 각 나라의 상황은 어떨까? 우선 어느 나라가 현재 탄소배출을 많이 하는지 살펴보아야 한다. Enerdata에서 제공하는 자료에 따르면 2022년 기준 중국, 미국, 인도, 러시아, 일본, 독일, 이란, 대한민국, 캐나다, 인도네시아 순으로 탄소배출을 많이 하는 10개국을 정리해 볼 수 있다. 이 자료는 한 나라의 연간 전체 탄소배출량을 기준으로 한 것이며, 만약 1인당 탄소배출량으로 계산한다면 대한민국은 미국, 캐나다에 이은 3위로 그 순위는 크게 변동될 수 있다.

이 10위권 나라들의 탄소저감정책은 어떻게 진행되고 있을까? 본 저서의 뒷부분에서 그에 대해 조금 더 자세히 다룰 예정이지만, 분명한 것은 각 나라마다 산업구조와 정치환경, 국제적 역학관계 등이 무척 다르고, 그 다양성 속에서 탄소감축이라는 인류 공통의 목표를 달성하기 위하여 파리협정이 채택되었다는 것이다. 다양성 중에는 우리가 본받을만한 제도도 있고, 그렇지 못한 면도 존재하는데, 여러 나라의 사례를 관찰하며 우리는 어떠한 방향이 옳은 것인지, 다른 나라에 탄소저감 관련기술을 전파하기 위해선 어떤 부분을 고려해야 하는지와 관련된 아이디어를 얻을 수 있을지도 모른다.

1.6 탄소배출권 가격결정

탄소배출권의 가격은 그 지역 또는 국가의 탄소배출에 대한 의식수준, 환경오염에 대한 감수성, 국가적 부 등에 의해 천차만별이다. 그리고 탄소배출권 가격을 결정하는 요인을 단일 경제권의 지역 또는 국가 안으로 한정한다면 기본적으로 시장에서의 수요와 공급에 의해 결정된다. 따라서 탄소배출권의 가격결정 요인을 알아보는 것은 수요에 영향을 미치는 요인과 공급에 영향을 미치는 요인을 찾는 것과 같다. 대략적으로 공급에 영향을 미치는 요인은 정부의 배출권 할당량, 상쇄배출권의 공급량, 그리고 차년도로 배출권을 이월하거나 차입하는 제도운영상의 요인, 배출권 정책의 변화등이 있다. 수요에 영향을 미치는 요인은 경제성장, 기온변화, 기후변화, 에너지 가격, 감축기술에 드는 비용, 감축목표의 과대 또는 과소 선정 등이 있다.

1.7 탄소배출권 파생상품

탄소배출권이 활발하게 거래되는 EU-ETS에는 탄소배출권을 기초자산으로 하는 파생상품들도 활발히 거래된다. 대표적인 탄소배출권 파생상품은 EAU를 기초자산으로 하는 선물과 선물옵션이다. 파생상품은 기초자산의 가격변동에 대한 리스크를 회피할 수 있게 하는 중요한 헤지수단으로, 탄소배출권 파생상품이 시장에 도입되면 실거래가 적은 배출권의 가치를 평가하기 수월해지며 배출권이 필요한 기업은 안정적인 가격으로 배출권을 조달할 수 있는 장점이 있다. 그리고 탄소배출권 현물과 선물의 차이를 활용한 차익거래 등이 활성화되면서 탄소배출권의 유동성이 높아지고, 탄소시장의 거래규모 자체가 늘어난다. 다만 기초자산의 시장규모가 작을 경우 투기꾼들이 파생상품의 레버리지를 이용하여 시장 자체를 뒤흔들 수도 있다.

1.8 국내 탄소시장

우리나라의 탄소시장의 시작은 교토의정서가 발효되는 2005년으로 볼 수 있지만, 감축의무가 없는 개발도상국으로 분류되어, CDM(Clean Development Mechanism, 청정개발체제) 사업 등을 통해 간접적으로 시장을 경험했다. 따라서 본격적인 탄소시장은 2010년 제정된 '저탄소 녹색성장 기본법'을 바탕으로 2015년 탄소배출권 거래시장이 운영되면서 시작되었다고 봐야 할 것이다. 2015년 이후 3년씩 1, 2차 계획기간이 지나, 현재는 '21년부터 5년간 운영되는 3차 계획기간에 속해있다. 우리나라의 탄소배출권은 할당배출권인 KAU와 상쇄배출권인 KCU, 탄소감축 외부사업 인증실적인 KOC 등이 있다.

♦ 2. 탄소시장의 역사와 배경

2. 탄소시장의 역사와 배경

탄소시장은 지구온난화에 대한 전 지구적 대응에 의해 생겨난 시장이자, 현재도 국제적 협의에 의해 꾸준히 변화, 성숙되고 있는 시장이다. 국제사회가 어떠한 협약을 진행해왔고, 또 진행하고 있는지를 알아야 시장의 구조와 규범들을 이해할 수 있으며, 변화하고 있는 시장의 흐름을 따라갈 수 있다. 이번 장에선 탄소시장이 생겨나게 된 국제사회의 여러 협약들과 역사를 알아본다.

2.1 기후변화에 관한 정부간 협의체(IPCC)

처음으로 인간의 활동이 기후에 미치는 영향에 대해 의문을 제기한 사람은 1938년에 관련 논문을 발표한 캘런더(Guy Stewart Callendar)이다. 그는 화석연료를 태우면서 나오는 이산화탄소가 기후변화에 영향을 미치고 있다고 주장했다. 그는 비록 아마추어 기후학자였지만, 취미로 19세기 여러 과학자의 연구들을 확장했고, 1938년부터 1964년 사이에 지구 온난화, 적외선 복사 및 기후에 대한 이산화탄소의 영향에 관한 여러 연구를 발표했다. 재밌는 것은, 그의 1938년 논문에서 그는 이산화탄소가 기후변화에 주는 영향이 치명적 빙하기의 도래를 늦추어 인류에게 긍정적 결과를 줄 것이라고 생각했다는 점이다.

이후 많은 과학자들이 1950년대와 60년대에 그의 연구를 확장하여 기후변화 문제의 심각성을 알리기 시작했다. 1972년 환경보호에 대한 국제협력을 촉진하기 위한 목적으로 유엔환경계획(UNEP: United Nations Environment Programme)이 창설되었으며 1988년, 유엔환경계획(UNEP)과 세계기상기구(WMO: World Meteorological Organization)의 지원으로 '기후변화에 관한 정부간 협의체'(IPCC: Itergovernmental Panel on Climate Change)가 창설되었다. IPCC는 기후변화가 초래하는 환경 및 사회, 경제적 영향을 평가하고 이에 대한 현실적인 대책을 검토한 종합 보고서를 작성한다. 이 협의회의 목적은 어떻게 인간 활동이 기후변화를 일으키고, 기후변화가 인간 활동에 어떤 영향을 미치는가를 포함하여 기후변화의 전반적인 분야에 대한 이해를 평가하는 것으로, 전 지구적 조직이며 국가정책이나 입안을 주장하지는 않는다.

IPCC는 비록 정책을 입안하지는 않지만, 1990년부터 지금까지 약 5년에서 7년의 기간을 두고 발표된 1차부터 6차까지의 평가보고서로 인류의 기후변화에 대한 인식을 드높이고 여러 기후변화에 관련된 기구를 설립하며 협약을 채택하는데 크나큰 공헌을 하였다. 또한, IPCC에서 발간하는 보고서는 각국 정부의 환경정책을 수립하고 채택하는 데 있어 신뢰성 있는 정보를 제공하는 역할을 수행하고 있다. 1990년에 발표된 제1차 평가보고서는 유엔기후변화협약(UNFCCC) 창설을 이끌어냈고, 1995년 제2차 평가보고서는 교토의정서 채택(1997)의 근거가 되었다. 제4차 평가보고서(2007)는 기후변화의 심각성을 전파한 공로를 인정받아, 엘 고어 전 미국 부통령과 함께 노벨상을 수상했으며, 제5차 평가보고서(2014)는 파리협정을 채택(2015)하는 근거가 되었다.

[그림2.1] IPCC조직

출처: 기상청 기후정보포털

제5차 평가보고서는 다음과 같은 내용을 담고 있다. 기온과 해수면이 상승하고, 해

양이 산성화되며 빙하와 해빙이 감소하는 등 1950년대 이후 전례없는 기후변화 현상이 관측되는 것은 인위적인 온실가스 배출이 기후 시스템에 영향을 미치고 있기 때문이다. 온실가스 배출이 계속된다면 기후 시스템은 장기적으로 변화하여 결과적으로 기후변화가 돌이킬 수 없는 영향(irreversible impact)을 미칠 것이다. 이를 막기 위한 기후변화 대응은 필수적이며 상호보완적 전략으로 감축(Mitigation)과 적응(Adaptation)을 채택하여 기후변화 위험을 예방해야 한다. 만약 현재와 같은 온실가스 배출 상태가 지속될 경우 21세기 말에는 CO_2 농도가 지금의 2배를 넘어서게 되고, 지구 평균 기온은 지난 100년간 상승 폭의 4배가 넘는 3.7도가 상승할 것이라고 예측했다. 0.5도의 차이는 곧 기후 시스템의 변화이기 때문에, 비가역적인 기후변화의 예방을 위해 1.5도의 목표를 채택하고 근본적인 저탄소전환을 할 것을 제안했다.

2021년 8월에는 제6차 평가보고서가 발간되었다. 6차 보고서에서는 최근의 기온 상승 추세가 더욱 빨라지고 있으며 지구의 온도가 1.5도 상승하는 시점을 10년 당겨 2040년으로 예측했다. 또한, 지구의 온도 상승이 1.5도로 유지된다고 하더라도 세계의 해수면은 앞으로 2,000년 동안 2~3m 상승할 것으로 전망했으며 향후 5년에서 10년 사이의 온실가스 배출 감축이 기후변화 대응에 매우 중요하다고 덧붙였다. 해당 보고서는 2021년 11월 영국 글래스고에서 개최된 COP26에서 과학적 근거 자료로 활용되었다.

2.2 기후변화협약(UNFCCC)

[표2.1] 기후변화협약 주요 내용

목적		대기 중 온실가스 농도 안정화
원칙		- 공동의 차별화된 책임 및 능력에 입각한 의무부담의 원칙 - 개발도상국 특수사정 배려의 원칙 - 예방적 조치의 시행원칙 - 기후변화 대응과 경제 발전 간 상호보완에 대한 원칙 - 모든 국가의 지속가능한 개발 보장의 원칙
의무	모든당사국	온실가스 현황 보고 및 국가보고서 제출
	Annex I	1990년 수준으로 온실가스 안정화하도록 노력
	Annex II	개발도상국에 대해 재정 및 기술지원

유엔기후변화협약(UNFCCC: United Nations Framework Convention on Climate Change)은 기후변화를 지구적 차원에서 대응하기 위해 선진국과 개도국이 각자의 능력에 맞게 온실가스를 감축할 것을 약속한 국제 협약이다. 1990년 12월 UN총회에서 기후변화에 관한 기본 협약을 만들기 위해 '국가간 협상 위원회'(INC: Intergovernmental Negotiating Committee)를 설립하였다. 이 위원회는 1991년 2월부터 1992년 5월까지 다섯 번의 회의를 진행하면서 기후변화협약에 대한 초안을 만들기 위하여 구성되었으며, 제5차 위원회에서 기후변화협약 최종안을 결정하였다.

유엔기후변화협약은 1992년 6월 브라질 리우데자네이루에서 개최된 유엔환경개발회의(UNCED: United Nations Conference on Environment & Development)에서 채택되었다. 이 회의는 리우 정상회의(Rio Summit)이라고도 불리는데 전세계에서 185개국 정부 대표단과 114개국 정상 및 정부 수반들이 참여한 대규모 국제 회의로 냉전 이후 환경문제에 대해 전세계가 공동으로 노력할 수 있는 장이 마련된 것이다. 기후변화협약은 "환경적으로 건전하고 지속가능한 성장(environmentally sound and sustainable growth)"을 위해 모든 국가들이 공동의 노력을 해야 한다는 원칙적인 합의를 천명하였으며, '공동의 그러나 차별화된 책임(Common But Differentiated Responsibilities)'이라는 원칙 아래 온실가스 감축을 목표로 한다. 대한민국을 포함한 154개국이 서명하였으며, 1994년 3월 21일 정식으로 발효되었다.

모든 국가가 기후변화의 책임을 지되 의무부담에 차별적인 책임을 적용한다는 원칙 하에 당사국을 선진국(부속서1 42개국: Annex I, 부속서2 24개국: Annex II)과 개발도상국(비부속서: non-Annex I)으로 나누어 각자 다른 감축 의무를 부과한다. 역사적으로 많은 온실가스를 배출한 선진국(Annex I)이 주로 책임을 지고, 개발도상국(non-Annex I)에게 기후변화에 관한 자금원조나 기술이전 등을 실시할 것을 요구한다. 또한, 협약 부속서 2(Annex II)에 포함된 24개 선진국에 대해서는 개발도상국의 기후변화 적응과 온실가스 감축을 위해 재정과 기술을 지원하는 의무를 규정하였다. 또한, 모든 당사국(Annex I, Annex II, non-Annex I)에 공통적으로 온실가스 감축 국가전략을 수립하고, 국가보고서를 제출하는 의무를 부과한다.

2. 탄소시장의 역사와 배경

[표2.2] 부속서 1국가 및 부속서 2국가

분류	국가명단	구성
부속서 1국가	벨라루스, 불가리아, 체코, 에스토니아, 헝가리, 라트비아, 리투아니아, 모나코, 폴란드, 루마니아, 러시아, 슬로바키아, 슬로베니아, 우크라이나, 크로아티아, 리히텐슈타인, 몰타, 부속서 2 국가, EEC(유럽경제공동체)	협약 채택 당시 OECD, 동유럽(시장경제전환국가) 및 유럽경제공동체(EEC) 국가들
부속서 2국가	호주, 오스트리아, 벨기에, 캐나다, 덴마크, 핀란드, 프랑스, 독일, 그리스, 아이슬란드, 아일랜드, 이탈리아, 일본, 룩셈부르크, 네덜란드, 뉴질랜드, 노르웨이, 포르투갈, 스페인, 스웨덴, 스위스, 터키, 영국, 미국, EEC	부속서 1국가들 중 OECD와 EEC 국가들

참고: 우리나라는 1992년 당시 OECD에 가입되지 않아 비부속서 I(non-Annex I) 국가로 분류됨.

기후변화협약에서 부속서 1 국가들은 온실가스 배출량을 1990년 수준으로 감축하기 위해 노력할 것을 규정하고 있으나 어떠한 구속력이나 강제성이 없었다. 또한, 기후변화협약 목표에 제시된 '기후 체계에 위험한 영향을 미치지 않을 수준'에 대한 구체적인 내용이 언급되지 않았다. 다만 이러한 감축 노력 규정은 기후변화협약보다 감축 의지가 강화된 교토의정서 상의 구체적인 감축목표 설정의 근거가 되었다.

> UNFCCC의 구조

기후변화협약의 이행을 위한 조직은 당사국총회, 과학기술자문부속기구, 이행부속기구, 사무국, 그리고 일종의 재정기구인 지구환경기금등으로 구성된다. 협약은 당사국총회(COP: Conference of Parties)를 최고 의사 결정 기구로 하며, 협약의 이행사항을 전반적으로 검토하기 위해 1년마다 모임을 가진다. COP의 주요 역할은 협약의 원활한 이행, 조직 운영, 협약 당사국들의 배출통계 작성 및 그에 따른 대책과 정책에 대한 검토 및 평가, 정규 보고서 작성과 검토, 재정 검토 및 조성, 관련 국제기구 및 NGO들과의 협력 도모 등이 있다. 1995년부터 매년 11~12월에 대륙별로 순환 개최된다.

[그림2.2] UNFCCC의 당사국 총회 구성

출처: 과학기술정보통신부: https://www.msit.go.kr/

> UNFCCC 내 조직 소개

1. (과학기술자문부속기구) 협약의 과학기술적 측면에 대한 권고안을 만들어 당사국총회에 제출하여 당사국총회 운영을 지원하는 부속기구
2. (이행부속기구) 협약의 이행과 관련한 문제에 관한 권고안을 만들어 당사국총회에 제출하여 당사국총회의 운영을 지원하는 부속기구
3. (기후기술센터&네트워크) 국가 간 기술협력을 이행하는 기구로, 국가 간 협력체계를 통해 개도국이 희망하는 수요기술에 대한 실질적인 지원 제공
4. (기술집행위원회) 국가 간 기술협력에 관한 정책적 제언, 활동사항 분석 및 평가, 우수사례 발굴 등을 수행하는 기구
5. (녹색기후기금 : GCF) 개도국의 온실가스 배출 감축 등 기후변화 대응 지원에 특화된 UNFCCC 하의 재원기구
6. (지구환경금융 : GEF) 개발도상국의 환경 전 분야 투자 및 관련 기술개발을 지원하기 위해 '90년 설립된 재원기구

기후변화협약은 협약의 과학·기술적 측면을 자문하는 과학기술자문부속기구(SBSTA: Subsidiary Body for Scientific and Technological Advice), 협약의 이

행을 위한 효과적 실시 및 평가를 담당하는 이행부속기구(SBI: Subsidiary Body for Implementation)를 부속 기구로 두고 있다. SBSTA는 각국의 정부대표로 구성되어 있으며, 기후변화에 관한 과학적 영구를 평가하고 관련 프로그램의 확충을 위한 업무를 수행한다. SBI는 국가보고서 제출, 재정 및 기술지원 방안 등 협약의 이행에 관한 권고안을 만들어 COP에 제출하는 업무를 수행한다. 부속기구는 매년 6월 독일의 본2)에서 개최된다.

지구환경기금(GEF: Global Environmental Facility)은 지구 환경의 개선을 위해 최초로 조성된 다자간 금융기구이며 1991년 10월 세계은행 이사회에서 시범사업으로 설립 및 운영되어, 3년간 시범 운영기간을 거친 후 1994년에 구조조정과 함께 독립된 기구로 공식적으로 출범했다. 1998년 제4차 당사국 총회 결정을 통하여 협약상 온전한 재정 메커니즘의 운영 주체로 지위가 향상되었다. GEF의 지원 분야는 지구온난화 방지, 생물다양성보전, 국제 수자원 보호, 오존층 보호, 사막화 및 산림황폐화 방지 등 6개 분야이다. 이사회(Council)는 개도국 16개국, 선진국 14개국, 전환국 2개국 등 32개 이사국 그룹으로 구성되어 있다. 포즈난 전략 프로그램(PSP, Poznan Strategy Programme)을 운영하고 있다.

녹색기후기금(GCF: Green Climate Fund)은 기존 GEF가 담당하던 기후변화 대응부문의 한계를 극복하기 위해, 기후변화 대응에 특화된 유일한 기금이다. 2010년 칸쿤 당사국 총회(COP16)에서 UNFCCC의 재정운영 기구로 처음 설립되었고, 2013년 12월 공식출범했다. GEF가 기금 운영 면에서 감축(Mitigation)에 주안점을 둔 반면 GCF는 감축 및 적응(Adaptation)에 비슷한 비중으로 자금을 지원한다. 이사회(Governing Board)는 선진국과 개도국의 동등한 참여를 고려하여 선진국 12명과 개도국 12명의 총 24명으로 구성되고 동수의 대리이사가 참여(총 48명)하며, 매년 3차례 정례회의를 개최한다. 개도국 역량강화 프로그램인 능력배양 프로그램(readiness programme)을 운영하고 있다.

기후변화협약 자체는 어떠한 강제성이나 법적 구속력이 없으므로, 탄소배출과 관련된 구체적인 규제기준이나 정책의 강화가 필요하였다. 협약의 개정 및 후속 의정서 제정을 위한 지속적인 협상을 진행한 결과, 1997년 12월 일본 교토에서 개최된 제3차 당사국총회(COP3)에서 보다 구체적이고 실질적인 온실가스 감축 의무와 실천방안을 담은 교토의정서(Kyoto Protocol)를 채택하였다. 교토의정서를 인준한 국가는 여섯 종류의 온실가스 배출을 감축하며 배출량을 줄이지 않는 국가에 대해서는 비관세 장벽을 적용하게 된다.

---

2) 기후변화협약의 결정사항을 집행하고 의사결정기구와 작업반을 지원하는 협약의 사무국(Secretariat) 역시 독일의 본에 본부를 두고 있다.

2.3 당사국 총회(COP: Conference of the Parties)

당사국 총회는 유엔기후변화협약의 최고 의사결정기구로, 당사국이 모여 협약의 이행을 정기적으로 검토하고 협약의 효과적 이행 촉진에 필요한 제도적, 행정적 결정을 내리는 회의체이다. 1995년부터 매년 1회씩(주로 11~12월) 정기적인 대륙별 순환개최를 원칙으로 이뤄지며 2021년 11월 영국 글래스고에서 26차 당사국총회(COP26)이 개최되었다.

[표2.3] 역대 당사국 총회(COP)의 의결내용

회기	개최월 개최지	회의 결과
COP 1	1995.3. 독일 베를린	○ 2000년 이후의 온실가스 감축 관련 협상을 위한 특별작업반을 설치하고 1997년 **제3차 당사국총회에서 의정서(또는 협약개정)를 채택**키로 결정한 '베를린 위임 사항(Berlin Mandate)'을 채택
COP 2	1996.7. 스위스 제네바	○ 2000년 이후의 온실가스 배출감축 목표설정을 위한 협상(Berlin Mandate 협상)을 가속화하고 그 결과를 법적 구속력 있는 문서로 채택하는 것을 재확인 ○ **인간의 활동이 지구의 기후에 명백한 영향을 미치고 있음을 확인**, IPCC 제2차 평가 보고서를 공식적으로 인정
COP 3	1997.12. 일본 교토	○ 기후변화협약 부속 **교토의정서 채택** - 선진국(Annex I 국가)의 온실가스 배출량 감축의무화, 공동이행제도, 청정개발 체제, 배출권거래제 등 시장원리에 입각한 새로운 온실가스 감축수단의 도입으로 의무 이행의 신축성 제고 ○ **개도국의 자발적 의무 부담**에 대한 G-77 및 중국의 강력한 반대로 합의도출 **실패**
COP 4	1998.11. 아르헨티나 부에노스 아이레스	○ 교토 메커니즘, 대개도국 보상 및 기술이전, 협약의 재정체계, 기술개발 및 이전, 온실가스 저감 시범사업, 의정서 제1차 당사국총회 준비 등 6개 사안을 일괄 타결하기 위한 행동계획(Buenos Aires Plan of Action)을 채택
COP 5	1999.10. 독일 본	○ 교토 메커니즘, 재원 및 기술이전 등 주요 쟁점사안들과 관련된 실질 문제에 대한 합의를 도출하지 못하고, 차기 제6차 당사국 총회까지 논의 종결을 위한 작업 일정에만 합의 ○ 아르헨티나의 자발적인 온실가스 감축 목표 발표에 따라 개도국의 온실가스 감축 참여 문제가 부각
COP 6	2000.11. 네덜란드 헤이그 2001.7. 독일 본	○ 2002년 교토의정서를 발효하기 위해 교토의정서의 상세 운영규정을 확정할 예정이었으나 Umbrella Group(EU를 제외한 선진국들의 모임)과 EU간의 입장차이로 협상 결렬 ○ 독일 본에서 이어진 속개회의(COP 6-2)에서는 교토메커니즘, 흡수원등에서 EU와 개발도상국의 양보로 캐나다, 일본이 참여 하면서 협상이 타결되어 **미국을 배제한 교토의정서 체제에 합의**
COP 7	2001.10. 모로코 마라케쉬	○ 교토의정서의 이행 관련 **신축성 메커니즘, 의무준수체제, 온실가스 배출 목록, 흡수원 등에 대한 규정**을 담은 **마라케쉬 합의문**(Marrakesh Accords) 채택

COP 8	2002.10. 인도 뉴델리	○ 기후변화에 대한 개도국의 취약성 및 개도국의 경제·사회 개발 필요성을 부각시키고, "공통되나 차별화된 책임"과 대**개도국 기술이전 및 재정지원을 강조하는 델리 선언**을 채택 ○ **청정개발체제(CDM) 절차규정(rules of procedure) 채택**
COP 9	2003.12. 이탈리아 밀라노	○ 1차 공약기간 중 부속서 1국가들의 **CDM하에서의 조림 및 재조림을 위한 방식 및 절차에 관한 결정** 채택 ○ 교토의정서의 조기발효 필요성 재확인 및 러시아에 대한 조기비준 촉구
COP 10	2004.12. 아르헨티나 부에노스 아이레스	○ 과학기술자문부속기구가 기후변화 영향, 취약성 평가, 적응수단 등에 관한 5년 활동 계획 수립('부에노스아이레스 행동계획(Buenos Aires Plan of Action)' 채택) ○ 1차 공약기간(2008-2012)이후의 의무부담에 대한 비공식 논의 시작
COP 11	2005.11. 캐나다 몬트리올	○ **교토의정서 이행절차보고 방안을 담은 19개의 마라케쉬 결정문**을 제1차 교토의정서 당사국회의(CMP1)에서 승인 ○ **교토의정서 2차 공약기간(2012년~)에 대한 선진국의 추가 감축**에 관현 협상 (AWG-KP) 개시에 합의
COP 12	2006.11. 케냐 나이로비	○ 선진국들의 2차 공약기간 온실가스 감축량 설정을 위한 논의 일정에 합의하였고, 개도국들의 온실가스 감축문제는 제13차 총회에서 재논의하기로 결정 ○ 개도국의 기후변화 적응 지원에 관한 5개년 행동계획을 채택하였고, 적응기금 (Adaptation Fund)의 절차와 세부원칙에 합의
COP 13	2007.12. 인도네시아 발리	○ **선진국 지원 하에서 개도국이 자발적 감축행동(NAMA)을** 취하기로 하는 내용의 '**발리 행동계획(Bali Action Plan)**' 채택 ○ 교토의정서 이후의 Post-2012 체제 마련을 위한 기본계획 합의(2009년 말을 목표로 협상 진행)
COP 14	2008.12. 폴란드 포츠난	○ 2009년 6월까지 협상문의 구성요소 및 초안을 마련하는 일정에 합의하는 등 본격적인 협상모드 전환을 위한 기반을 마련 ○ **지구기후관측시스템 이행계획**에 관한 보고서 채택
COP 15	2009.12. 덴마크 코펜하겐	○ 100여개국의 정상이 참석하였으나, 선·개도국간의 대립으로 Post-2012 체제 합의 도출에 실패하고, '**코펜하겐 합의(Copenhagen Accord)**' 채택
COP 16	2010.12. 멕시코 칸쿤	○ 2011년 제17차 총회까지 Post-2012 기후체제 합의를 위한 협상을 지속하기로 합의 ○ **녹색기후기금(Green Climate Fund)** 설립 및 단기재원(2010-2012, 300억불), 장기재원(2020년까지 매년 1000억불) 조성규모 결정
COP 17	2011.12. 남아공 더반	○ 2012년 효력이 만료되는 **교토의정서를 연장하고, 2020년부터 선진국과 개도국이 모두 참여하는 법적으로 효력이 있는 새로운 조약 마련**을 위한 협상을 개시하기로 합의('**더반 플랫폼(Durban Platform)**' 채택) ○ 제1차 의무감축 공약기간이 2012년 말 만료됨에 따라 EU, 호주, 뉴질랜드, 스위스, 노르웨이 등 주요 선진국들은 2차 공약기간 설정을 약속

COP 18	2012.11. 카타르 도하	○ **교토의정서의 제2차 공약기간(2013~2020)을 설정**하는 의정서 개정안(Doha Amendment) 채택 ○ 우리나라의 **녹색기후기금(Green Climate Fund) 사무국 유치** 인준
COP 19	2013.11. 폴란드 바르샤바	○ **모든 국가가 자체적으로 결정**한 2020년 이후의 **기후변화 대응 기여방안(INDC)**을 제21차 총회 한참 이전에(well in advance) 제출하기로 합의 ○ 2020년까지 연간 1천억 불 마련을 위해 2년마다 기후재원장관회의를 개최하고 세부사항은 재정상설위에서 논의하기로 결정
COP 20	2014.12. 페루 리마	○ Post-2020 감축목표를 포함한 각국의 기여내용(**INDC**) 제출범위, 제출시기, 제출 정보 등 **관련 지침을 확정** ○ 2015년 합의문을 구성할 주요항목 문서(element paper) 채택
COP 21	2015.11. 프랑스 파리	○ **'파리협정(Paris Agreement)' 채택** - 모든 국가가 2020년부터 온실가스 감축·적응·지원 노력에 참여하며, 5년 주기 이행점검을 통해 점차 노력을 강화하여 전지구적 목표 달성
COP 22	2016.11. 모로코 마라케쉬	○ **'파리협정(Paris Agreement)' 이행 규칙 채택을 위한 작업 일정 확정** - 2018년 제24차 당사국총회(COP24)에서 파리협정 이행 규칙을 채택키로 결정 - 이를 위해 2017.5월 개최될 5월 협상회의 이전까지 각국의 입장을 담은 국가 제안서를 제출하고, 이슈별 워크숍/라운드테이블을 개최키로 합의
COP 23	2017.11. 독일 본 (의장국: 피지)	○ '18.1월부터 탈라노아 대화를 개최하여 장기 온도목표를 향한 국제사회의 노력을 점검하고 '20년까지의 감축·지원 노력도 함께 점검하기로 합의. (Talanoa Dialogue: 포용적이고 참여적이며 투명한 태평양 지역의 대화 방식) ○ '20년 이전 이행 및 의욕수준(pre-2020 implementation and ambition) 관련 진전 정보 제출과 '18년 및 '19년에 이행점검 회의 개최 등 합의
COP 24	2018.12. 폴란드 카토비체	○ 파리협정의 이행에 필요한 세부사항 규정을 위해 3년간 실시된 파리협정 작업프로그램 협상 결과, '카토비체 기후 패키지' 채택(시장 부분 제외)
COP 25	2019.12. 스페인 마드리드	○ 기후위기 상황 타파를 위해 조속한 기후행동을 촉구하는 'Chile Madrid Time for Action' 결정문 채택 ○ 1년의 추가 협상시한에도 불구하고 파리협정 제6조(탄소시장) 지침 채택에 실패, 제3차 파리협정 당사국회의로 협상시한 재연장
COP 26	2021.10 영국 글래스고	○ 파리협정의 이행의 주요 쟁점을 타결하기 위한 방안을 논의할 것으로 전망

출처: 외교부, 2021 기후환경외교편람

2.4 교토의정서(Kyoto Protocol, 1997.12)

1992년 리우에서 열린 기후변화협약 이후 기후변화에 대한 실질적인 행동계획을 담은 교토의정서를 채택하기까지는 많은 어려움이 있었다. 기후협약 이후 수차례의 정부간 협상위원회를 거쳐 1995년 제1차 당사국 총회(COP1)를 독일 베를린에서 개최하였다. COP1에서는 협약의 의무사항만으로는 그 목적인 2000년까지 온실가스 배출을 1990년 수준으로 감축시키는 목표를 달성하는데 미흡하다고 결론짓고, 선진국(부속서1)의 온실가스 감축을 위한 실질적 노력 수준을 강화하기 위한 협상을 개시할 것을 결의하였다.

1996년 스위스 제네바에서 열린 제2차 당사국 총회(COP2)에서는 베를린 결의에 따른 협상의 진전에 대한 보고 및 검토가 있었다. 베를린 결의 이후 COP2 개최까지 선진국 의무사항의 차별화를 위한 실무협의가 4차례 있었으며, COP2에서는 이를 반영한 실질적인 온실가스 감축을 위한 의무사항이 담긴 새로운 의정서를 COP3까지 도출할 것을 주요 내용으로 하는 각료 선언이 채택되었다.

5년이 지난 뒤인 1997년, 일본 교토에서 열린 제3차 당사국 총회(COP3)에서 비로소 실질적인 온실가스 감축을 위한 의무사항이 담긴 교토의정서를 채택하였다. 여기서 선진국으로 분류되는 부속서 I 국가[3]들은 제1차 의무이행기간(2008~2012년) 동안 온실가스 배출을 1990년 대비 평균 5.2%를 감축하기로 합의하고, 3가지 온실가스 감축이행수단으로 구성된 교토메커니즘(Kyoto mechanism)을 도입하였다. 3가지의 교토메커니즘은 배출권 거래제(ETS: Emission Trading System), 공동이행(JI: Joint Implementation), 청정개발체제(CDM: Clean Development Mechanism)로 다음 절에서 보다 자세히 설명하기로 한다.

[표2.4] 교토의정서 1차 협약기간 주요 내용

	1차 협약
이행기간	2008년 - 2012년
감축대상 온실가스	6종(이산화탄소, 메탄, 이산화질소, 수소불화탄소, 과불화탄소, 육불화황: $CO_2 \cdot CH_4 \cdot N_2O \cdot HFCs \cdot PFCs \cdot SF_6$)
부속서 1 대상국가	Annex I 40개국 중 터키와 벨라루스를 제외한 38개국
부속서 1 국가 의무	온실가스 배출량 1990년 수준 대비 평균 5.2% 감축 의무 부과, 각국별 -8%에서 +10%까지 차별화된 배출량 규정
비부속서 국가 의무	온실가스 감축과 기후변화 적응에 대한 보고, 계획 수립 및 이행
법적 구속력 여부	법적 구속력 가짐

---

3) 이들을 교토의정서 부속서 B라고도 부른다.

1998년 아르헨티나 부에노스아이레스에서 열린 제4차 당사국 총회(COP4)에서는 선진국과 개도국 간 대립되어 온 교토메커니즘, 재정지원, 기술이전 등의 6개 쟁점사항을 2000년 열리는 제6차 당사국 총회(COP6)에서 최종 결정하기로 하는 부에노스아이레스 행동계획(BAPA)을 채택하였다. 이 회의에서 비부속서 I 국가에 속하는 아르헨티나와 카자흐스탄이 자발적인 온실가스 감축을 공표하며, 선진국과 개도국 간의 개도국의 자발적 의무부담 방안 등에 대한 논쟁을 촉발하였다.

1999년 독일 본에서 열린 COP5는 COP4에서 결정된 의제가 COP6에서 최종 채택되기 위한 중간성격의 총회였다. 쟁점 사항에 대한 합의는 실패하였지만, COP6 개최에 대한 절차 및 행정적 사안들, 국가보고서 작성지침 등 32개의 결정문이 채택되었다. 그리고 리우협약 이후 10년이 지난 2002년까지 교토의정서가 발효될 수 있도록 노력해야 한다는 주장이 제기되었다.

2000년 네덜란드 헤이그에서 열린 COP6에서는 교토의정서의 구체적인 규정 제정 등을 협상하였으나 타결에 실패한다. 게다가 총회 몇 달 뒤인 2001년 3월 최대 탄소배출국 중 하나인 미국이 교토의정서 비준을 거부하면서 교토의정서가 사장될 수 있다는 위기감이 팽배해진다. 이에 2001년 7월 독일 본에서 COP6 속개회의가 개최되고 개도국과 EU의 양보로 교토메커니즘 운영절차와 방식 등 교토의정서의 주요 이행방안이 전격 합의된다. 이에 따라 2001년 11월 모로코 마라케시에서 열린 COP7에서 교토의정서에 대한 최종 합의인 마라케시 행동 선언문(Marrakesh Accords)이 도출되었다.

2002년 인도 뉴델리에서 열린 COP8에서는 별다른 결과물 없이 온실가스 감축노력 촉구 등을 포함한 뉴델리 각료 선언의 채택 정도에 그쳤으며, 2003년 이탈리아 밀라노에서 열린 COP9에서는 교토의정서의 발효를 전제로 한 교토메커니즘의 세부사항에 대한 논의를 진행하였다.

2003년 3월, 105개 회원국이 교토의정서를 비준하였는데, 의정서의 발효조건중 회원국 55개국이 비준함과 동시에 비준국들이 1990년도 의무부담국가(부속서 I 국가)의 이산화탄소 배출총량의 55% 이상을 점유해야 한다는 조건이 있었다. 당시 교토의정서 비준 국가 수는 55개국 조건을 충족하였으나, 비준국가들의 총 배출량이 의무부담국가의 43.9%에 불과하였다. 이에, 총 배출량의 17.2%를 차지하는 러시아의 비준 여부가 의정서 발효에 매우 중요한 역할을 하게 되었고, 2004년 11월 러시아가 교토의정서에 서명함으로써, 교토의정서는 2005년 2월 출범하게 된다.

최대 탄소배출국 중 하나였던 미국은 원래 1997년 7월 상원에서 교토의정서에 서명하지 말 것을 결의하였지만, 그해 12월 클린턴 행정부가 서명을 하면서 한국과 아르헨티나 등 개도국들에 제1차 공약기간 중 온실가스 감축 의무를 부담할 것을 요구하였다. 그러나 2001년 3월 부시 행정부가 취임하면서 개도국 동참 반대를 명분으로 교토의정서를 거부하는 대신 온실가스 배출 감축을 독자적 방식으로 추진하였다.

교토의정서는 감축 대상 온실가스를 정의하고, 온실가스 의무 감축 이행국과 구속력 있는 감축량을 규정했으며 시장원리를 통해 효과적인 감축을 유도했다. 또한, 국가 간 연합을 통해 공동의 감축목표를 달성하는 것을 허용하였다. 그러나 중국, 인도와 같은 온실가스 다배출국가가 감축의무 대상에서 제외되었으며 1차 공약기간에 감축의무를 졌던 미국, 러시아 등이 탈퇴 선언을 하며 교토의정서의 실효성에 대한 의문이 제기되었다.

2.5 교토메커니즘

교토메커니즘은 온실가스 감축에 따른 경제적 비용과 피해를 최소화하기 위하여 고안되었으며 탄소시장의 제도적 근간이 되는 세 가지 유연성 체제(flexible mechanism), 즉 배출권 거래제, 공동이행, 청정개발체제가 포함된다.

교토메커니즘 하의 배출권 거래는 간략하게 두 가지 방법으로 나뉜다.

〉두 가지 배출권 형태

1. 캡앤트레이드(Cap and Trade)

공기 오염을 통제하기 위한 캡앤트레이드 방식의 기원은 Montgomery(1972)의 논문에서 찾아볼 수 있다. 캡앤트레이드 방식은 EU-ETS가 시행하는 방식인데, 이 방식은 기업에게 배출 감축목표를 제시하고 그와 같은 양의 배출권을 기업에게 부여한다(Cap). 기업은 쓰고남은 배출권을 다른 기업에게 팔 수 있으며, 또는 모자란 배출권을 타 기업으로부터 구매할 수 있다(Trade).

2. 베이스라인앤크레딧(Baseline and Credit)

베이스라인앤크레딧 방식은 CDM이 시행하는 방식인데, 이 방식은 개발도상국처럼 탄소배출에 대한 감축 의무가 없는 나라에서 배출 감축 활동을 실시한 경우에 감축 활동분의 크레딧이 주어진다. 이를 통해서 배출 감축 의무가 없는 국가의 감축활동을 유도할 수 있다.

2.5.1 배출권 거래제

배출권 거래제(ETS: Emission Trading System)는 교토의정서 제17조에 규정되어 있으며, 부속서 I 국가에게 탄소를 배출할 수 있는 할당량(AAU: Assigned Amount Unit)을 부여한 뒤 이들 국가간에 할당된 배출권을 거래할 수 있게 하는 제도이다. 할당량을 초과 배출한 국가는 배출량의 여분이 있는 국가로부터 배출권을 구매하도록 허가함으로써 자국의 할당목표를 달성할 수 있다.

이 제도는 단일 국가 단위에서도 같은 방식으로 적용된다. 정부가 온실가스를 배출하는 기업을 대상으로 연단위 배출권을 할당하고, 기업들의 실제 온실가스 배출량을 평가하여 잉여분과 부족분간의 배출권에 대한 거래를 허가함으로써 배출 총량을 제한할 수 있다. 이러한 거래는 감축 의무를 지는 기업의 한계저감비용(MAC, Marginal Abatement Cost)이 서로 다르기 때문에 활성화될 수 있다. 한계저감비용이란 온실가스 감축을 목적으로 기술적 변화를 주거나 연료를 바꿀 경우 1톤을 감축하는데 발생하는 비용을 의미하는데, 한계저감비용이 시장에서 거래되는 배출권 가격보다 낮은 기업은 감축 할당량보다 많이 감축하여 한계저감비용이 상대적으로 높은 기업에게 초과배출권을 판매함으로써 두 기업에게 모두 이득이 될 수 있다.

배출권의 시장가격은 이러한 거래의 수요와 공급에 의해 결정된다. 배출권에 대한 각 기업의 수요의 합은 시장 전체의 수요가 되고, 각 기업의 공급의 합은 시장 전체의 공급이 되어 배출권의 시장가격이 형성된다.

〉예제) 각각 100톤씩의 CO_2를 배출하는 두 기업 A와 B가 정부의 규제에 의해 20톤씩의 온실가스 감축해야 한다. A기업의 감축비용은 톤당 10만원이고, B기업의 감축비용은 톤당 7만원이다. 두 기업 모두 직접 감축할 때와, A기업은 10톤, B기업은 30톤을 감축한 뒤 톤당 8만원으로 배출권 거래제를 활용할 때, 두 기업의 경제적 이득은 얼마가 되는가?

풀이)
A기업이 직접 감축할 경우 20x10=200만원, B기업이 직접 감축할 경우 20x7=140만원.
A기업이 배출권 거래제를 활용하면 10x10+8x10=180만원.
B기업이 배출권 거래제를 활용하면 30x7-10x8=130만원.
A기업은 20만원 이득, B기업은 10만원 이득.
만약 두 기업의 이득을 같게 하려면 배출권은 얼마의 가격이 옳은가? 8만 5천원.

2.5.2 공동이행제도(JI)

공동이행제도(Joint Implementation)는 교토의정서 제6소에 규정되어있으며, 부속서 I 국가들 사이에서 온실가스 감축사업을 공동으로 수행하는 것을 인정하는 제도로써, 부속서 I에 속하는 A국이 부속서 I에 속하는 또 다른 B국에 투자하여 발생된 온실가스 감축분의 일정량을 A국의 배출 감축 실적으로 인정하는 제도이다. 예를 들면 미국과 같은 OECD 선진국이 동유럽과 같은 선진국에 투자하여 노후 설비를 개보수하여 온실가스를 줄이는 사업을 추진하고, 이를 배출 저감 실적으로 인정하는 것이다. 이 제도는 배출량이 제한되는 선진국들이 서로 협조하여 주어진 공약사항을 공동으로 이행할 수 있도록 유도하는 제도이다. 공동이행제도를 통해 투자국가 A는 배출감축량(credit)만큼의 ERU(Emission Reduction Units)을 받게 되며, 투자를 유치받은 국가 B는 ERU만큼을 할당받은 감축량(AAU)에서 제외한다. 따라서 부속서 I 국가들 사이에서 감축비용이 높은 국가는 감축비용이 낮은 국가의 온실가스 배출 감축사업에 투자하여 감축에 소요되는 비용을 줄일 수 있다.

ERU를 얻기 위한 방법으로는 배출감축량의 검증 방식에 따라서 Track 1과 Track 2 두 가지 접근법이 존재한다. Track1은 선진국에 해당하는 투자유치국(Host Party)이 자국 내의 프로젝트를 검증하여 크레딧을 발행하는 것이다. Track2는 JI 감독위원회(JISC: Joint Implementation Supervisory Committee)에서 규정한 검증 절차에 따라 JISC가 인정하는 독립기관이 프로젝트의 적격성을 검토하여 배출 감축량을 검증하고, 관련 당사국이 ERU를 발행한다. 2022년 8월 기준 등록된 Track1 사업 수는 597건, Track2 사업 건수는 51건으로 총 648건이다. 2008년부터 2015년까지 발행된 ERU는 871,893천tCO$_2$이다.

[표2.5] JI 사업현황

	Track 1	Track 2	총 등록 건수
벨기에	2	0	2
불가리아	24	1	25
체코	85	0	85
에스토니아	12	0	12
핀란드	3	0	3
프랑스	20	0	20
독일	25	0	25
헝가리	12	0	12
라트비아	1	0	1
리투아니아	0	18	18
뉴질랜드	8	0	8
폴란드	38	0	38
루마니아	17	1	18
러시아	96	2	98
스페인	3	0	3
스웨덴	0	2	2
우크라이나	251	27	278

출처 : UNFCCC Joint Implementation, https://ji.unfccc.int/index.html

2.5.3 청정개발체제(CDM)

청정개발체제는 교토의정서 제12조에 규정되어있으며, 부속서 Ⅰ 국가들이 비부속서 Ⅰ 국가에서 온실가스 감축사업에 투자하여 달성한 실적의 일정량을 부속서 Ⅰ 국가의 감축량(CER: Certified Emission Reductions)으로 획득할 수 있도록 하는 제도이다. 청정개발체제를 통하여 부속서 Ⅰ 국가는 적은 비용으로 온실가스 감축량을 얻고, 비부속서 Ⅰ 국가는 부속서 Ⅰ 국가로부터 기술과 재정을 지원받아 지속가능한 개발을 추진하고 에너지 효율을 높임으로써 산업의 효율성을 제고하는 효과를 누릴 수 있다. 교토의정서 상 선진국의 온실가스 감축 의무가 시작되는 시점은 2008년이지만 청정개발체제는 공동이행제도와는 달리 교토의정서 1차 의무이행기간(2008~2012년) 이전인 2000~2007년에 발생한 온실가스 감축분에 대해서도 조기 감축활동으로 인정하여 크레딧을 소급 적용할 수 있도록 함으로써 사업의 이른 적용을 유도한 바 있다. 청정개발체제는 처음에는 선진국에서 사업을 개발하고 이를 개발도상국에서 유치하는 양국간 청정개발체제(Bilateral CDM) 형태로 구상되어왔으나, 최근에는 사업의 위험을 분담하기 위해 다수의 선진국들이 공동으로 사업을 개발해 개발도상국이 이를 유치하는 다국간 청정개발체제(Multilateral CDM) 형태로 확장되고 있다.

CDM 프로젝트의 온실가스 감축량 인증을 위해 베이스라인과 모니터링 객관적인 측정방법과 적용기준이 필요하다. 이를 CDM 방법론이라 지칭하며 다음과 같이 5가지로 분류된다.
- 대규모 CDM 프로젝트 활동을 위한 방법론
- 소규모 CDM 프로젝트 활동을 위한 방법론
- 대규모 조림 및 재조림 CDM 프로젝트 활동을 위한 방법론
- 소규모 조림 및 재조림 CDM 프로젝트 활동을 위한 방법론
- 탄소포집 및 저장 프로젝트 활동을 위한 방법론

UNFCCC는 CDM 사업의 분야별 범위(Sectoral Scope)를 15개 분야로 구성하고 있으며 2022년 8월 등록된 방법론은 총 268개이다.

2. 탄소시장의 역사와 배경

[표2.6] 승인된 CDM 방법론

		대규모 방법론(AM)	소규모 방법론(AMS)	통합 방법론(ACM)	총 개수
1	에너지 산업	AM0007 외 34	AMS-IA 외 21	ACM0001 외 16	74
2	에너지 분배	AM0067 외 2	AMS-II.A. 외 5		9
3	에너지 수요	AM0017 외 11	AMS-II.C. 외 18		31
4	제조 산업	AM0007 외 15	AMS-II.D. 외 11	ACM0003 외 5	34
5	화학 공업	AM0021 외 13	AMS-IH 외 7	ACM0017 외 1	24
6	건설		AMS-III.BH.		1
7	수송	AM0031 외 4	AMS-IM 외 15	ACM0016 외 1	23
8	광산/광물 생산			ACM0008	1
9	금속 생산	AM0030 외 8			9
10	연료로부터 탈루성 배출(고체, 석유 및 가스)	AM0009 외 6	AMS-III.BI. 외 1	ACM0008	10
11	할로겐화탄소와 육불화황의 생산과 소비로부터 탈루성 배출	AM0001 외 7	AMS-III.AB. 외 1		10
12	용매 사용				
13	폐기물 처리	AM0057 외 6	AMS-III.AF. 외 14	ACM0001 외 4	27
14	조림 및 재조림	AR-AM0014	AR-AMS0003 외 1	AR-ACM0003	4
15	농업	AM0073 외 1	AMS-IH 외 6	ACM0010 외 1	11

출처 : UNFCCC CDM methodologies[4]

2020년 5월 31일 기준 CDM에 등록된 사업 건수는 총 7,829건이며 대규모 사업이 59.88%, 소규모 사업이 40.12%를 이루고 있다. CDM 사업의 점유율은 에너지 분야가 75.25%, 폐기물이 10.72%로 대부분 에너지와 폐기물 분야에서 집중되어 있

---

[4] https://cdm.unfccc.int/DOE/scopes.html

다. 실제 발행된 CER은 총 2,029,087천tCO$_2$eq에 달한다.

CDM 사업의 절차는 크게 사업계획-타당성평가-승인 및 등록-모니터링-검증 및 인증-CER발행으로 이루어져 있다. CER발행을 위한 검증 절차는 사업계획 단계에서의 타당성확인(Validation)과 사업 이행 과정에서 감축실정에 대한 검증(Verification)으로 CDM운영기구인 DOE(Designated Operational Entity)에서 수행한다.

우리나라 최초의 교토메커니즘상 탄소배출권은 2010년 초 인도네시아 롬복섬 조림사업에 대한 CDM 사업을 체결하면서 발행되었다. 현재 시점(2020년 5월 31일 기준) CDM 사업 등록 건수는 총 90건으로 총 CDM 등록 건수에서의 비중은 1.15%로 점유율은 상대적으로 낮은 편에 속한다.

[표2.7] CDM 사업 UN 등록 현황

	등록 건수	점유율
중국	3,764	48.1%
인도	1,671	21.3%
브라질	344	4.4%
베트남	258	3.3%
멕시코	192	2.5%
기타 국가	1,510	19.3%
한국	90	1.15%

출처: 한국에너지공단 CDM인증센터 통계

JI와 CDM은 교토의정서에서 규정한 가장 대표적인 크레딧 시장이다. 특정 온실가스 저감 프로젝트를 수행하여 온실가스 감축 실적을 인정받는 점에서 유사한 면이 있지만 CDM은 개발도상국에서 수행된 프로젝트에서 크레딧이 발생하고 JI은 선진국에서 수행된 프로젝트에서 크레딧이 발생하기 때문에 현재 JI사업을 통해 발생된 ERU보다는 CDM사업을 통해 발생된 CER의 발행이 압도적으로 많다.

2.6 POST-2012, 교토의정서 2차 공약기간

교토의정서는 교토메커니즘을 통하여 인류 최초로 온실가스 감축량을 거래가 가능한 상품으로 만듦으로써 온실가스 감축의 경제적 비용을 낮추고 효율화할 수 있게 하였다는데 가장 큰 의의가 있다. 그러나 이러한 긍정적 측면에도 불구하고 교토의정서는 태생이 느슨한 국제적 규약에 불과하므로 그 한계도 명확히 존재한다. 앞서 언급한 바와 같이 2005년 교토의정서가 발효되기 전, 최대 배출국 중 하나인 미국은 여러 이유를 들어 2001년 교토의정서를 탈퇴하였다. 또한 중국과 인도 등 많은 이산화탄소를 배출하는 나라들 역시 개발도상국(비부속서 I 국가)이라는 이유로 교토의정서의 감축대상국 명단에 빠져있었다. 이에 불만을 품은 캐나다는 2011년 12월, 그리고 다음 해인 2012년에 일본과 러시아 역시 빠지면서 교토의정서에 의해 관리되는 온실가스 감축대상국이 내뿜는 온실가스 양은 전체 온실가스 중 15%밖에 차지하지 않는 나라들만 참여하게 되었다.

또한, 교토메커니즘에 관한 한계점도 제시되었다. 우선 교토메커니즘은 UNFCCC에서 규정한 구조와 방법론에 의해서만 크레딧을 인정했기 때문에 유연한 감축수단의 도입의 필요성이 제기되었다. 국가별로 온실가스 감축 프로그램을 운영함에 있어 특수성이 존재하지만 이 차이를 반영하면서 공통된 CDM 방법론을 개발하기는 어려웠던 것이다. CDM은 상업적으로 추진이 불가능한 사업을 온실가스 배출감축실적을 인정받아 크레딧을 판매하거나 환경비용을 고려하여 상업성을 확보한 것이다. 그러나 CDM 사업 중에서도 특정사업에 투자가 집중되면서 투자매력도가 낮지만 실질적으로 필요한 온실가스감축 프로그램에는 선진국의 지원이 원활하게 공급되지 않았다.

이러한 교토의정서의 한계와 별개로 교토의정서 제1차 공약의 종료기간은 2012년이므로, 이후 각 국가들은 온실가스 감축활동을 위하여 어떻게 행동해야 할지를 결정해야 했다. 즉 교토의정서 이후의 포스트 교토체제에 대한 고민을 시작해야 했다.

> 발리행동계획(2007.12) Bali Action Plan, 코펜하겐합의(2009.12) Copenhagen Accord

2007년 인도네시아 발리에서 열린 COP13은 2009년까지 구속력 있는 합의를 도출할 것을 목표로 '발리행동계획(Bali Action Plan)'을 채택한다. 이로써 국가들은 포스트 교토체제에 대한 협상을 시작했다. 발리행동계획은 '발리로드맵'을 창설했는데, 산림벌채(deforestation)로 인한 배기가스 억제, 기술 이전에 대한 결정 뿐 아니라 적응 기금(Adaptation Fund) 착수 등을 포함한 핵심적인 문제들을 다뤘고, 발리에서의 결정은 안전한 기후 미래를 위하여 전 세계가 뜻을 함께하는 성과를 보여주었다.

그러나 2009년 덴마크 코펜하겐에서 열린 COP15에서는 모든 국가가 감축의무를 부담한다는 내용으로 28개 주요국 정상 비공식 회합에서 합의된 '코펜하겐 합의(Copenhagen Accord)'를 제안했으나, 감축의무나 재원 등 주요 쟁점에 대한 일부 개발도상국의 반발로 당사국 총회에서는 채택되지 못하였다. 다만 온실가스 감축, 기후변화에 대한 적응, 개도국의 기후변화 대응을 위한 선진국의 재정 및 기술 지원(이는 향후 GCF 설립의 토대가 된다.) 등에 관한 참석국간 합의를 도출하였으며 특히 온실가스 감축 분야에서 기후변화협약 부속서 I 당사국(온실가스 의무감축국)과 동 협약 부속서 I 비당사국(비의무감축국) 구분을 유지하고 있다.

> 칸쿤합의(2010.12) Cancun Agreements

2010년 멕시코 칸쿤에서 열린 COP16에서는 기후변화로 인한 손실과 피해(L&D: Loss and Damage)분야 프로그램을 채택하였다. 이는 합의에 그쳤던 코펜하겐 합의문을 발전시켜 공식 채택된 것이며 2020년까지 1990년의 온실가스를 25%~40% 감축시키고자 하는 선진국의 목표와 녹색기후기금(GCF)의 조성에 합의하는 내용을 담고 있다. 이를 바탕으로 2013년 폴란드 바르샤바에서 열린 COP19에서는 손실과 피해문제를 다루기 위하여 '바르샤바 메커니즘(Warsaw International Mechanism)'을 설립하였다. 바르샤바 메커니즘은 2016년까지 운영되는 임시기구로 예정되어 있었는데, 파리협정 제8조에서 손실과 피해를 단독조항으로 다루며 그 중요성을 인정받음으로써 지속하기로 합의하였다.

> 도하 게이트웨이(2012.12) Doha Gateway

교토의정서 제1차 공약기간 만료 직전인 2012년 12월 카타르 도하에서 열린 COP18은 교토의정서 제2차 공약기간을 2013년부터 2020년까지로 연장하고, 이 기간 동안 부속서 B에 수록된 37개국은 1990년 대비 온실가스 배출량을 평균 18% 이상 감축하자는 '도하 개정문(Doha Amendment)'을 채택하였다. 그러나 이 개정문의 발효조건은 교토의정서 당사국(192개국)의 75%에 해당하는 144개국이 비준하여야 했다.

제2차 공약기간이 거의 만료된 2020년 10월에서야 나이지리아와 자메이카가 도하개정문에 대한 비준서를 기탁함으로써 그해 개정안을 발효시킬 수 있었으며, UNFCCC의 분석에 따라 37개국의 온실가스 배출량이 1990년 대비 25.3% 감소한 것으로 조사되어 도하개정문의 목표치를 초과 달성한 것으로 확인되었다. 하지만 이는 37개국의 의무에 불과하고, 이 시점의 지구 기온 상승 속도는 금세기 내 산업혁명 대비 3도가량의 상승이 예상되는 수준이므로, 기후변화를 위한 도하개정문의 효과는 한계가 있음을 분명히 하였다.

[표2.8] 교토의정서 2차 협약기간 주요 내용

	2차 협약
이행기간	2013년~2020년
감축 이행국	38개국(미국, 일본, 러시아, 캐나다, 뉴질랜드 등 불참)
부속서 1 국가 의무	최대 20% 감축
법적 구속력 여부	법적 구속력 없음

2.7 파리협정

〉 더반플랫폼(2011.12) Durban Platform

2011년 남아프리카공화국 더반에서 열린 COP17은 교토의정서가 가진 한계를 인식하고 기후변화에 대응하기 위한 새로운 체제의 고민을 엿볼 수 있었던 총회이다. 당사국들은 교토의정서 2차 공약기간이 만료되는 2020년 이후 적용될 새 체제를 설립할 것을 합의하고, 이를 위한 협상을 2015년까지 완료하기로 한 '더반 플랫폼(Durban Platform for Enhanced Action)'을 채택하고, '더반 플랫폼에 관한 특별작업반(ADP: Ad Hoc Working Group on the Durban Platform for Enhanced Action)'을 구성하였다. ADP는 기존의 교토의정서에서 다루었던 온실가스 감축을 넘어, 적응, 재원, 기술개발과 이전, 역량 배양 및 투명성 등에 대해서도 논의함으로써, 파리협정이 다루게 되는 영역을 더욱 확대하고 규율 내용도 구체화시켰다. ADP는 파리 당사국 총회 이전까지 15차례나 협상을 개최했고, 2015년 2월 스위스 제네바에서 제네바 텍스트(Geneva Text)를 마련한 후 10개월에 걸친 집중적인 협상을 거쳤다. 그 결과, 2015년 프랑스 파리에서 개최된 COP21에서는 EU 및 195개국의 참여하에 선진국과 개발도상국 모두 국가별 기여방안(NDC: Nationally Determined Contribution)을 제출해 자발적 감축목표를 설정하고 정기적으로 이행점검을 받는 것을 골자로 하는 파리협약을 채택할 수 있었다. 파리협약에 의해 새로운 기후체제가 시작되는데, 기존의 교토의정서 기반의 기후체제와 구분하기 위하여 신 기후체제(new climate regime)라 부른다.

〉 파리협정(2015.12) Paris Agreement

제21차 파리 기후변화 총회(COP21)에서 EU 및 195개국이 모두 참여하여 파리협정이 채택되었다. 파리협정은 교토의정서 체계와 비교했을 때, 보다 선명한 목표를 설정하고 국가뿐만이 아니라 기업, 민간, 시민사회 등 다양한 주체들이 기후변화 대응에 참여할 수 있도록 독려하였다. 무엇보다 선진국에만 감축 의무를 두었던 교토의정서와는 달리 선진국과 개발도상국이 자율적으로 감축기준을 설정하고 NDC(국가결정 기여)를 제출하여 정기적으로 이행점검을 받는 국제법적인 기반을 마련했다. 이와 동시에 5년마다 새 NDC를 제출함으로써 목표를 주기적으로 업데이트하고 지속적인 감축을 유도하였으며 단순히 온실가스 감축뿐만 아니라 적응, 재원, 기술이전, 역량 배양, 투명성 등 다양한 분야를 망라하여 지침을 규정하였다. 이 모든 내용을 담은 파리협정의 조항들을 다음 절에서 차근차근 요약해보기로 한다.

[표2.9] 교토의정서와 파리협정

	교토의정서	파리협정
목표	온실가스 배출량 감축 (1차: 5.2%, 2차: 18%)	2℃ 목표, 1.5℃목표 달성 노력
범위	온실가스 감축에 초점	온실가스 감축 외 적응, 재원, 기술이전, 역량배양, 투명성 등 포괄
감축 의무국가	선진국	모든 당사국
목표 설정방식	하향식	상향식
목표 불이행시 징벌 여부	징벌적	비징벌적
목표 설정기준	언급없음	진전원칙
종료 시점	공약기간에 종료 시점이 있어 지속가능성한지 의문	종료시점을 규정하지 않아 지속가능한 대응이 가능
행위자	국가 중심	다양한 행위자의 참여 독려

출처: 교토의정서 이후 신 기후체제 파리협정 길라잡이의 표를 재구성

2.7.1 파리협정의 내용

[그림2.3] 파리협정 주요 조항들의 관계

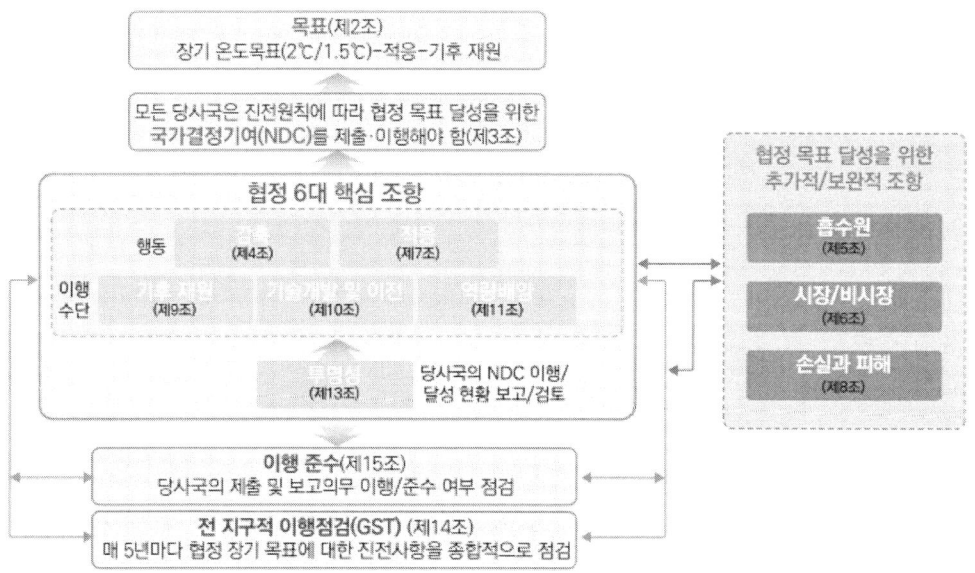

출처: 파리협정 함께 보기(2022.3), 환경부

파리협정의 제2조 제1항은 협정의 목표를 '기후변화 위협에 대응을 강화하는 것'이라고 명시하고 있다. 이를 위하여 온실가스 배출량을 감축하는 것뿐만 아니라 이미 발생한 기후변화에 적응하는 것을 목표로 한다. 이에 따라 적응, 재원 등의 세부 목표를 추가로 규정하고 있다. 그리고 제2조 제2항에는 당사국이 파리협정을 이행함에 있어서 국가마다 여건이 다를 수 있음(in the light of different national circumstances)을 명시하고 '공통의, 그러나 차별화된 책임과 개별 국가의 능력을 반영'할 것을 주문하고 있다. 이와 같은 목표를 달성하기 위해 3조에 따라 모든 당사국은 진전되는 노력으로 각 분야에 대한 NDC를 제출한다. 교토의정서보다 진일보한 파리협정의 개선된 몇 가지 내용에 대해 살펴보자.

1. 온실가스 감축(Mitigation)의 내용은 산업화 이전 수준에 비해 지구의 온도 상승을 2℃ 이하로 유지하는 것이다. 더 나아가 모든 당사국은 온도 상승을 1.5℃까지 억제하기 위하여 노력해야 한다. 최종 목표는 21세기 후반에 인류의 활동으로 발생한 온실가스 배출량이 자연에 의해 흡수될 수 있도록 균형을 달성해야 한다.(제4조 제1항) 이를 위해 당사국은 스스로 정한 감축목표(NDC)를 5년마다 의무적으로 제출해야 한다.(제2항, 제9항) 파리협정은 보다 많은 국가들의 참여를 유도하기 위해 각 당사국이 국내 상황을 고려하여 자발적으로 목표를 설정하도록 하였다. 파리협정 당사국총회(CMA)는 당사국이 제출한 NDC가 2도 목표에 부합하는지 검토하는 이행점검(global stocktake) 절차를 거친다. 당사국은 이행점검을 통해 새로운 목표를 설정하게 되며 이때 새로운 목표는 이전보다 더 높은 목표를 담아야 한다.(제3항) NDC에 해당하는 온실가스 감축량을 계산할 때는 이중계산을 방지하고 환경건전성, 투명성, 정확성, 완전성, 비교가능성, 일관성을 향상시키는 방식을 개발해야 한다.(제13항)

2. 제7조에서는 현재 일어나고 있는 기후변화에 의해 발생하는 부정적 영향에 대한 적응(Adaptation) 능력을 강화하는 것을 목표로 한다. 당사국은 식량 생산을 위협하지 않는 방식으로 기후회복력(climate resilience)을 기르고 저탄소 발전을 촉진한다. 여기서 기후회복력이란 기후변화에 따른 충격, 즉 해수면 상승이나 기후이변으로 발생하는 재난에 대비하여 그 이전상태로 되돌아갈 수 있는 능력을 말한다. 이는 지구 온난화로 인해 발생하는 해수면 상승이나 홍수, 가뭄 등으로 국토 손실과 식량 위기를 겪고 있는 최빈개도국과 작은 섬나라 국가에게는 생존과 직결된 중요한 문제이다.

3. 제9조에서는 기후변화에 대한 온실가스 감축 및 적응을 위해서는 충분한 재원을 조성할 것 또한 목표로 규정한다. 선진국은 재원을 조성하는데 주도적 역할을 해야 하며, 다른 당사국도 자발적으로 지원을 제공할 것을 장려한다.(제2항) 이는 재원을 지원하는 주체의 범위를 확대한 것이다.

4. 제5조 REDD(Reducing Emissions from Deforestation and forest Degradation)는 개발도상국의 산림 전용 및 황폐화를 방지하여 감축을 유도하는 내용이다. 산림을 보호하고 관리하여 탄소 흡수를 유도하는 개념을 추가하여 REDD+라고 하며 산림 조항이라 부른다. 산림의 온실가스 흡수량을 국가의 온실가스 감축량에 통합하여 계산하는 방식에 대한 논의가 진행중이다.

5. 제6조는 국가들이 경제적 비용으로 감축의무를 달성할 수 있도록 시장 요소를 도입하는 것을 골자로 한다. 이에 새로 등장하는 시장 메커니즘을 지속가능발전 메커니즘(SDM: Sustainable Development Mechanism)이라고 한다. 물론 당사국들은 NDC를 이행할 때 새로운 시장 접근법(NMA)의 필요성도 인정한다. 이에 대한 합의는 아직 논의중이지만, 감축과 적응을 촉진시키고 공공과 민간의 참여를 증진시키는 것을 목표로 한다.(제8항)

(참고자료: 자발적 탄소시장은 CDM 또는 JI와 같이 사업등록 및 운영 절차에 따라 배출권이 생성되는데 현재 가장 많은 배출권이 생성되는 방법론 및 운영표준은 VCS를 따르는 것이다. 이 같은 자발적 탄소시장은 파리협정 이후 다양한 접근법(FVA, Framework for Various Approaches)으로 규정되는 메커니즘 하에 분류될 것으로 예상된다. FAV가 어떠한 방향으로 정의될 것인지 아직까지는 미정이나, 새로운 시장 메커니즘(NMM)을 통해 발생한 감축 실적은 배출권 형태로 발행되어 국제적 거래가 가능함과 동시에 감축 목표 달성에 이용될 수 있을 것이다. 결국 NMM과 CDM(교토 메커니즘과 파리 메커니즘)이 공존하거나 NMM으로 통합하는 형태로 변화하는 것인데, 공존의 경우 각각이 기존 체제를 활용할 수 있으므로 국제적인 행정비용 절감 등의 효과를 얻을 수 있을 것이며, 통합의 경우 새로운 매커니즘에 CDM 및 JI가 포괄되는 형태가 되므로 좀 더 유기적이고 유연한 제도가 될 가능성이 높다.)

6. 제8조는 당사국이 기후변화로 인해 발생하는 손실과 피해(L&D)를 방지하거나 최소화하는 것을 목표로 한다. L&D를 논의하기 위해 기존의 바르샤바 메커니즘을 파리협정 당사국 총회의 감독과 지도아래 강화하기로 한다.(제2항)

7. 제10조는 당사국이 기후변화에 대한 회복력을 높이고 온실기스배출을 감축하기 위해, 기술개발과 이전이 핵심이라는 장기적 비전을 공유하고, 국가간 협력을 확대하고 강화할 것을 명시한다.(제1, 2항) 기후변화협약의 기술 메커니즘(Technology Mechanism)은 COP16에서 도출된 칸쿤 합의문(Cancun Agreement)에 따라 설립되었으며 파리협정에도 적용된다.(제3항) 그리고 COP21에서 채택된 파리협정에 따라 '기술 프레임워크(TF: Technology Framework)'가 설립되었는데(제4항), COP7부터

제도적 체계로 존재했던 기존의 기술 이전 프레임워크(TTF: Technology Transfer Framework)하에서의 기술개발 및 이전의 효과성이 저조하다는 개발도상국의 판단에 의해, 파리협정의 기술 메커니즘에 지침을 제공하기 위해 제정되었다. 기술 메커니즘은 크게 정책기구로써 역할을 하는 기술집행위원회(TEC: Technology Executive Committee)와 이행기구로써 역할을 하는 기후기술센터 및 네트워크(CTCN: Climate Technology Centre & Network), 두 개의 기구로 구성된다.

8. 제11조는 기후변화에 역량이 부족한 개발도상국이 효과적으로 대응할 수 있도록 그들의 역량을 강화하는 것을 목표로 한다. 이에 역량배양은 기술개발과 확산, 기후재원에 대한 접근성, 교육, 공공의 인식, 투명하고 정확한 정보의 소통등을 촉진하는 것이어야 한다.(제1항) 선진국은 개발도상국의 역량배양을 위한 지원을 강화해야 하며(제3항), 개발도상국도 역량배양 계획, 정책, 조치의 진척 상황을 정기적으로 알려야 한다.(제4항)

9. 제13조는 온실가스 감축량의 측정 기준을 설정하거나 보고서를 제출하고 검증하는 등의 투명성 체계를 강화하는 것을 목표로 한다. 투명성 체계를 이행하면 개발도상국의 역량을 고려하여 감축 및 적응을 위한 행동, 또는 기원의 내용에 대해 유연성을 부여하였다.(제2항) 온실가스 배출과 흡수에 관한 인벤토리 보고서, NDC 달성과 이행 평가에 대한 정보 등을 주기적으로 제출해야 한다.(제7항)

10. 이 외에도 제14조에서는 파리협정의 글로벌한 이행점검을 5년마다 주기적으로 할 것을 명시한다. 제15조에서는 당사국이 파리협정을 이행하고 준수하기 위하여 위원회를 설치하고 운영방식과 절차를 채택할 것을 요구한다.

2.8 한국과 교토의정서, 파리협정 이행 현황

한국은 1993년 12월 14일 47번째로 기후변화협약에 가입하였다. 교토의정서에는 2002년 11월 비준에 동의했으며 개발도상국으로 분류되어 온실가스 감축의무 없이 공통의무인 온실가스 국가통계 작성 및 보고의무만을 부담하게 되었다. 그러나 1990년부터 2005년 사이 우리나라의 온실가스 배출량은 2배로 증가했으며 2007년 기준으로 세계 11위의 경제규모를 달성했고, 2019년 글로벌카본프로젝트(GCP) 기준 온실가스 배출량은 세계 9위를 기록했다. 온실가스 배출량 상위 10개국 중 1위인 미국(16.06t), 2위 캐나다(15.4t)에 이어 우리나라의 1인당 이산화탄소배출량은 11.93t으로 3위였다.

파리협정이 체결되면서 2015년 6월 30일 우리나라는 제1차 NDC를 제출하였으며, 2030년까지 배출전망치(BAU: Business As Usual) 대비 37%를 감축하겠다는 목표를 설정했다. 2018년 7월, 2030 목표분인 37% 중 국내 감축 규모를 25.7%p에서 32.5%p로 확대하여 실질적인 감축을 강화하였으며 2019년 12월 2017년 대비 24.4% 감축으로 목표를 변경하여 제출하였다. 이후 2020년 10월 한국은 2050 탄소중립 선언을 하면서 이에 대한 후속조치로 2030목표를 2018년 기준 40% 이상으로 상향하였다.

[표2.10] 주요 국가 2030 NDC 현황

	2030 감축목표
EU	1990년 대비 55%감축
캐나다	2005년 대비 40~45% 감축
미국	2005년 대비 50~52% 감축
스위스	1990년 대비 50% 감축
뉴질랜드	2005년 대비 50% 감축
영국	1990년 대비 68% 감축
일본	2013년 대비 46% 감축
한국	2018년 대비 40% 감축
중국	2019년 대비 65% 감축

출처: 국가기후기술정보시스템-NDC 현황

또한, 2015년부터 국가 단위의 자발적 온실가스 배출권거래제를 시행했다. 유럽 탄소배출권거래제의 탄소배출권 상품인 EAU와 CER을 벤치마킹하여 KAU, KCU등을 거래하기 시작했으며 국가단위 탄소배출권 시장 규모 세계 2위(1위는 중국 ETS)에 달한다. 우리나라에서 시행되고 있는 배출권거래제에 대한 내용은 마지막 장에서 더 자세히 다룰 것이다.

우리나라가 선언한 2050 탄소중립을 준비하기 위해 탄소중립위원회는 2050탄소중립 시나리오 초안을 발표했다. 시나리오는 3개의 안으로 제시되었으며 그 내용은 다음과 같다.

[표2.11] 2050 탄소중립 시나리오 초안

	내용	순배출량
1안	기존 체계와 구조를 최대한 활용하면서 기술발전 및 원연료 전환을 고려하여 2050년에도 석탄발전소 7기가 운영됨	2540만 톤
2안	석탄발전이 중단되고 LNG발전만 일부 이뤄지는 등 화석연료를 과감하게 감축하고, 생활양식 변화를 통해 온실가스 추가 감축	1870만 톤

| 3안 | 화석발전을 전면 중단하고, 수소공급을 전량 그린수소로 전환해 획기적으로 감축 | 넷 제로 달성 |

이후 2021년 10월 탄소중립위원회는 2개의 시나리오를 확정, 심의, 의결했다. A안, B안으로 이루어진 2개의 시나리오는 모두 국내 순배출량 0을 목표로 하며 부문별 감축 방향은 다음과 같다.

[표2.12] 2050 탄소중립 시나리오 A안, B안

		배출량		비고
		A안	B안	
배출	전환	0	20.7	(A) 화력발전 전면 중단, 재생에너지 비중 70.8%로 확대 (B) 화력발전 일부(LNG) 유지, 재생에너지 비중 60.9%로 확대
	산업	51.1	51.1	(A,B) 철강 공정에서 수소환원제철 방식 도입, 시멘트, 석유화학, 정유 부문에서 재생에너지 100% 연료 전환, 반도체 디스플레이 등 전력 다소비업종에서 에너지 효율화 및 불소계 온실가스 저감
	건물	6.2	6.2	(A,B) 제로에너지건축물 도입, 그린 리모델링을 통한 에너지 효율 향상 등
	수송	2.8	9.2	(A) 도로부문 97% 이상 전기, 수소화 (B) 내연기관차 일부 잔존(15%)
	농축수산	15.4	15.4	(A,B) 메탄과 아산화질소 발생을 억제하는 영농법 개선, 저탄소 어선 보급 등
	폐기물	4.4	4.4	
	수소	0	9	(A) 국내생산수소 전량 그린수소로 공급 (B) 일부 부생, 추출 수소로 공급
	탈루	0.5	1.3	
흡수 및 제거	흡수원	-25.3	-25.3	
	CCUS	-55.1	-84.6	
	DAC		-7.4	*포집 탄소는 차량용 대체연료로 활용

*단위 : 백만톤 CO_2eq
*CCUS: 이산화탄소 포집 및 활용, 저장
*DAC: 직접 공기 포집

에듀컨텐츠·휴피아
CH Educoments Huepa

3. 탄소시장의 구조

탄소시장은 온실가스의 주범이 되는 이산화탄소 배출을 규제 또는 억제하기 위해 만들어진 시장으로, 재화나 상품이 필요해서 자연적으로 만들어지는 시장과는 다르다. 에너지 사용이라는 기본적 욕구를 억제하기 위해서는 전 세계적인 참여 및 사회적인 합의를 기반으로 해야 하기 때문에, 탄소시장은 어떤 국제규약을 바탕으로 구조가 형성되는지를 아는 것이 중요하다.

국제사회는 20세기 말에 탄소시장의 필요성을 역설하면서 21세기 초에 교토메커니즘 체제(2008~2020)라는, 인류 역사상 전대미문의 이산화탄소를 규제하기 위한 국제적 합의를 이끌어 내어 운영해왔다. 교토메커니즘 하에서의 여러 가지 시행착오와 문제점을 개선하여 현재는 파리협정(2021~)을 기반으로 하는 시장구조를 따르고 있다. 하지만 파리협정은 아직까지도 꾸준히 보완되는 과정에 있으며, 교토메커니즘의 여러 부분을 계승하고 있으므로, 이번 장에서는 먼저 교토메커니즘에서의 탄소시장의 구조를 알아보고, 이후 파리협정의 구조에서 무엇이 바뀌고 보완되었는지에 대해 알아보기로 한다.

3.1 교토 메커니즘

교토의정서에 의해 처음 국제적으로 정의된 온실가스 배출권 거래제(ETS: Emission Trading System)는 온실가스의 총배출량을 기초로 지구가 기후변화의 폐해를 감당할 수준의 온실가스 배출을 허가하는 배출권을 설정하여, 그 권리를 시장에서 거래할 수 있게 하는 제도이다. 배출권의 가격은 시장의 수요와 공급에 의해 결정되며, 어떤 온실가스 배출원(기업, 정부 등)이 상대적으로 저렴한 비용에 의해 온실가스를 감축할 수 있다면, 배출량을 절감하고 초과 달성한 감축량만큼 배출권 거래시장에 배출권을 공급함으로써 이득을 얻을 수 있다. 이로 인해, 온실가스 배출감축을 위한 기술발전을 유도할 수 있다.

교토 메커니즘 아래에서 발행되는 배출권에는 AAU(Assigned Amount Unit), RMU(Removal Unit), ERU(Emission Reduction Unit), CER(Certified Emission Reduction) 등 크게 4종류가 있다.

AAU(할당배출권)는 교토의정서에 의해 의무감축대상 국가들(부속서 I 당사국)이 할당받은 국가별 허용 배출량을 의미하며 거래가 가능하다. 대표적인 배출권 거래 시스템(ETS)인 "Cap and Trade"(총량제한 배출권 거래) 방식은 각 시장의 총 탄소배출 허용량에 한도(Cap)를 정하여 탄소배출을 제한하고, 매년 한도를 줄여 배출량 감소를 보장한다. 한도 내에서 잉여 탄소배출 허용량이 발생하면 이를 거래(Trade)할 수 있다. 총량제한 배출권거래 방식은 기업이 탄소 비용을 생산 비용에 포함하도록 요구하며 상대적으로 저렴한 비용으로 배출량을 의미있게 줄이는 데 성공한 바 있다. 연간 배출량을 충당하기 위해 의무 이행 기관은 할당배출권(AAU)를 경매(또는 시장)를 통해 구매하거나 정부에 의해 할당을 받는 허용량을 제출해야 한다. 필수적으로 규정을 준수해야 하며 각 법인은 규정 위반에 대한 벌금을 포함하여 엄격하게 모니터링되고 감사된다.

RMU는 국제 배출권거래 시장에서 2011년 이후 거래되기 시작한 배출권으로, 토지이용, 토지 용도 변경 및 조림사업(Land Use, Land Use Change and Forestry, LULUCF)에 의한 온실 가스 흡수량을 감축 분량으로 인정받아 발생된다.

ERU는 교토의정서 제6조에 따라 공동이행제도(JI)를 추진함에 따라 발생되는 온실가스 감축량을 의미하며, 이 역시 배출권으로 인정된다.

CER은 교토의정서 제12조에 기반을 둔 CDM 사업을 통해 발생되는 온실가스 감축량을 의미하여 이 역시 배출권으로 인정되어 거래에 활용할 수 있다(UNFCCC, 1998).

3.2 탄소시장의 분류와 주요 ETS 시장의 현황

세계의 탄소시장에서의 배출권 거래제는 여러 기준으로 나눌 수 있다. 먼저 교토시장과 비교토시장으로 나눌 수 있는데, 교토의정서상의 교토메커니즘에 의해 국제 배출권 거래시장에서 활용 가능한 배출권을 거래하는 시장을 교토시장(Kyoto market)이라고 한다. 교토시장의 예로는 대표적으로 EU-ETS가 있으며 그 외에 UK-ETS,

JVETS(Japan Valuntary Emissions Trading Scheme) 등이 있다. 비교토시장(non-Kyoto market)은 온실가스 감축 의무가 없는 국가나 기업, 개인들이 온실가스 감축사업을 통해 얻은 탄소오프셋(Carbon offset)[5]이나 자발적 배출권(VER: Verified Emission Reduction)을 거래하는 시장이다. 비교토시장의 예로써, 미국 동부의 ETS 시장인 RGGI(Regionall Greenhouse Gas Initiative), 호주의 뉴 사우스 웨일즈 온실가스 감축제도인 NSW(New South Wales) 등이 있다. 온실가스 감축 의무가 없는 기업 혹은 정부, NGO 등에서 시장 규제와 상관없이 자발적으로 온실가스 상쇄 크레딧을 거래하는 자발적 시장도 존재한다. 자발적 시장에서는 국가나 UN이 아닌 공신력을 갖춘 제3자 기관(Gold Standard, Vera 등)에서 검증 및 승인된 크레딧을 거래한다. 자발적 탄소시장의 장점은 의무이행 시장보다 상대적으로 탄소감축사업을 실행하는데 드는 규제가 느슨하고 비용이 적기 때문에 자금이 부족한 기업, NGO, 개인들의 참여가 용이하다는 점이다. 반면 단점은 감축량의 품질기준이 표준화 되어 있지 않으므로 감축량에 대한 신뢰도가 낮고 배출권의 인수 위험이 크다는 점이다. 이로 인해 의무이행 시장과 거래가 허용되지 않고 수요 역시 낮으므로 가격이 상대적으로 낮게 형성된다. 대표적인 자발적 탄소배출권 거래시장으로는 미국 시카고에서 운영하던 시카고 기후거래소(CCX: Chicago Climate Exchange)가 있었으나 현재는 운영이 종료되었다.

그러나 이러한 의무적 시장/자발적 시장의 구분은 선진국과 개발도상국의 차별적 의무를 명시했던 교토의정서 상에서나 의미가 있는 구분이었다. 교토체제의 가장 큰 약점은 미국과 중국같은 대량 배출국들이 참여하지 않거나 개발도상국으로 분류되어 감축의무를 이행하지 않는데 있으므로, 강제적/자발적 시장의 구분은 점차 유명무실하게 되었다. 이러한 여러 가지 약점을 노출한 채 2020년 교토체제가 막을 내리고 파리협정이 교토체제의 자리를 대신하면서, 비록 각 국가는 온실가스 배출에 대해 '차별적 책임'을 지고 있지만 5년마다 한 번씩 NDC를 갱신하고 이행하는 자율적 '공통의 의무'를 더욱 강조하는 시대가 되었다.

[표3.1] 탄소시장의 구분

		할당배출권	상쇄배출권
의무이행 시장	교토시장	EUA	CER, ERU
	비교토시장	KAU	KCU
자발적시장			VER(Verified Emission Reductions)

참고: KRX 배출권시장 정보플랫폼, '배출권거래제의 이해'

---

[5] 산림을 조성하거나 폐기물 처리시설에서 발생하는 온실가스를 감축하는 등의 활동으로 상쇄되는 온실가스만큼의 탄소배출권을 매입하는 제도

이외에도 거래 대상별로는 선진국(부속서 Ⅰ 국가)간에 할당된 배출권을 거래하는 할당배출권(allowances) 거래소와, CER나 ERU 등 온실가스 감축사업을 통해 획득할 수 있는 사업배출권(credits)을 거래하는 거래소로 구분된다. 할당배출권 시장의 예로써, UK-ETS, EU-ETS, RGGI, JVETS 등이 있으며, 사업배출권 시장의 예로써 ACX(Asian Climate Exchange), CCX, NYMEX 등이 있다. 거래 장소별로는 청산소와 경매제도 등 여러 제도적 장치를 통해 신용위험을 제거하고 거래효율성을 제고한 거래소 시장과 거래소 밖에서 개별 주체들 간에 배출권 구매협정(ERPA : Emission Reduction Purchase Agreements)을 통해 거래하는 장외거래(OTC: Over the counter) 시장이 있다. 거래소 시장의 예로써 EEX(Europe Energy Exchange), ICE(Intercontinental Exchange), Bluenext 등이 있으며 OTC시장은 주체들 간의 쌍방계약으로 이루어진다.

3.2 배출권거래시장(ETS)의 구조

3.2.1 EU-ETS

EU-ETS는 EU 역내 회원국들의 정부 및 기업이 온실가스 감축 의무를 원활하게 이행할 수 있게 하기 위해 설립된 거래시스템이다. 이정은 외(2015)는 EU-ETS를 '가장 성공적인 배출권 거래제'로 평가한 바 있다. EU-ETS는 2005년부터 운영되었으며 현존하는 전 세계 탄소배출권 시장 중 규모면에서 최대, 역사적으로도 최장의 시장이다. EU회원국 전역에 있는 발전소, 산업공장 등을 포함한 10,000여 개의 온실가스 다배출 기업들이 EUA를 거래한다. 좀 더 정확히 표현하자면, EU-ETS 초기부터 11,000여 개의 기업들이 거래했다. 그러나 브렉시트로 인하여 영국소속 1,000여 개의 기업은 3단계까지만 참여한 뒤 2021년 이후로 EU-ETS를 떠나 UK-ETS에서 거래한다.

2005년부터 2007년까지 3년간의 시범사업기간(Phase I)을 거쳐, 2008년부터 교토의정서 1차 의무이행 기간(1st compliance period)인 2012년까지 본격 이행기간(Phase II)을 가졌다. 교토메커니즘이 연장됨과 동시에 2013년부터 2020년까지 세 번째 이행기간(Phase III)을 지나 현재 4단계(Phase IV: 2021~2030)를 진행 중이다. 각 이행기간이 끝나면 일정에 대한 검토, 대상 온실가스의 확장, 참가자 확대 등에 대한 논의를 하여 다음 이행기간에 반영한다.

주된 시장 참가자들은 발전, 석유정제, 철강, 시멘트, 세라믹, 제지산업 등 이산화탄소 다배출 산업들이나, 정부, 금융업, 개인 등 모든 주체들에게 거래가 허용되어있다. Cap and Trade 방식으로 매년 총 배출 허용량을 줄여나가는 형식이며, CDM

및 JI에 의한 사업배출권도 거래가 허용되어 EUA, CER, ERU를 모두 등가로 취급하여 거래할 수 있도록 허용한다.[6] 즉, 1 EAU = 1 CER = 1 ERU로 인정된다. 이는 CDM 및 JI의 투자를 활성화하는 원동력이 된다. EU-ETS의 최대 거래소는 브렉시트 이전 ECX(런던의 유럽기후거래소)였으나, 브랙시트 이후 ICE(네덜란드의 the Intercontinental Exchange)로 변경되었다. 독일의 EEX(European Energy Exchange), 프랑스의 Bluenext에서도 EUA의 선물과 현물을 거래한다.

[표3.2] 2022년 ETS 현황

	도입시기	온실가스 커버비율	탄소가격($/tCO_2e)
EU-ETS	2005	3.24%	86.53
RGGI	2005	0.13%	13.89
캘리포니아	2013	0.6%	30.82
영국	2021	0.03%	98.99
일본 도쿄	2010	0.03%	4.42
한국	2015	1.08%	18.75
중국	2021	8.79%	9.2
캐나다 퀘벡주	2013	0.12%	30.83
뉴질랜드	2008	0.08%	52.62
기타		3.61%	
총합		17.71%	

출처 : WB, Dashboard[7]

---

6) 가격 조회: https://icapcarbonaction.com/en/ets-prices
7) https://carbonpricingdashboard.worldbank.org/map_data

EU-ETS의 이행기간별 주목할만한 변화를 살펴보면 아래와 같다.

[표3.3] EU-ETS 의 기간별 특성

	1기 : 시범사업 (2005-2007)	2기 : 교토의정서 1차 (2008-2012)	3기 : 교토의정서 2차 (2013-2020)
참여 국가	EU 27개국	EU 27개국 + 노르웨이, 아이슬란드, 리히텐슈타인	EU 28개국 + 노르웨이, 아이슬란드, 리히텐슈타인
부문	발전소 및 20MW 이상의 기타 연료연소 시설, 석유정제, 코크스로, 철강, 시멘트, 클링커, 유리, 석회, 벽돌, 도자기, 펄프, 제지 및 합판	1기 대상 부문 + 2012년부터 항공	2기 부문, 알루미늄, 석유화학, 암모니아, 질산, 아디프산, 글리옥실산, 탄소포집저장
대상	CO_2	CO_2, N_2O(회원국 재량)	CO_2, 질산, 아디프산, 글리옥실산 생산으로 인한 N_2O, 알루미늄 생산으로 인한 PFCs
CAP	2058만tCO_2	1859만tCO_2	2013년에 2084만tCO_2, 매년 38만tCO_2eq씩 저감
상품	EUA	EUA, CER, ERU	EUA, CER, ERU

출처: EU-ETS Handbook(2015)

2005년부터 2007년까지 3년동안 운영된 1기는 교토의정서 시작 전의 파일럿 단계의 적응기로 간주된다. 기존의 EU회원국 25개국에 2007년 루마니아와 불가리아가 EU에 가입하면서 총 27개국이 EU-ETS의 대상 국가가 되었다. 2기는 교토의정서 1차 이행기간동안 EU 27개국과 노르웨이, 아이슬란드, 리히텐슈타인이 합류하여 총 30개국이 참여, 운영되었다. 할당배출권인 EUA만 거래할 수 있었던 1기와는 달리 상쇄배출권(CER, ERU)의 거래가 허용되었으며 1기와 2기의 배출허용총량(CAP)은 각국이 제출한 국가할당계획(NAP)을 기반으로 설정되었다. 3기는 교토의정서 2차 이행 기간동안 운영되었으며 2013년 크로아티아가 EU에 가입하면서 총 31개국이 참여하였다. 3기부터는 배출총량을 정할 때 NAP를 이용하지 않고 총량제를 실시하기 시작했다. 할당의 경우 1기에는 총 배출의 5%, 2기에는 10%까지(실제로는 4%만 경매로 할당되었다.) 경매를 통해 유상할당되었으며 이외 무상할당은 GF방식으로 배분되었다. 3기부터는 무상할당을 급격히 줄이고 경매를 기본 할당 방식으로 채택했다. 산업부문에서는 평균 약 43%가 무상할당되었으며 항공 부문은 82% BM방식으로 무상할당되었다. EU-ETS의 배출권 할당 방식은 다음 장에서 자세히 다루고 있다.

3.2.2 배출권 할당 방식

배출권을 할당하는 방법은 크게 무상할당과 유상할당으로 나눌 수 있다. 그 중 무상할당방식은 GF(Grandfathering)방식과 BM(Benchmark)방식으로 나뉘는데 이 두 방식으로 일정 규모의 배출권을 무상으로 할당하여 초과분에 대한 비용만 지불하게 하는 것이다. 무상할당방식은 ETS 시행 초기에 기업과 같은 ETS 대상주체를 탄소시장으로 끌어들이기 위한 유인책이 되며 탄소감축 활동으로 경쟁력이 상실되는 것을 차단하고 탄소감축 인프라와 공정을 설계하는 것에 대한 보상을 받을 수 있다.

GF는 과거배출량을 기반으로 할당하는 것으로, 과거 특정 기간동안 기업의 배출량을 기준으로 하여 배출권을 할당한다. GF방식을 사용하게 되면 자료요구량이 적어 간단하게 배출권을 할당할 수 있지만 조기에 탄소배출 감축에 투자하는 기업에게 불이익이 있다. BM는 기업이나 제품 또는 특정 부문의 배출 강도에 따라 과거 활동자료를 기반으로 기업에 대한 무상할당량을 결정하는 것이다. 이 방식은 공정하고 조기행동에 대해 보상이 주어진다는 장점이 있지만 고품질 데이터와 산업공정에 대한 높은 이해도를 필요로 하는 방식이다. 유상할당방식은 경매를 뜻한다. 수요가 있는 기업에게 배출권을 제공하는 가장 간편하고 효율적인 방식으로, 경매를 통해서 입찰에 성공한 만큼 배출권을 할당받는다. 유상할당은 과다무상할당으로 인한 기업의 우발이득을 방지하고 형평성 문제를 최소화할 수 있다는 장점이 있으나 기업의 추가적인 비용 부담이 경쟁력 악화로 이어질 수 있다.

EU-ETS 1기의 경우 최소 무상할당 비중이 95%로 대부분의 배출권이 무상으로 할당되었다. 할당 기준은 GF방식을 선택했으며 유상할당의 경우 4%가 넘지 않는 제한적 경매만을 허용하였다. 2기의 무상할당 비중은 약 90%였으며 경매를 통해 10%의 유상할당이 가능했으나 실제 경매량은 4% 가량으로 매우 미미했다. 3기부터는 무상할당 방식을 원칙적으로 없애고, 주된 할당방식으로 경매를 선정했다. 2013년부터 2020년까지 30%까지 순차적으로 무상할당 비중을 줄이고, 탄소누출 위험으로 인해 경쟁이 심한 산업군에 대해서만 100% 무상할당을 유지했다. 3기의 무상할당 운영방식은 1기, 2기와는 큰 차이가 있었다. 각 회원국이 수립하는 국가할당계획(NAP: National Allocation Plan)에 따라 GF방식으로 할당되었던 1, 2기에서 국가 간 형평성 문제, 다배출 업종에게 유리한 방식인 GF에 대해 꾸준히 문제가 제기되었기 때문에 3기부터는 NAP를 사용하지 않고 EU에서 합의한 무상할당 규칙에 따른다. 또한, 무상할당 방식은 벤치마크(BM)방식으로 할당하기 시작했다. 4기의 할당방식은 3기와 유사하다. 탄소누출 고위험 산업군에는 3기와 동일하게 100% 무상할당하며 이외 산업군에는 4기가 끝나는 시점인 2030년에 모든 배출권을 유상 할당할 예정이다.

[표3.4] 부문별 벤치마크를 기반으로 계산된 연도별 무상 할당 비율(3기)

	2013	2014	2015	2016	2017	2018	2019	2020
발전 부문	0%	0%	0%	0%	0%	0%	0%	0%
비발전 부문	80%	72.9%	65.7%	58.6%	51.4%	44.2%	37.1%	30%
탄소누출 고위험 비발전 부문	100%	100%	100%	100%	100%	100%	100%	100%

출처 : EU-ETS HandBook(2015)

비발전(산업) 부문의 무상할당의 계산식은 다음과 같다.

$$할당량 = BM \times 과거활동수준 \times 탄소누출노출계수 \times 전부문\,조정계수(또는 선형\,감축계수)$$

해당 식에서 BM은 생산활동 대비 온실가스 배출량을 말한다. 과거활동수준은 벤치마크에서 생산량 혹은 소비량 등을 차감한 것으로 계산할 수 있으며 탄소누출계수는 탄소누출 위험에 노출된 상태로, 무상할당비율을 사용한다. 전부문 조정계수 혹은 선형 감축계수는 무상할당 배출권 총량이 일정한 제한 내에 유지될 수 있도록 조정된 계수를 의미한다.

3기에는 총 배출권을 기준으로 57%가 경매 방식으로 유상할당되었다. 경매에서 발생하는 수익은 EU-ETS 지침 제 10조 3항에 따르면 50% 이상을 온실가스 감축, 기후변화 적응, 온실가스 감축과 기후변화 적응에 대한 R&D 및 실증사업 등 기후변화 대응을 위해 사용한다. 4기에서도 경매 비중은 3기와 같다. 2012년부터 2020년 6월 30일까지 EU-ETS 경매에서 창출된 수익은 570억 유로 이상이었으며 2013년부터 2019년에 발생한 경매 수익의 약 78%가 기후변화 대응을 위해 사용되었다. EU 회원국 및 3개 EEA/EFTA 국가 총 28개국이 유럽에너지거래소(EEX)에서 공통 경매 플랫폼을 이용하고 있으며 독일과 폴란드는 개별 플랫폼에서 경매를 허용하고 있다.

[표3.5] 기후변화 대응 및 에너지를 위한 EU-ETS 경매 수익 활용유형

	행동 유형
1	온실가스 저감 프로젝트를 위한 R&D 및 실증사업
2	신재생에너지 및 에너지 효율 향상을 위한 개발, 지속가능 저탄소 경제 전환에 기여하는 기술
3	개발도상국의 산림황폐화 방지, 조림/재조림 확대 및 기술이전, 기후변화 적응을 위한 조치
4	EU 내 산림의 탄소저장
5	탄소포집저장(CCS) 확대
6	저배출 공공 운송수단 확대
7	에너지효율, 청정 기술 R&D 지원
8	저소득 및 중산층을 위한 재정 지원 제공 또는 에너지효율 향상을 위한 조치

출처: DIRECTIVE 2009/29/EC Article 10

3.3.3 배출권의 이월, 차입, 연장

배출권 이월, 차입, 연장 등 시간적 유연성 조치를 실시하면 ETS 대상 주체가 비용 효율적으로 온실가스 배출을 관리할 수 있다. 배출권 이월은 발생한 잉여배출권을 다음 이행연도로 배출권을 이월하는 제도이다. 이월을 이용하면 대상 주체는 특정 기간에 발행된 배출권을 남겨두었다가 다음 기간에 사용할 수 있다. 배출권이 부족한 경우 차입을 이용할 수 있다. 다음 기간에 할당될 배출권을 미리 받아 사용할 수 있는 제도로 기술 비용이 더 낮아질 때까지 온실가스 배출량 감축을 연기하기 위해 사용된다. 이행 기간 연장을 통해서도 기업은 배출권을 구매하거나 온실가스 배출을 감축할 수 있는 시기에 대한 유연성을 확보할 수 있다. 이러한 기능을 통해 ETS 대상 주체는 가격이 더 낮을 때 배출권을 구입하여 가격을 인상시키고 반대로 가격이 높을 때는 배출권을 판매하거나 차입할 수 있게 되므로, 가격변동성을 줄이고 장기적으로 탄소 가격을 안정화할 수 있다.

EU-ETS 1기 기간에는 2기로의 이월이 금지되었다. 이월이 허용되는 경우 특정기간에 배출권 수요가 공급보다 작을 경우 이월을 통해 배출권가격이 폭락하는 것을 방지할 수 있으나 1기에는 이월이 허용되지 않아 계획기간 종료시점에 배출권가격이 폭락하는 현상을 겪었다. 2기에는 3기로의 이월이 허용되었으나 경기침체를 이유로 실제 배출량보다 더 많은 배출권이 할당되었고 초과 공급된 배출권이 3기로 이월되면서 가격하락이 발생하였다.

[그림3.1] 이월, 차입, 이행기간 연장에 대한 설명

3.3.4 EU-ETS 4기 개선된 핵심설계 내용

EU-ETS 4기 개정안의 주요 내용은 다음과 같다. 2030년까지 1990년 대비 온실가스 40% 감축을 목표로 설정하여 연간 선형감축계수를 1.75%에서 2.2%로 상향조정했다. 또한, 무상할당 계산식의 요인들을 개선하고, 벤치마크 갱신 빈도 제고, 탄소누출 목록 개선, 과거활동(생산)수준 정렬 방안 등을 개선하였다. EU-ETS는 2기 기간이었던 2008년 경제위기와 더불어 배출권 과잉공급 문제로 인해 3기 초반까지 배출권가격 조정에 어려움을 겪었다. 이에 따라 EU 집행위원회는 이러한 문제를 예방하기 위한 방법으로 2021년(4기)부터 시장안정화예비분(MSR: Market Stability Reserve) 제도를 조성할 것을 제안하였다. 시장가격을 유지하기 위해 사전에 정해진 규칙에 따라 배출권 공급량을 조정하는 제도이다. EU-ETS는 2019년부터 MSR을 도

입하여 운영하고 있으며 시장에 배출권이 과잉공급되면 경매수량을 조정하여 배출권 공급량을 자동으로 조절하고 있다8). 또한 저탄소 혁신과 에너지부문의 현대화를 지원하기 위해 혁신기금(Innovation Fund)와 현대화기금(Modernisation Fund)를 운영하고 있다. 혁신기금은 기존의 NER300 9) 프로그램을 확장한 것으로, 탄소포집 및 활용기술(CCUS)와 탄소포집저장기술(CCS)과 같은 저탄소 기술과 공정에서의 혁신을 지원한다. 현대화 기금은 특정 회원국의 에너지 효율을 향상시키고 에너지 시스템의 현대화를 지원하기 위한 기금이다.

2021년 7월 14일 EU집행위원회는 EU의 새로운 2030목표를 달성하기 위한 Fit for 55%10)의 일환으로 ETS 지침의 개정안을 발표했다. 2030년까지 EU 온실가스 배출량을 2005년 대비 43% 감축하고자 했던 목표를 2005년 대비 61% 감축으로 강화하였다. 따라서 연간 선형감축계수를 2.2%에서 4.2%로 상향했다. CORSIA를 고려하여 ETS를 역외항공(international aviation)에는 적용하지 않고 역내항공(domestic aviation)에만 적용하되 무상할당은 2026년까지 단계적으로 폐지할 예정이다.

> CORSIA

코르시아는 국제항공 탄소상쇄감축제도(Carbon Offsetting and Reduction Scheme for International Aviation)이다. 전 세계적으로 항공기 운항으로 배출되는 탄소량은 2020년 기준 전체 인류가 배출하는 양의 약 2퍼센트를 차지한다. 2016년 국제민간항공기구(ICAO)는 소속 대표 2,000명이 모인 회의에서 항공기 운영과 항공기 기술을 개선하고 대체 연료 개발과 코르시아(CORSIA)를 통해 항공부문 온실가스 배출량을 2020년 수준으로 동결할 것을 목표로 설정하였다. 코르시아에 참여하는 국가 간 국제노선을 운항하는 항공사는 2019년부터 매년 이산화탄소 배출량에 대한 산정(Monitoring), 보고(Report), 검증(Verification) 3가지를 뜻하는 MRV를 시행하여야 한다. 탄소 배출량 보고의 검증은 ICAO가 승인한 검증기관을 통해서만 이뤄진다. 또한 2021년부터는 MRV를 통해 최종 산정된 탄소 배출량에 대해 2020년 배출량 수준을 초과하는 양을 상쇄 의무량으로 설정하고, 항공사는 배출권을 구매하여 이를 상쇄하여야 한다. 항공사들의 배출권 구매로 마련된 자금은 재생 에너지 발전, 이산화탄소 포집 등 온실가스 감축을 위한 다양한 프로젝트에 투자된다. 이러한 상쇄 의무 부과는 항공사로 하여금 탄소 저감을 위한 연료로의 전환과 기술개발에 대한 투자를 유도하게 된다.

---

8) 배출권 수량 = 공급 - (수요 + MSR 비축분)
9) 탄소포집저장(CCS)기술과 혁신적인 재생에너지 기술을 위해 ETS에서 운영되는 기금
10) 2030년까지 탄소배출량을 1990년 대비 55% 감축하기 위한 입법안 패키지

이전까지는 선박의 탄소상쇄감축에 대한 국제적 협의가 없었으나, 유럽연합은 2021년 7월 14일 발표한 ETS 지침 개정안(Fit for 55)에 따르면 ETS를 2023년부터 해운(maritime transport) 부문까지 확대 적용하게 된다. 5000톤을 초과하는 대형 선박이 EU 역내에서 항해하는 경우 발생하는 이산화탄소에 대해서 ETS를 적용하게 되며 EU 역외에서 항해 시 발생하는 이탄화탄소에 대해서는 50%를 적용한다. 선박회사는 이산화탄소 배출량에 대해 배출권을 구입하여 행정 당국에 제출해야하며 제출 의무를 이행하지 않을 경우 EU 항구 입항이 거부될 수 있다. 또한, 2026년부터는 도로 수송과 건물 부문의 연료 공급자 역시 배출권을 구입해야 한다. 뿐만 아니라 연료공급자는 시장에 출시하는 연료의 양에 대해 MRV를 시행하게 된다. 연료공급자가 배출권 비용을 소비자에게 전가하는 것을 대비하기 위해 사회기후기금(Social Climate Fund)를 신설하여 수송과 건물 부문에 적용되는 ETS에서 발생하는 수입의 25%를 취약 가구, 중소기업, 운송 이용자 등에 대한 지원에 활용한다.

3.3 또 다른 할당배출권 RMU

RMU(Removal Unit)은 교토의정서에 명시된, 재조림과 같은 토지 이용, 토지 이용 변경 및 임업(LULUCF: Land Use, Land Use Change and Forestry) 활동을 기반으로 하는 온실가스 흡수원에 의한 감축실적을 의미한다. 전체 배출권 시장에서 차지하는 비율은 2011년 기준으로 ETS 거래량의 0.01%로 매우 적으며 오히려 외부사업배출권인 산림(A/R) CDM의 거래량이 더 많다. IPCC(2001)의 연구결과에 의하면 개발도상국의 산림훼손으로 인한 탄소배출량이 1990년 대비 20% 이상인 것으로 나타났으며 해당 보고서가 개발도상국의 산림 CDM에 관심을 두는 계기가 되었다. 우리나라는 1970년대부터 시작된 국가적 조림사업 덕분에 국토면적의 63%가 산림으로 이루어져 OECD 평균을 훨씬 상회하는 산림국가이다. 따라서 역설적으로 신규조림/재조림 대상지가 적어 산림탄소배출권을 확보하는데 한계가 있는 실정이다. 국내에서는 산림경영 개선 사업을 눈여겨볼 필요가 있다. 이 사업은 생장이 우수한 수종으로 산림을 갱신하거나 벌채시기를 연장하거나 택벌림 경영을 시행하는 등 경영방식 또는 사업체계를 개선하여 탄소흡수량을 증대시키는 사업이다.

> 산림 상쇄배출권 A/R CDM v.s. REDD+

임업과 관련된 상쇄배출권으로써, COP9(2003)과 COP10(2004)에서 탄소배출권조림(A/R: Afforestation/Reforestation) CDM의 구체적 형식/절차 합의 및 IPCC 우수실행지침 구체적 적용을 합의했다. COP9에서는 A/R CDM 사업의 형식 및 절차

등이 합의되었으며 산림부문에서 온실가스 통계를 작성하고, 보고지침인 IPCC 우수실행지침을 따를 것을 합의했다. COP10에서는 IPCC 우수실행지침을 구체적으로 적용하고 개도국과의 소규모 A/R CDM 기준과 절차 등 방법론 이슈에 대해 최종적으로 합의했다.

REDD+(Reducing Emissions from Deforestation in Developing Countries +)는 개발도상국에서 산림 파괴로 인해 발생하는 온실가스를 줄이는 다양한 활동을 의미한다. 예를 들면 베트남에서 나무를 베어 땔감으로 쓰는 지역에 전기스토브를 보급하여 나무 베기를 경감하는 활동, 인도네시아 지역주민들이 산림 벌채 대신 다른 소득을 낼 수 있도록 역량을 강화하는 활동 등과 같은 활동이다. REDD와 REDD+에 대한 논의는 COP11, COP13, COP14에서 시작되었다. COP11에서는 개발도상국의 산림전용[11]으로 발생되는 온실가스 배출량 감축에 대해서 2016~2017년에 SBSTA에서 논의할 것을 결정했으며 COP13에서는 REDD를 post-2012 기후변화 협약 의제로 결정했다. COP14에서는 산림전용 및 산림황폐화 방지였던 REDD의 범위가 REDD+(REDD+산림 탄소축적 보존, 지속가능한 산림경영, 조림과 산림 복원으로 통한 산림 탄소축적 증진)로 확장되었다.

REDD+ 활동의 주목적은 온실가스 배출을 감소시키는 데 있지만 산림을 복구하고 관리하는 활동을 통해 지역사회와 원주민을 보호하고, 천연림을 보전하여 생물다양성을 보전 및 향상하는 효과도 존재한다. 우리나라 REDD+의 수준은 프로젝트 단위로 진행중에 있으며 2020년 9월 캄보디아의 사업을 통해 65만 톤의 탄소배출권을 확보한 바 있다.

[표3.6] REDD+ 개념의 확장

	논 의	내 용
RED	COP11	산림전용(Deforestation)
REDD	COP13	RED + 산림황폐화(Forest Degradation)
REDD+	COP14	REDD + 산림보전, 지속가능한 산림경영관리

---

11) 산림이 농지나 주거지 등 타용도로 전환되는 것

[표3.7] REDD+ 우리나라 산림청 시범사업 추진현황

대상 국가	기 간	예 산	주요 사업활동
캄보디아	2015년-2022년 (8년)	약 22억 원	산림보호활동 산림감시단 운영 대체소득사업 개발 (농업기술 전파)
미얀마	2016년-2022년 (7년)	약 20억 원	산림보호활동 이해관계자 능력배양 대체소득사업 개발 (대나무 공예)
라오스	2018년-2022년 (5년)	약 12억 원	산림보호활동 이해관계자 능력배양 생태관광사업 발굴

> LULUCF

LULUCF(Land Use, Land Use Change and Forestry)는 효율적으로 토지를 이용하기 위한 기후변화 대응으로, 토지이용, 토지전용, 토지분야에서 온실가스 배출량과 흡수량을 평가하는 체계이다. IPCC는 각 부문별로 온실가스 배출량을 산정하는 가이드라인을 제시하고 있다. 그러나 LULUCF 부문은 온실가스를 배출하는 것 외에도 산림을 관리하거나 나무를 심는 등 LULUCF 활동을 통해 대기 중 온실가스를 흡수, 제거하는 유일한 흡수원의 기능도 존재하기 때문에 별도의 온실가스 배출량 계산 방법이 필요하다. 국내의 경우 현재 관장기관인 농림부에서는 행정기관의 특성상 LULUCF 분야의 온실가스 배출량 산정에 대한 전문성이 부족하며 잦은 인사이동으로 인해 지속성이 결여되는 문제점이 있다. 6가지 토지이용범주 중 국토교통부에서 관장하는 정주지와 기타토지의 통계를 아직 산정하지 못하고 있으며, 산정을 위한 연구가 진행되고 있다.

[그림3.2] LULUCF, A/R CDM, REDD + 간의 관계

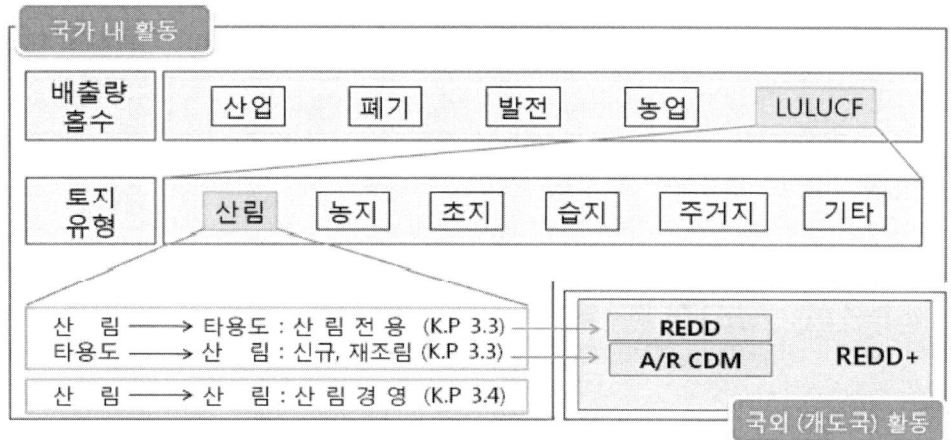

출처 : 산림청(2010)

[그림3.3] 2015-2019년 부문 및 메커니즘 유형 및 부문별 CDM 발행량 (ktCO₂eq): 산림CDM이 42% 차지

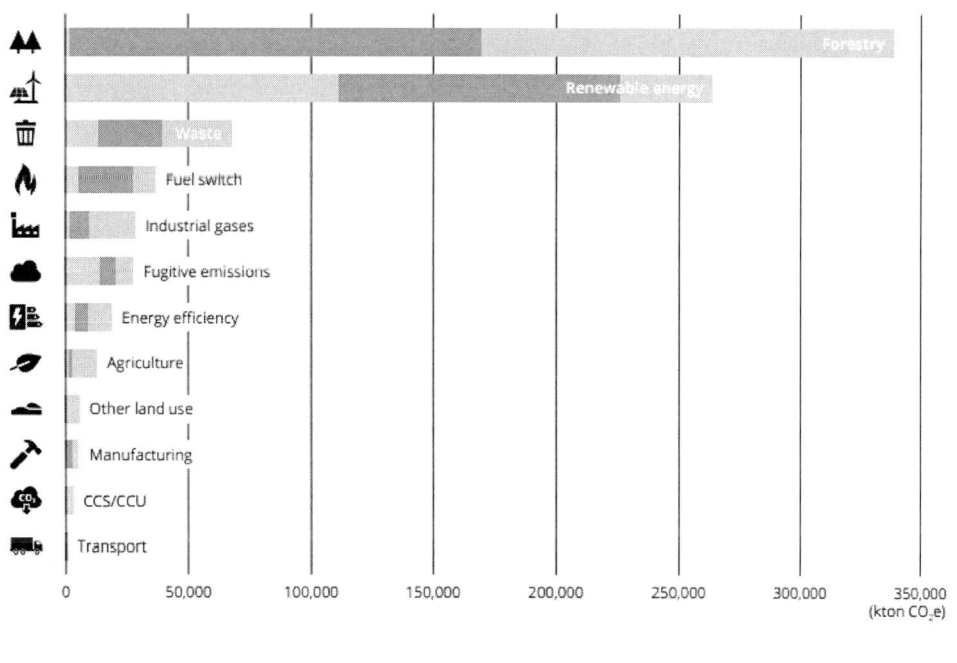

출처: WB, State and trend of Carbon Pricing 2020

3.4 상쇄배출권

상쇄 배출권은 할당 배출권과는 달리 감축 사업 등 탄소감축 프로젝트를 실시하여 거둔 성과에 따라 부여받은 크레딧을 배출권(project-based credit) 형태로 거래하는 것이다. 교토의정서 상 CDM 프로젝트로 발생하는 크레딧인 CER과 JI로 발생하는 크레딧인 ERU가 대표적인 상쇄배출권이다. 프로젝트 기반의 CER과 ERU의 경우에는 배출권 발행 시점을 기준으로 1차(primary) 배출권과 2차(secondary) 배출권으로 나누기도 하는데, 1차 배출권(pCER, pERU)은 UNFCCC로부터 최종적으로 크레딧을 부여받기 전 위험의 크기를 고려하여 장래에 발행될 것이라고 예측되는 배출권이기 때문에 선물(forward)의 특징을 가진다. 2차 배출권(sCER, sERU)은 UNFCCC로부터 발행이 확정되기 때문에 투자에 대한 위험이 제거된 상태의 배출권이라고 할 수 있다. 통상적으로 2차 배출권의 거래규모가 훨씬 크다. 교토 메커니즘 종료시점인 2020년까지 발행된 모든 크레딧의 약 75%가 CDM과 JI의 크레딧 시장(CDM은 50% 이상, JI는 약 22%)이다. 그러나 JI는 2015년 이후 발행되지 않고 있다.

CDM과 JI에 포함되지 않은 상쇄배출권 시장을 자발적 상쇄배출권 시장(VCM: Voluntary Carbon Market)이라고 하는데, 상쇄배출권 시장의 상당 부분을 차지하고 있다. World Bank의 2022년 보고서에 따르면 2021년 상쇄배출권 시장의 규모는 48% 상승했다. 2021년 한 해 동안 총 발행된 배출권은 2020년 327만 톤에서 478만 톤으로 증가했다. 2007년 이후로 발행된 총 배출권 수는 4.7billion tCO$_2$eq (47억 톤)이다.

[그림]에 따르면 대부분의 상쇄배출권이 자발적 배출권 시장인 VCS(62%)와 GS(9%)에서 발급되고 있는 것을 확인할 수 있다. COVID 19에 의해 2020년 당사국 회의가 연기되는 등 파리협정의 불확실성에도 이 시장은 계속 상승 추세에 있다. 교토메커니즘 종료 이후 CDM 사업은 2021년까지 유효한 것으로 연장되었다.

VCS 또는 Verra(Verified Carbon Standard), GS(Gold Standard)는 탄소감축량을 인정하는 대표적인 사설 표준이다. 2012년에는 CDM 사업 활동이 급증했는데, 이는 교토 프로토콜 1차 이행기간이 끝나는 2012년 이후에 CDM 단위 허용에 대해 도입된 다양한 규제를 피하기 위해 CDM 프로젝트 등록 러쉬가 이어졌기 때문이다. 이후 CER의 과잉공급, 금융위기의 여파로 수요부족이 겹쳐 탄소가격이 폭락하는 결과를 보였다.

[그림3.4] 상쇄배출권 시장의 분포 (WB, State and trend of Carbon Pricing 2022)

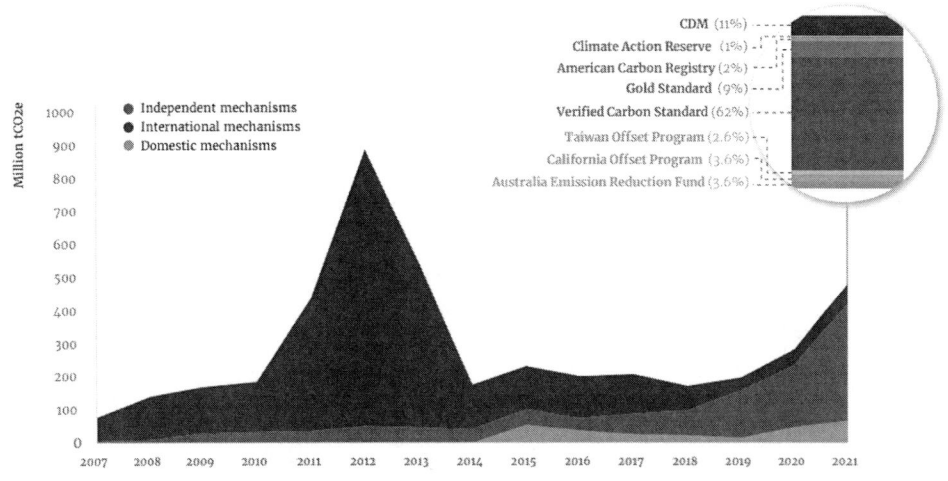

[참고] 탄소 크레딧 메커니즘(Carbon crediting mechanisms) - 상쇄배출권을 포함한 현대적 분류

탄소 크레딧 메커니즘은 크레딧이 생성되는 방식과 크레딧 메커니즘이 관리되는 방식에 따라 세 가지 범주로 분류된다.
◆ 국제 크레딧 메커니즘(International crediting mechanisms): 교토의정서, 파리협정 등 국제 기후 조약에 의해 관리되는 메커니즘이며 일반적으로 국제 기관에서 관리. 예) CDM, JI
◆ 독립적인 크레딧 메커니즘(Independent crediting mechanisms): 국가 규정이나 국제조약의 적용을 받지 않는 메커니즘. 이들은 종종 비정부 조직인 민간 및 독립 제3자 조직에서 관리. 예) Gold Standard, Verified Carbon Standard
◆ 지역, 국가 및 지방 신용 메커니즘(Regional, national and subnational crediting mechanisms): 각각의 관할 입법부가 관리하며 일반적으로 지역, 국가 또는 지방 정부에서 관리. 예) 호주 배출 감소 기금(Australia Emissions Reduction Fund), 미국 캘리포니아주의 규정 준수 상쇄 프로그램(Compliance Offset Program).

CDM과 자발적 상쇄배출권 그 외에도 California Compliance Offset Program, Australia ERF 등 국가와 지역단위에서 운영하는 상쇄배출권 메커니즘도 존재한다. ACR(American Carbon Registry)은 미국에 있는 세계 최초의 민간 자발적 상쇄프로그램이다. ACR에서 발급되는 상쇄배출권은 미국 California Cap-and-Trade 프로그램에서 승인되어 OPR(Offset Project Registry)로 운영되었다.

[그림3.5] 2021년 메커니즘별 크레딧 연간 발행량, 부문(WB, 2022)

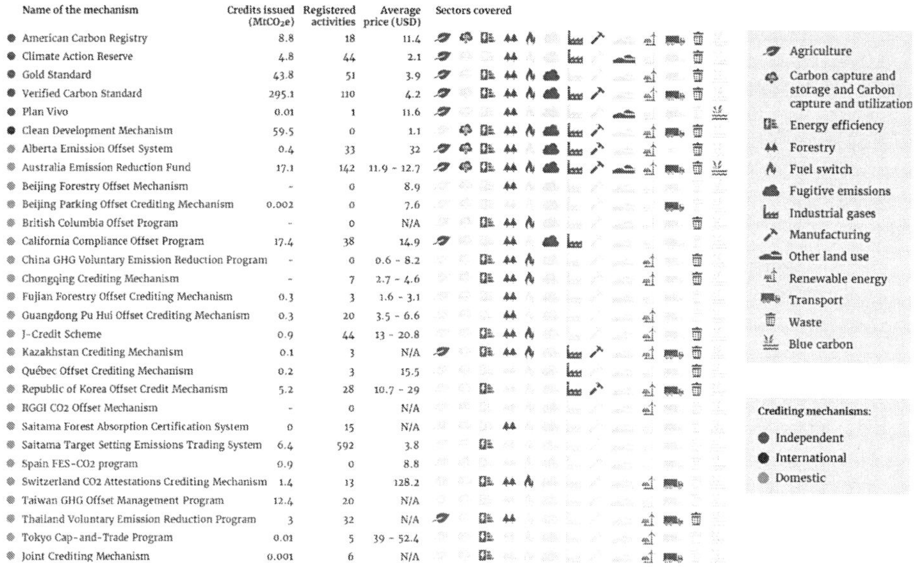

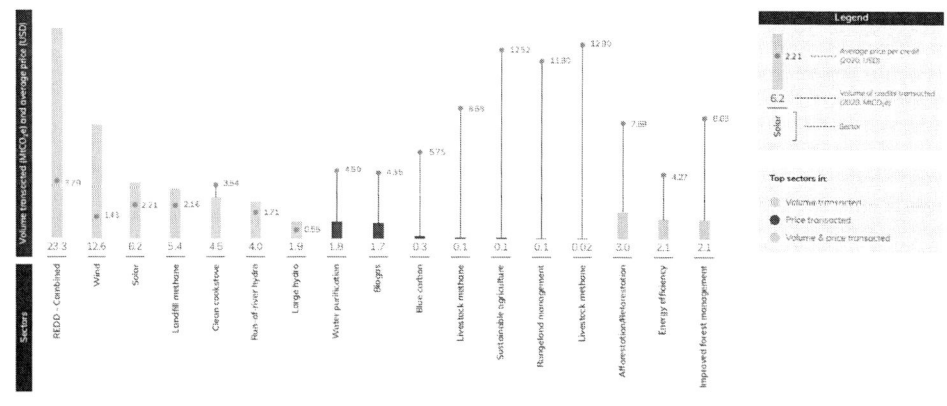

[그림3.6] 2019년 부문별/금액별 상쇄배출권 발행량

출처(WB, 2022)

2019년 상쇄배출권 역시 2015년부터 2019년까지 발생된 CDM과 비슷하게 재생에너지와 REDD 프로젝트에서 발행되었다.

3.5 자발적 탄소시장(VCM, Voluntary Carbon Market)

자발적 탄소 시장은 기업, 기관, 비정부 기구(NGO) 또는 개인이 법적 규제와 무관하게 자발적으로 온실가스 감축 활동을 수행해 얻은 탄소 크레딧을 거래하는 시장을 뜻한다. 자발적 시장은 탄소 크레딧을 유엔기후변화협약(UNFCC)이나 국가에서 발행하는 것이 아닌 민간의 독립기관이 발행한다는 점에서 차이가 있다. 베라(Verra)가 운영하는 VCS(Verified Carbon Standard, 미국)의 규모가 가장 크고 GS(Gold Standard, 스위스), ACR(American Carbon Registry, 미국), CAR(Climate Action Reserve, 미국)이 대표적 4대 독립 메커니즘으로 꼽힌다.

[표3.8] 해외 주요 자발적 탄소시장 현황 ('21년 기준)

	VCS [미국] (Verified Carbon Standard)	ACR [미국] (American Carbon Registry)	CAR [미국] (Climate Action Reserve)	GS [스위스] (Gold Standard)
운영 기관	Verra	WI	CAR	WWF 및 기타 국제 NGO
시작 연도	2007	1996	2001	2003
사업 범위	아시아, 북미, 등	미국	미국, 멕시코	전세계
거래 단위	VCU	ERT	CRT	VER 또는 CER
사업 현황	1,697개 사업 등록	470건	676건	약 2,000건
발급 현황	6.05억 톤(1.62$/톤)	1.72억 톤(5.38$/톤)	1.65억 톤(2.34$/톤)	1.73억 톤(5.27$/톤)

출처: 산업통상자원부 온실가스감축팀 보도자료(2022.6.9.)를 바탕으로 재작성

각 탄소시장의 거래단위는 VCS-VCU, GS-VER 또는 CER, CAR-CRT, ACR-ERT 이며 1단위는 $1tCO_2eq$와 같다.

[그림3.7] VCS 사업절차

VCS 사업절차

사업계획서 제출 > 사업참가자	VCS 기준에 따른 사업평가 > 검증기관(CDM인증센터)	타당성확인 보고서 작성 > 검증기관(CDM인증센터)
모니터링 보고서 제출 > 사업참가자	온실가스 감축량 평가 > 검증기관(CDM인증센터)	검증 보고서 작성 > 검증기관(CDM인증센터)
VCS 등록소에 사업관련 서류 제출 > 사업참가자	사업등록 검토 > VCS 등록소	VCU 발행 요청 검토 > VCS 등록소
VCS Database에 사업 등록 > VCS 등록소	VCS Database에 VCU 발행 기록 > VCS 등록소	VCUs 지급 > VCS 등록소

출처: 한국에너지공단 CDM인증센터 VCS/GS 사업절차(2022.8.29. 접속)

각 탄소시장 프로그램은 아래와 같은 원리를 기반으로 대동소이한 자체 프로그램에 의해 작동된다.

- 탄소시장 프로그램 표준: 탄소프로그램 표준은 모든 프로젝트가 인증을 받기 위해 따라야 하는 규칙과 요구 사항을 제시한다. 운영기관에 의해 꾸준히 업데이트 된다.
- 독립 감사: 모든 탄소프로그램 프로젝트는 표준이 충족되고 방법론이 적절하게 적용되는지 확인하기 위해 자격을 갖춘 독립 제3자 및 운영기관 직원 모두의 현장 및 현장 감사를 받는다.
- 회계 방법론: 프로젝트는 해당 프로젝트 유형에 특정한 GHG 배출 감소 정량화 방법론을 사용하여 평가된다.
- 레지스트리 시스템: 레지스트리 시스템은 등록된 모든 프로젝트에 대한 데이터의 중앙 저장소이며 모든 거래단위의 생성, 폐기 및 취소를 추적한다. 프로그램에 등록하려면 프로젝트가 모든 표준 및 방법론적 요구 사항을 충족했음을 보여야 한다.

멕킨지 조사에 따르면, 향후 자발적 탄소시장 크레딧에 대한 글로벌 수요 규모는 2030년까지 1.5 기가톤~2.0기가톤, 2050년까지 7.0~13.0기가톤에 달하는 크기가 될 것이라 예측하고 있다. 이를 바탕으로 2030년까지 성장 전망은 50억~500억 달러로, 지난해 10억 달러 대비 50배 성장을 전망하였다. 이에 따라 자발적 탄소시장이 급속도로 확대될 것으로 기대되고 있다.

자발적 탄소시장은 자금이 부족한 기업이나 민간자금을 탄소감축 또는 기후 완화

솔루션에 투입할 수 있는 기회를 제공한다는 점에서, 엄격한 규제를 통해 운영되는 의무 시장보다는 진입장벽이 낮다. 그만큼 개인 또는 시민단체들이 참여하기 쉽다는 점이 장점이지만, 무결성(Integrity)이 낮아 신뢰성과 호환성이 부족하다는 단점도 있다.

이러한 단점을 보완하고자 20년 9월, UN 기후 행동 및 재정 특사인 마크 카니(Mark Carney)의 주도하에 출범한 '자발적 탄소시장 확대를 위한 태스크포스(TSVCM, Taskforce on Scailing Voluntary Carbon Market)'는 2021년 10월 자발적 탄소시장 청렴 협의회를 구성하여, 탄소 신용 품질에 대한 글로벌 벤치마크를 결정하기 위한 로드맵을 공유하고 있다. 또한 같은 해 영국 정부는 유엔개발계획(UNDP)와 함께 자발적 탄소시장 무결성 이니셔티브(VCMI, Voluntary Carbon Markets Integrity Initiative)를 시작, 탄소 크레딧을 판매하는 기업 인증 방법을 검증할 지침 초안을 발표한 바 있다.[12] VCMI는 온실가스 배출을 줄이고 개발도상국이 시장에 의해 창출된 기후 금융에 접근할 수 있도록 지원하는 실질적인 조치를 통해 탄소 상쇄를 보장하는 것을 목표로 한다.

해외 글로벌 기업들은 이미 자발적 탄소시장을 적극 활용하고 있다. 마이크로소프트, 넷플릭스, 구글 등은 자발적 탄소시장에서 거래되는 크레딧으로 본사의 배출량을 상쇄한 바 있다. 하지만 국내 기업중 자발적 탄소시장을 통해 크레딧을 구매한 기업은 2022년 8월 현재까지는 없다. 국내 기업들의 자발적 탄소시장에 대한 인식이 낮고, 자발적 탄소시장에 의해 생성된 크레딧이 기업의 ESG 평가와 배출량 상쇄에 사용이 가능한 지에 대한 평가기관의 가이드라인이 부재해서 임수도 있다. 국내에서 자발적 탄소시장은 '팝플(POPLE)'과 '아오라(AORA)'가 있다.

VCMI의 이행 규약은 자발적 탄소시장의 투명성 제고를 위해 기업의 온실가스 감축 실적에 따라 골드와 실버, 브론즈의 3개 등급을 부여하고 목표를 초과 달성한 기업에는 탄소상쇄 크레딧을 매도할 수 있도록 하는 내용을 담고 있다. VCMI의 실행지침 최종안은 2023년 초에 발간될 것으로 예상된다.

3.6 파리협정에서의 탄소시장 구조의 변화

파리협정에서 국제탄소시장 메커니즘을 규정하는 조항은 제6조이다. 파리협정 제6조에서는 '시장(market)'이라는 용어는 사용하지 않았지만, 기존의 배출권시장을 포괄하는 개념으로 접근하는 경향이 강하다. 현재까지 논의중인 이 메커니즘을 지속가능발전 메커니즘(SDM: Sustainable Development Mechanism)이라고 한다. 이 메커

---

12) Provisional Claims Code of Practice, https://vcmintegrity.org/

니즘은 교토 메커니즘에서 CDM과 유사한 개념으로, 공공과 민간의 참여를 독려하며 실질적인 온실가스 배출량 감축을 유도해야 하며, 감축량이 이중 계산되어서는 안 된다.(제6조 제4, 5항)

[그림3.8] 파리협정 제6조의 구조와 3대 하부 체제

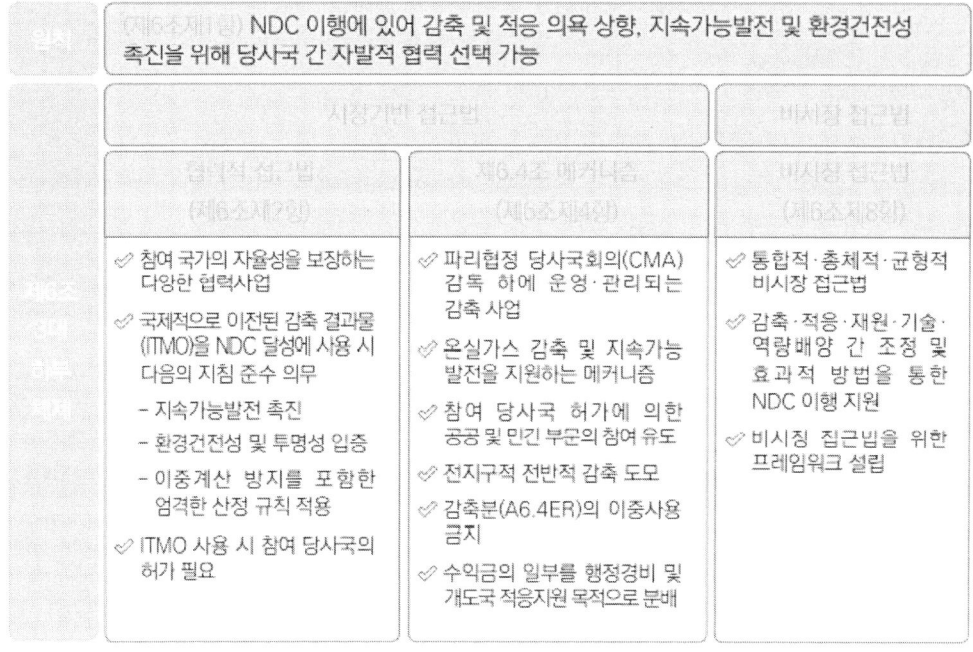

출처: 환경부 "파리협정 함께보기" (2022.3)

본 저서 저술시점에서 가장 최근에 개최된 당사국 회의인 COP26에서는 6년에 걸친 협상 끝에 제6조의 3대 세부조항인 ①제6조 제2항 협력적 접근법에 관한 지침, ②제6조 제4항 메커니즘의 규칙·방식·절차, ③제6조 제8항 비시장 접근법의 작업프로그램이 채택되었다. 감축 실적을 위해 국가 간 거래하는 ITMO의 범위를 어디까지로 정할 것인지, 파리협정 체제하에서 청정개발체제(CDM)를 어떻게 순조롭게 전환할 것인지 등 여러 협상 쟁점들이 있었지만, 파리협정 이행규칙을 COP26에서 반드시 마무리해야 한다는 국제적으로 통합된 의지가 결실을 맺었다. 협정 제6조 시장기반 접근법의 활용은 협정의 장기 목표, 참여 당사국의 NDC, 그리고 참여 당사국의 장기적인 저탄소 발전전략에 기여해야 한다는 원칙을 강조하고 있다.

특히 협정 제6조 제2항은 NDC 이행 및 달성을 목적으로 국가 간 거래한 감축 실적을 '국제적으로 이전된 감축 결과물(internationally transferred mitigation outcome, ITMO)'이라고 명명하였다. 이는 교토 메커니즘 체제하의 CDM, JI 등의

사업을 포괄한 개념으로, 배출권 거래제 시장과 연계된 양자, 다자간 협력사업을 통칭하는 것으로 이해할 수 있다. 국가 간 협력 활동의 자율성과 다양성은 최대한 보장하되, ITMO의 거래가 이중으로 사용되지 못하도록 하는 상응조정(corresponding adjustment) 방법을 명시하였다. 또한, ITMO의 발급, 거래 및 사용 등에 관한 활동과 관련 보고 항목을 강화하고, 당사국이 제출한 보고서에 대해 기술전문가 검토를 실시하기로 합의하였다.

[표3.9] 교토메커니즘 CDM vs 파리협정 제6.4조 메커니즘 비교

청정개발체제(CDM)	구분	협정 제6.4조 메커니즘(A6.4M)
교토의정서 당사국회의 (CMP)	최상위 의사결정 기구	파리협정 당사국회의 (CMA)
집행이사회 (Executive Board, EB)	감독 기구	감독 기구 (Supervisory Body, SB)
CER (Certified Emission Reduction)	감축 실적	A6.4ER (Article 6, paragraph 4, emission reduction)
① 사업 개발/계획(방법론 포함) ② 참여국 정부의 사업 승인 (approval) ③ 타당성 평가 ④ 사업 등록 ⑤ 감축활동 모니터링 ⑥ 감축 실적 검·인증 ⑦ 감축 실적 발급	사업 절차	① 사업 개발/계획(방법론 포함) ② 참여국 정부의 사업 승인 및 허가 (approval and authorization) ③ 타당성 평가 ④ 사업 등록 ⑤ 감축활동 모니터링 ⑥ 감축 실적 검·인증 ⑦ 감축 실적 발급
일반사업 갱신형: 기본 최대 7년 +갱신 최대 2회 (총 21년 최대) 일반사업 고정형: 최대 10년 산림 관련 사업 갱신형: 기본 최대 20년 +갱신 최대 2회 (총 60년 최대) 산림 관련 사업 고정형: 최대 30년	사업 기간 (감축 실적 발급 가능 기간)	일반사업 갱신형: 기본 최대 5년 +갱신 최대 2회 (총 15년 최대) 일반사업 고정형: 최대 10년 산림 관련 사업 갱신형: 기본 최대 15년 +갱신 최대 2회 (총 45년 최대) 산림 관련 사업 고정형: 추후 논의

출처: 환경부 "파리협정 함께보기" (2022.3)

제6.4조 메커니즘에서는 쿄토 메커니즘의 청정개발체제(CDM)의 운영 방식과 절차를 대부분 가져왔으나, 새 파리협정 체제에 따라 감축 실적 발급 기간을 7년에서 5년으로 축소하고, 사업이 시행되는 국가(유치국)의 책임을 강화, 감축 실적 계산법을 강화하는 등 여러 규칙을 강화하였다.

당사국 간 '협력적 접근법'은 파리협정 당사국 회의의 감독을 받는 제6.4조 메커니즘과 달리 여러 협력을 통해 ITMO를 발급받거나 거래할 수 있다. 이전된 ITMO는 NDC에 반영된다. 한 국가가 다른 국가에 감축사업을 위해 투자하고, 그 댓가로 감축실적을 이전 받는 기본적인 양자 협력사업은 물론, 배출권거래제(ETS) 시장을 운영하고 있는 국가들 간의 시장 연계도 이론적으로 가능하다. 또한 제6.4조에 소개된 메커니즘의 감축 실적인 '제6.4조 감축분(emission reductions, A6.4ER)'도 NDC 목표를 위해 거래될 경우 ITMO와 같이 취급된다.

3.7 탄소세

탄소세는 환경세의 일종이며 온실가스의 방출시에 부과되는 세금이다. 친환경 에너지를 생산하는 원자력, 수력, 풍력 등에는 적용되지 않는다. 탄소세를 부여하는 목적은 온실가스의 배출을 억제하여 지구온난화를 방지하고, 거두어진 세금으로 친환경사업을 조성하기 위한 기금 마련에 있다. 탄소세는 시장에서 수요와 공급에 의해 결정되기보단 정책과 입법에 의해 결정되는 부분인 만큼 본서에서 깊게 다루지 않으려 하지만, 탄소세는 탄소시장에서 탄소배출권과 함께 온실가스 저감을 위한 환경정책 수단이며 상호 보완되는 부분이 있는 만큼 탄소시장과 연계한 측면에서 살펴보고자 한다.

[표3.10] 2020년 GDP 대비 환경관련세수(Environmentally related tax revenue)

국가	덴마크	핀란드	프랑스	독일	그리스	일본	뉴질랜드	노르웨이	영국	OECD 평균
% of GDP	3.17	2.75	2.38	1.71	3.77	1.24	1.07	1.98	2.07	1.51

출처: OECD 「https://stats.oecd.org」

탄소세는 온실가스 배출에 세금을 부과하여 기업에게 온실가스 감축에 대한 동기를 부여하고, 세수를 확보하여 저탄소에 대한 투자를 지원하도록 유도하는 제도이다. 그러나 자국 기업의 비용증가로 인한 대외경쟁력 약화 문제와 조세저항, 타 환경세와의 충돌 가능성 등으로 탄소배출권거래제보다는 도입이 활발하지 않다. ETS와 동일하게 시장가격 메커니즘을 활용하기 때문에 오염자 부담원칙을 따르며 탄소에 명확한 가격을 부여함으로써 저탄소 연료를 상대적으로 매력적으로 만들어 소비패턴의 변화를 유도할 수 있다.

[표3.11] ETS와 탄소세의 비교

	ETS	탄소세
구조	복잡하나 상쇄배출권, 이월, 차입 등 감축에 대한 여러 유연한 옵션을 제공. 국경을 넘어 다른 ETS와 연계 가능.	단순하여 추가 인프라가 필요 없음.
가격	탄소수요에 따라 변동. 캡을 설정하여 총 배출량을 통제함으로써 정책에 따라 감축량 보장.	가격확실성을 제공하나 감축효과를 정확히 알 수 없음.

탄소세와 ETS 두 제도를 동시에 운영하는 국가들도 다수 있다. 두 제도를 각기 다른 부문에 보완적으로 적용할 수도 있고, 두 제도 중 하나를 택하는 옵션을 주는 하이브리드 방식으로도 설계가 가능하다.

[표3.12] 두 제도의 현황 비교(2022. 8. 23. by carbon pricing dashboard)

	이니셔티브 개수	커버되는 지역(나라) 수	이산화탄소 양	세계 GHG 중 커버비율
ETS	32	38	8.85$GtCO_2e$	17.49%
탄소세	36	28	2.90$GtCO_2e$	5.66%
ETS+탄소세	68	46	11.83$GtCO_2e$	23.11%

[그림3.9] ETS와 탄소세의 배출량 커버리지

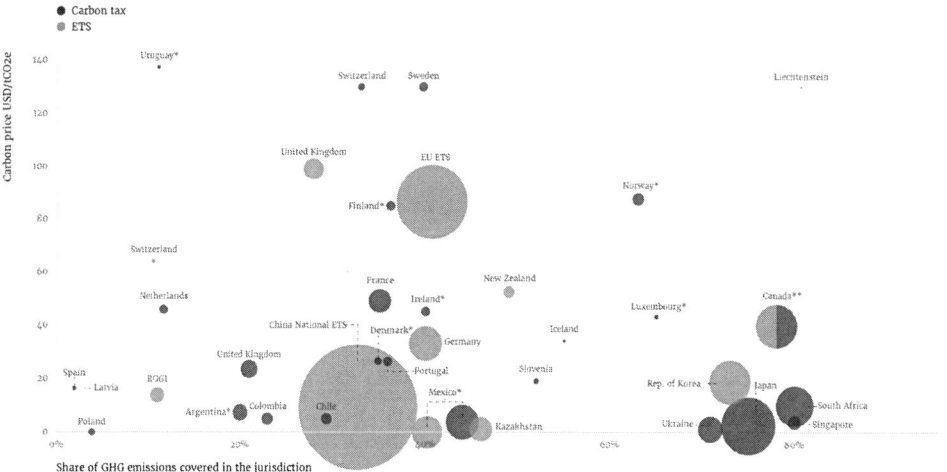

[그림3.10] 2022년 4월 1일 기준 국가당 탄소가격 비교

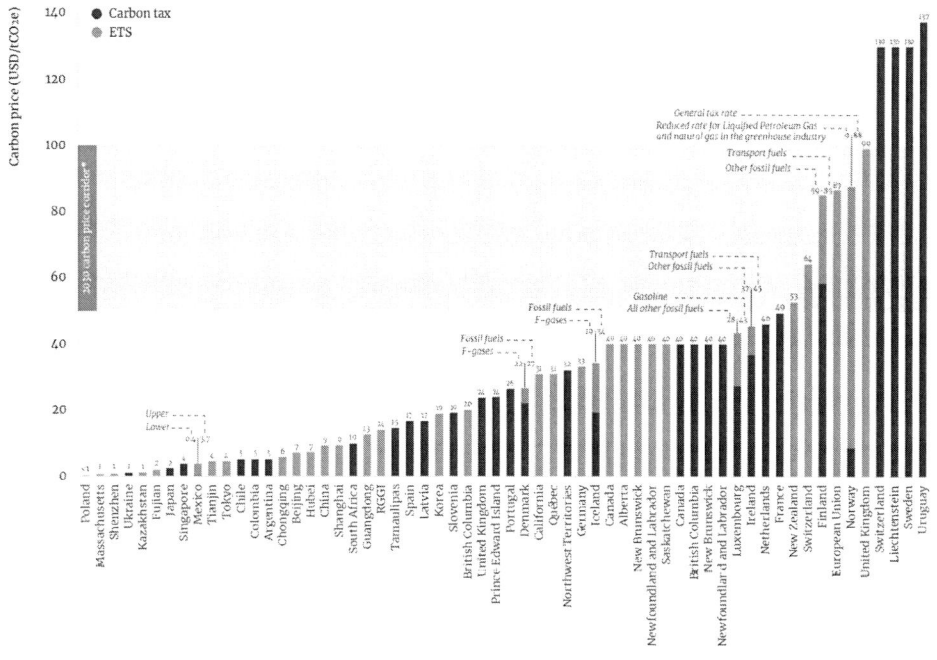

출처: WB, State and Trends of Carbon Pricing 2022

[표3.13] 2022년 탄소세 현황

	도입시기	온실가스 커버비율	탄소세($/tCO_2e)
아르헨티나	2018	0.16%	4.99
캐나다 연방	2019	0.33%	39.96
프랑스	2014	0.31%	49.29
일본	2012	1.86%	2.36
멕시코	2014	0.69%	0.42~3.72
노르웨이	1991	0.09%	87.61
남아프리카공화국	2019	0.9%	9.84
영국	2013	0.19%	23.65
우크라이나	2011	0.39%	1.03
기타		0.74%	
총합		5.66%	

출처 : WB, Dashboard

현재까지의 국제상황도 탄소세 도입을 관망하게 하는 요인이 될 수 있다. 세계은행에 따르면 2020년 기준 탄소세 도입국가는 25개국이지만, 온실가스 배출량 상위 10개국 중에서 탄소세를 도입한 국가는 일본과 캐나다 2개국에 불과하다. 일본은 '지구온난화 대책세'를 통해 석유석탄세에 추가하여 톤당 약 3달러가량의 낮은 세금을 부과하며, 캐나다는 주별로 다르지만 대략 14~28달러를 부과한다. 참고로 세계은행은 탄소세를 톤당 40~80달러를 적정가격으로 제시한 바 있다. 이는 국내 탄소배출권 가격을 약간 상회하는 액수이다. 반면에 실제 탄소세가 비싼 국가들은 이미 온실가스 배출량이 적고 재생에너지 발전비중이 높은 유럽 국가들이다. 스웨덴은 119달러, 스위스는 99달러, 핀란드는 58~68달러의 탄소세를 부과하는데, 이들의 재생에너지 발전비율을 보면, 스웨덴은 59.2%, 스위스는 62.3%, 핀란드는 46.6%에 달한다.

[그림3.11] 1990-2020 한국의 에너지원별 총 에너지 공급

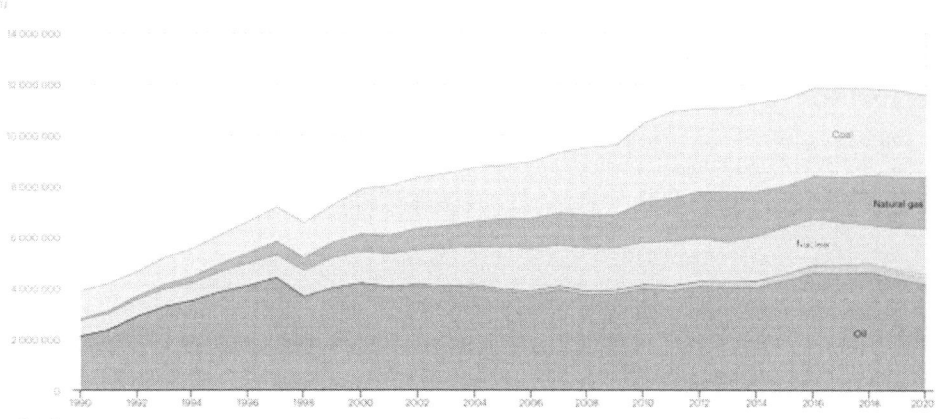

출처 : iea.org

[그림3.11]을 보면 2020년 기준 우리나라 1차 에너지 믹스는 석유가 36%, 석탄 27%, 가스 18%, 원자력 15%, 신재생 및 기타 4% 순으로 구성되어 있다.

하지만 작금의 국제관계는 탄소세 도입논의를 더 이상 미룰 수 없게 만들었다. EU는 2021년 7월 '탄소국경조정제도(CBAM)'(또는 탄소국경세라고도 불린다.) 도입계획을 발표했으며, 미국도 탄소국경세 도입을 검토하고 있다. EU가 도입하기로 한 탄소국경조정제도는 EU와 교역할 때 EU 상품 생산 시 탄소 배출량을 기준으로 비EU 수입품 탄소 배출량이 더 많으면, 초과분에 해당하는 'CBAM 인증서(certificate)'를 사도록 강제하는 제도이다. 즉, 우리나라 기업이 유럽에 제품을 수출하려면 탄소가격 차액만큼을 EU에 세금처럼 내야 한다. 만일 정부가 선제적으로 탄소세를 도입하면 탄소가격 차액은 줄어들고 줄어든 만큼은 국내 세금으로 활용할 수 있는 셈이다.

3.8 탄소국경세(carbon boarder tax, or carbon boarder adjustment)[13]

탄소국경세는 환경규제가 느슨한 국가가 강한 국가에 상품 혹은 서비스를 수출할 때 적용하는 무역관세를 의미한다. 관세를 위한 조정수단은 탄소배출권으로 지정되었다. 국가별로 상이한 탄소배출 규제를 운영하고 있기 때문에 고강도의 환경규제를 하는 국가에서 제조공정을 친환경적으로 바꾼 기업과 그렇지 않은 국가에서 값싼 화석연료를 이용하여 제품을 생산한 회사의 가격경쟁력이 다를뿐더러 탄소누출(Carbon Leakage)을 막기 위해 탄소국경세를 도입하였다. 이 경우 상대적으로 고강도 환경규

---

13) 출처 : 한국에너지공단

제를 하고 있는 EU의 기업이 이탈할 가능성이 크고, 환경규제가 약한 나라로 생산기지를 이전하는 방식으로 배출량 감축 효과를 축소시킬 수 있기 때문이다.

   탄소국경세를 도입하려고 하는 국가는 대표적으로 EU와 미국이다. 유럽의회 환경의원회는 2021년 2월 EU에 오염을 야기하는 산업용품과 전력을 수입할 경우 탄소비용을 부과할 것을 촉구하는 보고서를 채택하여 탄소국경세를 2023년 도입할 예정이다. 미국 역시 2020년 3월 무역대표부(USTR)에서 글로벌 탄소배출 감축에 대응하기 위해 탄소국경조정세를 적극적으로 검토하고 있다고 발표했다. 이에 탄소배출량이 많은 신흥 국가인 중국, 러시아 등은 탄소국경세를 도입하는 것은 파리협정 상 '상향식 방식'을 위반하는 정책이라고 주장했다. 파리협정을 협의할 때 모든 당사국의 참여를 유도하기 위해 각 국가의 상황을 스스로 고려하여 자발적으로 목표 설정하고자 했으나 탄소국경세를 EU와 미국의 모든 수출입에 적용하는 것은 이를 위반하여 강제적으로 환경세를 적용하는 것이라는 의견이다.

4. 탄소시장 참여자

배출권 거래제가 기반이 되는 탄소시장의 운용에는 다양한 구성원이 참여한다. 대표적인 주요 구성원으로 정부, 기업, 시장조성자 등을 꼽을 수 있다. 정부는 탄소시장의 정책과 제도를 설계하여 이해관계자들이 시장에 참여하는 방식을 규제한다. 기업은 정해진 제도 안에서 배출권의 주 수요자이지만 공급자이기도 하다. 시장조성자로써 탄소펀드, 컨설팅 회사, 투자은행 등은 수요자와 공급자를 원활하게 연결시켜 주면서 배출권 거래의 과정에 개입하고 리스크를 관리하는 수단을 제공한다.

4.1 정부

탄소시장에서 가장 중요한 역할을 하는 참여자는 정부이다. 정부는 시장에서 정책과 제도를 입안하는 입안자이며 동시에 배출권 거래를 수행하는 거래자이기도 하다. 교토의정서와 파리협정이라는 국제질서 안에서 온실가스 감축의 일차적 책임을 지는 정부는 자국 내의 탄소시장을 설립하고 기획하여 다른 국내 탄소시장 참여자의 감축 활동을 유도함으로써 국제 규약에 맞는 최종 책임을 진다.

먼저 정부는 자국에 할당된 배출권(AAU)을 각 산업과 기업에 할당하는 역할을 수행한다. AAU는 시장에 무상(grandfathering)으로 분배될 수도 있고, 경매(auctioning)를 통해 판매되는 형식으로 분배될 수도 있다. 할당은 일반적으로 과거의 배출실적과 연계되므로 무상 분배의 경우에는 배출 집약적 업종에 유리하게 작용한다. 반면 경매를 통한 배출권 수입은 온실가스 감축과 관련된 사업, 교육 및 홍보에 사용된다.

한편 정부는 대외적으로 온실가스 감축의무 이행을 위해 CER 또는 ERU를 구입하거나, CDM 또는 JI 등의 사업에 투자하여 크레딧을 확보하는 역할을 수행하기도 한다. 과거 교토의정서가 발효되었을 때는 대부분의 부속서 Ⅰ 국가들만이 이러한 역할을 수행하였다. 주로 서유럽 국가와 일본, 캐나다 등이 배출권을 구매하였고, 러시아와 우크라이나 등 동유럽 국가들은 주로 배출권을 공급하는 역할을 하였다. 그러나 현재 파리협정 체제하에서는 거의 대부분의 국가들이 자국이 설계한 NDC를 이행하기 위하여 탄소 저감 프로젝트를 설계하거나 배출권 구매를 해야 하며, 시간이 지날수록 강화되는 NDC를 이행하기 위해 탄소 저감 활동을 점차 확대해야 한다.

탄소배출의 감축을 위한 이러한 정부의 역할은 중앙정부 못지않게 각 지방정부의 노력도 중요하다. 시민들의 생활에 더욱 직접적인 영향을 끼칠 수 있으며 지역에 맞는 탄소배출 감축 전략을 운용할 수 있기 때문이다. 이러한 노력의 일환으로 우리나라는 환경부 주관하에 2021년 5월 전국의 모든 지자체(17개 광역, 226개 기초)가 '2050 탄소중립 달성'을 선언하였다.

4.2 산업 및 기업

세계 탄소시장에서 가장 중추적인 역할을 하는 기업들은 온실가스 배출을 상대적으로 많이 하는 산업군에 속한 기업들이다. 이산화탄소 배출의 양이 많은 만큼 배출권 할당도 많이 받고, 각종 감축 노력으로 감축되는 양이 많아지면 그만큼 배출권 공급량을 늘릴 수 있기 때문이다. 이러한 산업군은 통상 에너지 다소비 산업군(EII: Energy-intensive industries)으로 불리는데, EU-ETS의 사례를 살펴보면 화학, 철강, 플라스틱, 종이, 목재, 정유, 세라믹 및 기타 여러 부문을 포함한다. 이 산업군들에 속한 기업들의 의무감축 활동은 배출권의 수급과 시장가격 등에 여러 영향을 미친다.

[그림4.1] EU내 1990년부터 2017년까지 4개 핵심 산업 부문의 CO_2 배출량

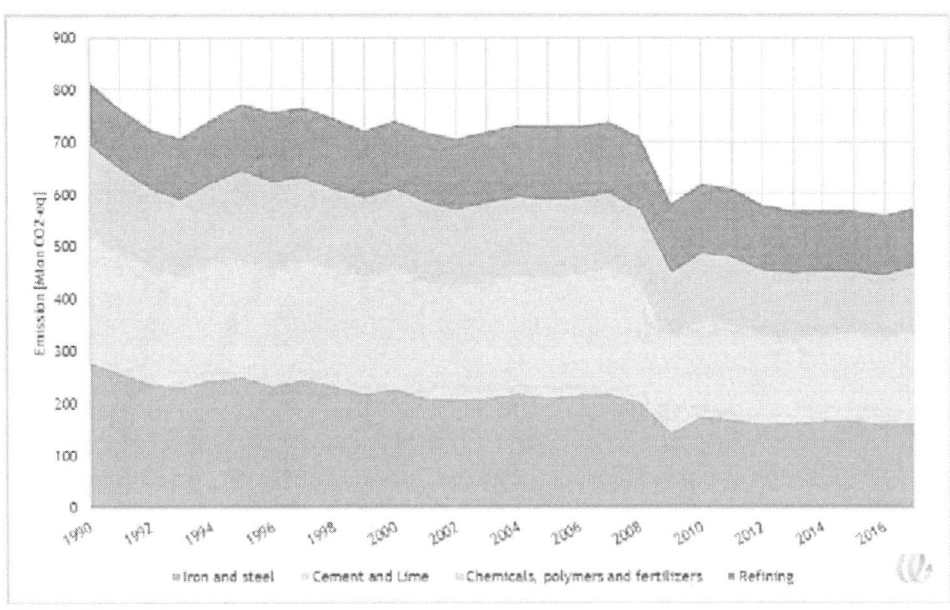

출처: Eurostat (2018), calculations CE Delft

역설적이지만, EU-ETS에서 에너지 집약적 산업군은 2008년부터 2019년까지 탄소배출권을 무료로 할당받아 최대 500억 유로의 이익을 얻은 것으로 보고되었다. 과다 할당으로 얻은 추정이익은 철강 부문(120억~160억 유로), 정유소 부문(70~120억 유로), 시멘트 부문(31억 유로), 석유화학 부문(6억 유로)으로 추정된다. 시장에서 더 저렴한 상쇄배출권으로 대체하여 얻은 이익은 철강 부문(8억 5천만 유로), 정유소(6억 3천만 유로), 시멘트(6억 1천만 유로)로 추정된다. 이러한 에너지 다소비 산업들은 기술 발전과 에너지 효율화 등으로 시간이 지남에 따라 CO_2 배출량을 점차 줄여가고 있다. [그림4.1]은 대표적 EII 산업 중 네 개 부문의 역사적 수치를 나타낸다.

[그림4.2] 부문별 글로벌 온실가스 배출량 백분위수

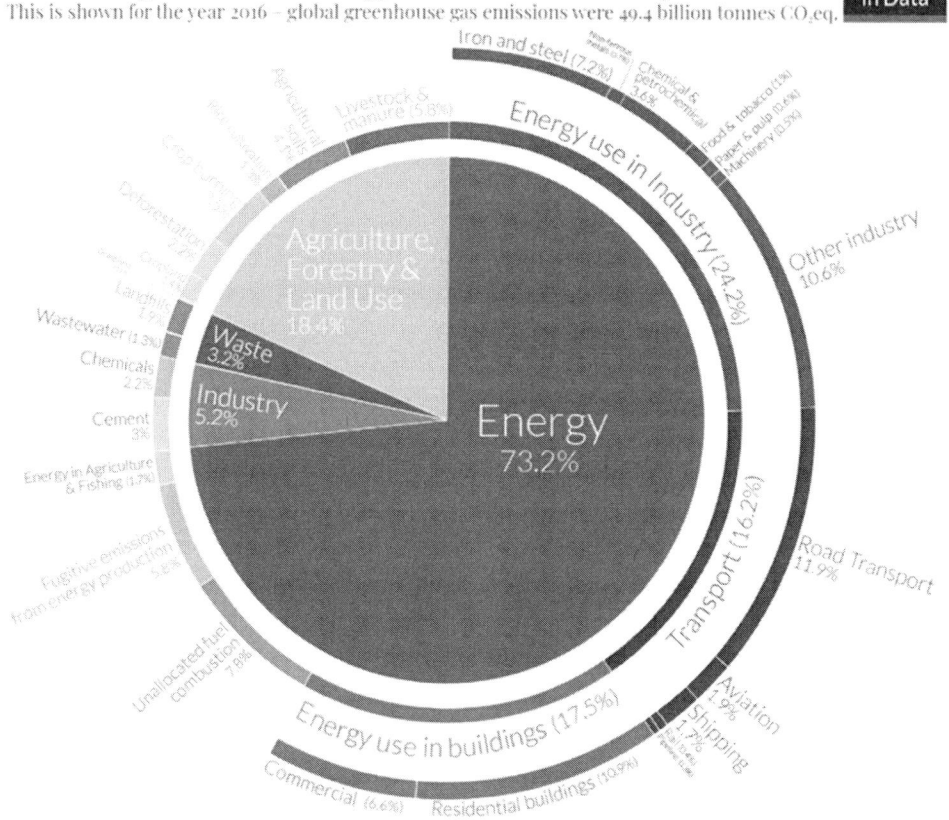

> 전력산업

전력산업은 세계 CO_2 배출량의 가장 큰 비중을 차지하고 있다. 전력산업에서 배출하는 온실가스는 발전소의 효율성도 중요하지만 연료구성과 직접적 연관이 있다. 석탄과 갈탄은 이산화탄소 배출량이 높고 천연가스는 갈탄의 절반 정도에 불과하므로 에너지원 가격과 탄소배출권 가격에 따라 연료전환이 발생한다. 재생에너지 비중이 높아지고, 기업의 RE100 참여의 확대로 전력산업의 탄소배출 비율은 꾸준히 낮아지고 있다.

> 정유산업

정유산업은 대체에너지의 가격에 따라 화석연료의 소비대체가 발생하므로, 정유산업에 대한 배출감축 압력은 다양한 대체에너지의 경제성과 관련이 있다. 신재생 에너지의 발전단가가 2028년 기준 원전보다 싸지는 역전현상이 발생할 것으로 예측된다. 이에 따라 신재생 에너지의 경제성이 확보되면 저장성이 용이한 수소에너지 사용의 활성화와 기술개발이 뒤따를 것으로 예상된다.

화석연료를 주로 쓰는 수송에서의 에너지 전환도 이루어질 예정이다. 2030년까지 중소형 운송수단은 전기차로, 대형 운송수단은 수소차로 대부분 전환될 예정이므로 정유산업의 수요는 더욱 감소할 것으로 전망됨.

〉 수송산업

수송부문은 크게 육상 이동수단(승용차, 트럭, 버스), 해상이동수단(선박), 그리고 항공기 등으로 나눌 수 있다.

육상 이동수단은 생산과정에서 신재생 에너지비중이 높아지는 전기차가 대세를 이루며, 트럭과 버스 등은 수소에너지를 사용함으로써 탄소배출을 줄일 것으로 전망된다.

항공 부문은 전세계 탄소배출량의 1.9%를 차지하는 것으로 나타났다. 유엔산하 국제민간항공기구(ICAO)는 온실가스 배출량을 2020년 수준으로 동결하기 위해 CORSIA 제도를 도입함으로써, 2020수준을 초과해 배출한 항공사는 탄소시장에서 배출권을 구매해 상쇄해야 한다. 2027년부터 의무화될 예정이다. 따라서 항공 기업들은 탄소배출을 줄이기 위해 대체연료를 개발하고, 연료효율성을 높이는 방안을 추진 중이다. 대한항공의 경우 엔진 물세척, 경제항로 운영, 항공기 역추력장치 사용축소 등 다양한 온실가스 감축수단을 적용하여 연료효율을 개선한 바 있다.

국제해사기구(IMO)는 해운산업의 온실가스 배출을 2008년 대비 2030년 40%, 2050년 50%까지 절감할 것을 제시한 바 있다. 이에 따라 해운업계의 ESG 투자행보도 빨라지고 있다. 주로 저유황유 사용 같은 연료교체 사업, 스크러버와 선박평형수 처리장치, 육상전력공급장치 등 친환경 설비를 설치하는 사업으로 나눌 수 있다.

〉 시멘트 산업

시멘트 산업의 CO_2 배출량은 세계 CO_2 배출량의 3%에 달한다.

시멘트 업계의 탄소저감정책은 이미 시행중이다. 탄소배출권 가격이 시멘트 생산비용의 50%에 육박하기 때문이다.

업계가 가장 집중하는 부분은 제조 원가의 30%를 차지하는 유연탄 사용을 줄이는 일이다. 유연탄 대신 폐플라스틱 등 폐합성수지를 연료로 사용하는 것이다. 폐합성수지를 연료로 사용하면 환경보호와 자원 재활용 효과에 더해 열효율을 높일 수 있다.

시멘트 공정은 슬래그, 석탄회, 부산석고, 석회석 미분 등의 다양한 산업부산물을 원료로 사용하는 것이 가능하다. 시멘트 공정에서의 쓰레기 처리는 탄소중립적 관점에서 매우 중요한 가치를 갖는다. 가연성폐기물을 소각하지 않고 시멘트 공장에서 사용하는 연료의 일부로 활용함으로서 시멘트 공정의 석탄 사용량에 해당하는 만큼의 이산화탄소 배출을 줄일 수 있으므로 국가 전체적으로 탄소 배출량 저감에 기여할 수 있다.

> 기업의 RE100 참여 캠페인

[그림4.3] RE100에 가입된 기업 로고모음. 현재는 더 많은 기업이 가입되어 있다.

출처: RE100 홈페이지

RE100은 Renewable Energy, 즉 '재생에너지 100%'의 약자로, 2050년까지 이 캠페인에 가입한 기업이 사용하는 전력의 100%를 재생에너지, 즉 태양광, 태양열, 풍력, 수력, 지역, 바이오매스, 바이오가스, 그리고 그린수소를 활용한 연료전지 등으로 충당하는 것을 목표로 하자는 자발적인 국제 캠페인이다. 2014년 국제 비영리단체인 'The Climate Group'과 'CDP(Carbon Disclosure Project)' 두 단체가 연합해 개최한 '2014 뉴욕 기후주간'에서 발족했고, 2014년 9월 UN 기후 정상회의에서 도입되었다. 2022년 8월 현재 378개 사가 가입되어 있다. 특히 구글이나 애플을 비롯한 30여 개의 기업들은 이미 재생에너지로의 전환을 100% 달성했다. 우리나라의 경우 LG화학을 시작으로 한화 큐셀, SK그룹 8개사 등 22개 기업(2022년 8월 기준)이 참여 중에 있다. RE100을 선언하는 글로벌 기업들이 많아짐에 따라 우리나라 기업들은 경쟁력을 제고하기 위한 목적으로 RE100의 참여를 고려해야한다.

기업이 RE100을 유지하기 위해서는 직접 재생에너지 발전시설을 운영하거나 투자하는 방법도 있지만 재생에너지 발전소에서 공급되는 재생에너지를 구매하는 방법도 있다. 국내에서는 산업통상자원부에서 지난 2021년 8월 2일부터 한국형 RE100 참여기업들이 재생에너지를 직접 구매할 수 있는 신재생에너지 공급인증서(REC, Renewable Energy Certificate) 거래시스템을 개설 및 운영하기 시작했다. 운영기관은 한국에너지공단 신재생 에너지 센터이고, RPS제도[14] 설비를 완료한 재생에너지 발전사업자가 REC를 매도할 수 있다. 기업은 매도자의 REC 단가를 전력량(MWh)기준으로 환산하여 신재생에너지센터에서 구매가격을 확인하고 구매함으로써, 직접 재생에너지 발전시설에 투자하지 않아도 RE100을 이행할 수 있다. 이는 재생에너지 사업시장의 직접적 동력이 된다.

실제로 국내에는 정부주도의 RE100 산업단지가 국내 최초로 새만금에 건설중이다.[15] 정식 명칭은 '새만금 스마트 그린산단'이며 육상 태양광 잔여 용지에 민간투자로 30MW급 태양관 발전단지를 구축해 2025년 말부터 발전을 시작할 예정이다. 이외에도 경기 안산시는 조력 및 풍력을, 강원 춘천시는 소양강댐과 수열 에너지를 기반으로 정부주도 RE100 산업단지 건설을 추진하고 있다. 이 외에도 한국전력이 RPS와 FIT(발전차액지원제도, RPS제도와 FIT 제도의 자세한 설명은 이 절 마지막 부분 참조)로 구입한 재생에너지 전력에 녹색 프리미엄을 부과하여 일반 전기요금보다 높은 가격으로 전력을 판매하는 녹색 프리미엄제, 한국전력의 중개 하에 재생에너지 발전사업자와 전기 소비자 간 전력거래계약을 지원하는 제3자 PPA도 2021년부터 운영되고 있다.

물론 RE100 캠페인에 대해 논란이 없는 것은 아니다. RE100에 이미 참여한 대기업들이 타 기업에 참여를 강요하고, 참여하지 않으면 거래나 협력을 끊는 등, 원래 취지와는 달리 비자발적 캠페인이 되어간다는 의견이 있다. 이것이 새로운 무역장벽으로 인식되어질 수 있다는 것이다.

RE100의 개념에 대해서도 논쟁이 있다. 기업들이 실제로 사용하는 전력은 화석연료에 기반한 발전을 통해 공급되지만, 기업은 신재생에너지 공급과잉으로 폭락한 REC를 염가에 구매하여 RE100을 유지한다는 것이다. 이것이 실제로 탄소중립과 신재생에너지 확산에 기여하는 바가 얼마인지는 알 수 없다. 원자력을 신재생에너지로 인정할 것인가도 논란이다. EU의 그린 텍소노미에는 원전이 포함되어 있지만 그 기

---

14) Renewable Energy Portfolio Standard, 신재생에너지 의무할당제, 50만 kW(500MW) 이상의 발전사업자는 총 발전량의 일정 비율 이상을 신재생에너지로 공급할 의무
15) 새만금개발청 보도자료, '새만금 스마트그린산단, 대한민국 RE100 실현선도', 2022.2.25.

준은 현재까지의 원전보다 훨씬 까다로운 조건(CDA, Complementary Delegated Act16) 참조)이어서, 실질적으로 현재까지의 원전은 포함되어있지 않은 것 같다. 이와는 별개로 구글은 2018년 원전을 포함한 무탄소 에너지원을 활용한 CF100(Carbon Free 100%)을 계획한 적도 있다.

이러한 여러 논란에도 불구하고, 기업의 RE100 캠페인은 장기적으로 신재생 에너지 시장의 확대에 도움이 되는 계획이자, 탄소중립으로 가는 과도기적 시기에 꼭 필요한 캠페인이라 할 수 있다. 캠페인이 점차 성숙해가면서, 여러 보완적인 대책이 논란을 불식시킬 수 있기를 기대해본다.

- 참고: FIT제도와 RPS제도

발전차액지원제도(FIT : Feed-in Tariff)는 신재생에너지공급의무화제도(RPS : Renewable energy Portfolio Standard)가 도입되기 전 초기 재생에너지 시장형성을 위해 한시적으로 등장한 제도이다. 초기 신재생에너지가 도입되는 시점에서는 발전단가가 높아 경제성이 취약하기 때문에, 신재생에너지를 활용하여 생산된 전기의 판매가격이 정부가 정한 기준가격보다 낮을 경우 그 차액을 지원해주는 역할을 한다.

우리나라에서는 지난 2001년부터 FIT제도가 도입돼 태양광 등 신재생에너지 보급과 초기 시장형성에 주도적 역할을 담당했다. 하지만 신재생에너지 발전소가 증가하면서 예산상의 제약과 기술개발 촉진 기능 미흡 등 제도상의 문제점이 노출됐고 이에 대한 대안으로 RPS제도가 2012년부터 본격적으로 시행되면서 FIT 제도는 종료되었다.

세계적인 추세는? 2019년 기준 전 세계 143개국 113개 국가가 FIT제도 운영중이며 34개 국가가 RPS 제도를 운영하고 있다. FIT제도하에서는 경쟁입찰을 통해 에너지 기준가격을 결정하는 경매방식을 확대(109개국)한다. 그러나 국내의 경우 에너지 가격을 한전이 정해주고, 오히려 REC가격이 수요와 공급에 의한 경매방식으로 매매되고 있다. 이 외에도 신재생에너지 지원제도는 FIP(발전이익 보조제도, 일본시행), CfD(차액결제 지원제도, 영국시행) 등 여러 가지가 있다.

4.3 탄소펀드(carbon fund)

탄소펀드는 자본시장에서 자금을 조달하고 펀드를 만들고, 온실가스 감축사업에 투자하는 펀드를 말한다. 주요 수익원은 온실가스 감축사업으로 발생한 온실가스 배출권의 판매로 발생한다. 교토의정서의 발효 이후 거래되기 시작한 탄소배출권의 시장이 커지면서 국제 투기자본도 탄소시장에 참여하기 시작하였다. 2008년 금융위기 이

---

16) https://ec.europa.eu/commission/presscorner/detail/en/ip_22_4349

후 발생한 탄소배출권 가격의 폭락으로 막대한 손해를 봤던 탄소펀드는 잠시 투자가 주춤하였지만, 여러 위험관리기법과 함께 탄소펀드는 다시 CDM사업을 비롯한 탄소시장에 뛰어들고 있다.

간혹 탄소금융과 혼동되어 정의되기도 한다. 탄소금융은 넓게는 온실가스 감축, 좁게는 탄소배출권과 관련된 일련의 금융활동을 말하며 기후금융의 한 영역이다. 탄소펀드를 탄소금융의 좁은 의미로 정의하기도 한다.

탄소펀드는 투자자의 자금을 배출권(credit)을 확보할 수 있는 여러 프로젝트에 투자하거나 국제 배출권 시장에서 EUA, CER, VER 등 이미 발행된 배출권의 매매, 중개, 컨설팅 등의 활동을 통하여 얻은 수익을 투자자에게 배당하는 식으로 운영된다. 그러나 탄소펀드의 운영주체가 누구냐에 따라 펀드의 성격이 매우 다를 수 있다. 탄소펀드를 지배구조 기준으로 구분하면 정부 주도형, 민간 주도형, 그리고 민관 합동형으로 구분할 수 있다.

정부 주도형은 국제협약에 의한 탄소감축의무 이행에 필요한 배출권을 확보하는 것이 주목적이므로, 특정 탄소감축 프로젝트에 투자하는 경우가 많다. 이들은 상대적으로 수익성에 덜 민감하며 장기적인 투자가 가능하고, 민간 자본이 수행하기 어려운 위험에 대해서도 선구자 또는 시장조성자의 입장에서 위험을 감당한다. 네델란드, 독일, 오스트리아 등은 정부 주도 하에 탄소 펀드를 운영하고 있는 대표적인 국가이다.

민간 주도형은 신속하고 유연한 투자를 무기로 탄소배출권 시장을 활용한 수익 극대화에 주목한다. 이들 펀드는 탄소감축 프로젝트에 투자할 뿐만 아니라, 배출권 거래로 인한 차익, 컨설팅 수수료 등을 통해서도 수익을 창출한다. 민간펀드로는 Societe Generale, Fortis 등을 비롯한 14개 유럽 금융기관들의 주도로 만들어진 '유러피안 탄소펀드(ECF)'가 대표적이다. 아시아 최초의 탄소펀드로는 2004년 11월 도요타, 소니 등 일본 민간기업 31개 사가 1.4억달러를 출자한 일본 온실가스 감축 펀드(JGRF)가 있다.

민관 합동형은 탄소감축 의무를 지는 정부와 배출권 거래로 수익을 추구하는 민간이 모여서 제3의 운영주체를 선정하는 방식으로 운영된다. 세계은행에서 운영했던 PCF(Prototype Carbon Fund), 일본 정부가 운영했던 JCF(Japanese Carbon Finance) 등이 대표적인 예이다. 특히 세계 최초의 탄소펀드인 세계은행의 PCF는 17개 기업과 6개 정부 간의 파트너십이었다.

정부 차원에서는 민간의 펀드운용 능력과 정보 분석능력 등을 이용할 수 있고, 민간 차원에서는 미개척 시장에 대한 여러 위험을 최소화하고 정부차원의 정보를 활용할 수 있으며, 새로운 시장에 대한 학습효과를 누릴 수 있는 이점이 있다. 반면, 민관 합동형은 운영 목표상 서로 상충되는 정부와 민간의 기관이 주체가 되므로 의사결정 과정이 느리거나 복잡해질 수 있고 운영 목표의 충돌이 발생할 수 있다.

탄소펀드의 운영은 적절한 위험관리 수단 및 능력을 필요로 한다. 이러한 위험관리 수단으로 옵션, 스왑, 보험 등의 제도적 수단들을 사용할 수 있다.

> 유럽 탄소 펀드(CFE, Carbon Fund for Europe)

2004년 12월 유럽 투자은행(European Investment Bank)과 세계 은행이 협력하여 2007년 유럽 탄소펀드가 출범하였다. 자본금은 5,000만 유로였으며 해당 펀드의 파트너십 국가는 아일랜드, 룩셈부르크, 포르투갈, 플랑드르 지역, 노르웨이의 기업인 Statkraft Carbon Invest S.A. 였다.

국내에서도 2007년 1,200억 원 규모의 최초의 탄소펀드가 조성된 바 있다. 신재생에너지와 에너지이용·효율향상 등의 온실가스 감축사업을 대상으로 조성된 사모펀드였지만 투자실적은 좋지 않았다. 현재 시점에서는 한국남동발전과 IBK기업은행이 2016년부터 함께 운영하는 100억원 규모의 탄소펀드가 대표적이다. 중소기업의 온실가스 감축사업을 지원하고 배출권 확보를 위해 두 기업이 업무협약을 체결하여 한국남동발전의 추천을 받은 배출권 거래제 관련 기업에게 설비투자비 및 감축설비 운영 비용을 IBK가 저금리로 대출을 지원한다.

4.4 탄소배출권 거래소

> EEX(European Energy Exchange)[17]

EEX는 2000년 라이프찌히 전력거래소 설립에 그 뿌리를 두고 있으며, 2002년 프랑크푸르트에 소재하던 유럽에너지거래소와 합병하여 탄생하였다. EEX는 유럽 최대의 파생상품 거래소인 Eurex의 전산매매 시스템을 사용하며 전기와 가스 및 기타 에너지 상품에 대한 현물 및 선물을 거래한다. Eurex는 2017년 기준 EEX의 지분 63%를 보유하고 있다. EEX는 유럽뿐만 아니라 아시아와 미국 전역에서 파트너쉽을 가진 계열사들을 많이 거느리고 있다.

EEX는 2005년부터 탄소배출권 거래를 시작했으며, 25개 EU 회원국들의 배출권 경매, 현물, 선물, 옵션 등의 거래를 수행한다. EU-ETS 체제에서 EUA와 관련된 경매, 현물, 선물, 옵션뿐만 아니라 EUAA(항공 탄소배출권)에 대한 경매와 현물 및 선물거래도 수행한다.

---

17) http://www.eex.com

EEX는 국제 탄소시장에서 그들의 영향력을 넓히고 있다. EEX는 세계 최대 탄소시장의 잠재력을 가진 중국 탄소시장 설립 및 운영에 대한 개발을 중국 베이징 환경 거래소(CBEEX), 광저우 중국 배출권 거래소(CEEX), 상하이 환경/에너지 거래소(SEEE) 등과 협력하여 지원하고 있다. EEX는 거래 기반시설 구축을 위해 2019년부터 중국에서 다양한 역량 강화 활동에 참여해 오고 있다. 한편, EEX는 2021년부터 NZ-ETS(뉴질랜드 배출권 거래제)의 경매도 NZX와 공동관리하기로 하였다.

> ICE(Intercontinental Exchange)[18]

ICE는 미국을 포함한 전세계에서 다양한 금융상품을 거래하는 거래소들을 운영하는 회사이다. 주로 장내 선물거래와 글로벌 장외거래(OTC)를 주관하는 거래소들을 운영한다. 가장 유명한 자회사는 2013년에 인수한 NYSE(New York Stock Exchange)를 들 수 있다. ICE는 미국, 캐나다 및 유럽의 선물거래소와 뉴욕 증권거래소, 옵션거래소와 장외 거래소 등 12개 거래소와 6개 결제업체를 소유하고 있다. 사무실은 애틀랜타, 뉴욕, 암스테르담, 텔아비브, 싱가포르 등 전세계 12군데에 걸쳐 사무실을 두고 있다.

ICE는 주식보다는 상품이나 파생상품, 장외거래의 비중이 높은 편이며, 다시 말해 미국과 유럽을 중심으로 한 전세계 여러 곳의 증권, 선물/옵션, 장외거래소를 운영하는 세계적인 금융망을 갖춘 비즈니스 그룹이다. 탄소배출권과 관련된 비즈니스는 Global Environmental Complex인데 거래하는 탄소배출권 관련 상품만도 EUA 선물, CER 선물, CCA(California Carbon Allowance) 선물, 캘리포니아 탄소 상쇄 선물, RGGI 선물 등, 북미와 유럽의 국제탄소배출권 선물은 모두 취급하고 있다.

4.5 탄소시장 조성자

여타 금융시장이 그러하듯, 탄소시장이 원활하게 돌아가기 위해서는 탄소배출권의 매매 주체들을 중개해주거나 투자자를 모집하고 CDM 등의 탄소배출권 사업에 투자하는 등의 역할을 해주는 시장조성자들이 필요하다. 이들은 관련 정보를 다루거나 회계와 법률 서비스를 제공하기도 하며 탄소시장에 존재하는 위험을 관리하는 등의 역할을 담당한다.

탄소시장 조성자는 탄소배출권의 구매자와 판매자를 연결하는 것 뿐만 아니라, 거래를 중개하고 자금을 유치하며 상쇄배출권 사업을 조성하는 등 다양한 서비스를 제공해야 한다. 탄소시장에 존재하는 여러 위험을 헷지하기 위한 보험상품을 판매하거

---

[18] http://www.theice.com

나, 회계 및 법률 자문 등의 서비스가 그것이다.

국내는 온실가스 배출권 거래시장을 활성화하기 위해 산업은행, 기업은행 등 은행 두 곳과 하나금융투자, 한국투자증권, 에스케이(SK)증권 등 3곳의 증권사가 탄소시장 조성자로써 참여하고 있다. 2차 계획기간에 배출권거래제 시장활성화를 위해 은행 2곳이 시장조성자로 지정되었고 이후 2021년 증권사 3사가 추가되었다. 시장조성자는 온실가스 배출권의 매수-매도 양방향 호가를 매일 제시 및 거래하게 되고, 유동성 관리를 위해 예비분 공급을 담당하고 있다. 시장조성자의 도입은 정부의 배출권 가격안정화 정책의 일부로 탄소배출권의 유동성을 제고시키고 수급 불균형 및 가격 급등락 등을 막을 목적으로 도입되었다.

4.5.1 컨설팅 회사

컨설팅 회사들은 상쇄 배출권 사업 개발, PDD(Project Development Design) 작성, 배출권 거래, 탄소시장 분석, 투자자 모집 등 탄소시장 구성을 위해 가장 활발히 활동하는 참여자이다. 국내에는 에코아이, 에코 네트워크, 에코 프론티어 등 여러 컨설팅 회사들이 있다. 이들은 기업의 온실가스 규제 대응을 위한 개별 포트폴리오를 제공하고, 배출권거래를 중개하며 탄소시장 정보 플랫폼을 운영하는 방식으로 탄소시장을 키우고 저변을 확대하는 데 기여하고 있다. 국제 탄소시장에서 활동중인 239개 컨설팅 회사는 아래를 참조할 수 있다.

https://openei.org/wiki/List_of_Companies_in_Carbon_Sector

〉 사례1: GS칼텍스는 2017년 9월 기후변화대응 전문 컨설팅업체인 에코아이와 쿡스토브 지원사업 실행 계약 체결.

쿡스토브 보급사업은 전통방식의 조리용화로를 대체하는 고효율 쿡스토브를 가정에 보급하여 비재생바이오매스의 사용량을 절감함으로써 감축이 이루어지는 사업이다. GS칼텍스가 미얀마 저소득층 가구에 쿡스토브 5만대 지원.

연간 5만톤 규모의 온실가스 감축은 소나무 750만 그루를 심는것과 같은 효과. 국내에서 온실가스 감축실적으로 인정받을 수 있다.

〉 사례2: 조림 및 재조림 사업은 나무 식재를 통해 대기 중의 온실가스를 포집하여 온실가스를 감축하는 사업으로 장기간에 거쳐 온실가스감축에 기여하는 사업이다.

미얀마 양곤에서 국제환경단체인 WIF, 컨설팅전문기업 에코아이와 '미얀마 맹그로브 조림 청정개발체제(CDM) 사업 계약'을 맺었다. 한전과 에코아이가 공동 투자하고 WIF가 미얀마 해안지역에 50ha 규모의 맹그로브 숲을 조성해 온실가스를 감축하는 CDM 사업이다. 이 사업을 통해 기후변화에 대응하고 태풍, 쓰나미 등 자연재해로부터 미얀마 국민을 보호할 수 있을 뿐만 아니라 약 20년간 총 17만t의 탄소배출권을 확보할 수 있다.

4.5.2 녹색투자은행(Green Investment Banks-GIB)

은행산업은 산업 특성상 상대적으로 보수적 관점의 투자에 치중하는 편이나, 탄소시장이 성숙하면서 탄소금융시장에서 녹색투자만을 전담하는 전문 은행의 필요성이 대두되어왔다. 영국에서는 국고에 의해 녹색 프로젝트에 대한 투자를 전담하는 영국 녹색투자은행(UK Green Investment Bank)이 세계 최초(2012년 5월)로 생겨났고, 뒤이어 2015년까지 OECD 내 13개 국가 및 지방 정부에서 잇따라 GIB를 설립하였다.

GIB의 목표는 국가별로 다양하지만 다음과 같은 특징이 있다.
첫째, 저탄소 및 기후탄력성(LCR, Low-Carbon and climateResilient) 투자에 있어 민간부분의 위험을 줄이고 거래를 활성하기 위한 정책을 이행하였다.
둘째, 독립적 조직을 설립하여 LCR 투자를 이행하였다.
셋째, 비용효과적인 사업에 우선 투자를 하였으며, 투자 결과에 대해 보고를 시행하였다.

[그림4.3] 세계의 녹색투자은행 현황

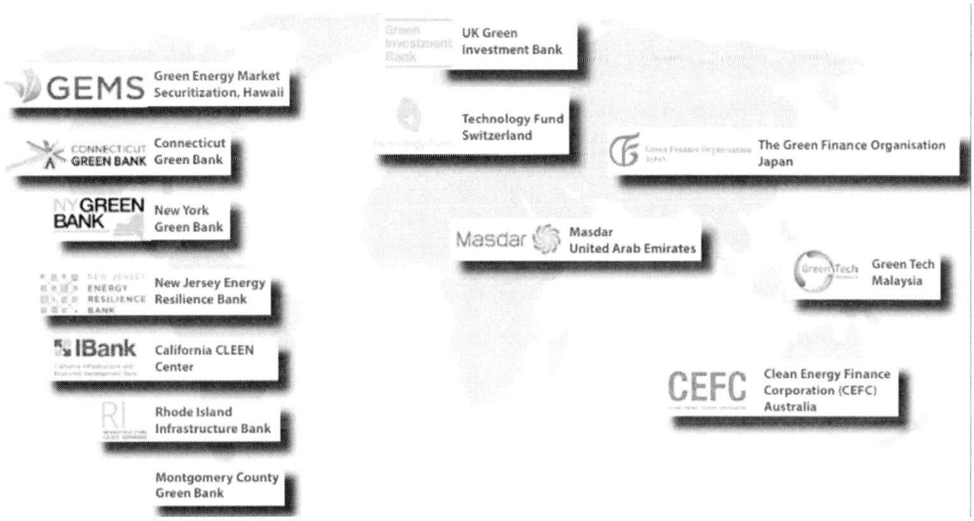

출처 : OECD, 2017.
https://www.oecd.org/environment/cc/Green-Investment-Banks-POLICY-PERSPECTIVES-web.pdf

특히 영국의 녹색투자은행은 공공재원을 통해 민간자본을 녹색 투자에 유입시킨 첫 번째 사례로서 정부의 환경정책 목표 달성뿐만 아니라 상업적인 이윤도 동시에 추구하였다. 우리나라의 경우 아직 GIB가 설립되지는 않았지만(2022년 기준), 금융기관별로 녹색금융 업무를 담당하기 위한 전담조직을 신설하여 친환경 투자를 확대하고, 다양한 친환경 소매금융, 대출상품 등을 출시하고 있다. 전국 은행연합체 산하의 녹색금융협의회(http://www.green-finance.or.kr/)가 각종 녹색금융의 정보와 현황을 소개하고 있다.

[표4.1] 은행(KB국민은행)의 녹색상품 현황

부 문	내 용
투 자	미국 캘리포니아 태양광 발전 사업 - 당행 대출규모 70백만 달러 해남 솔라시도 태양광 발전 사업 - 당행 대출규모 1,040억 원 양산 원동 풍력 발전 사업 - 당행 대출규모 320억 원
대 출	KB Green Wave ESG 우수기업 대출 KB Green Growth Loan KB 태양광발전 사업자 우대대출
상 품	KB 맑은하늘 금융상품(적금/공익신탁) KB 맑은바다 금융상품(적금/공익신탁) KB Green Wave 1.5도 금융상품(정기예금/공익신탁/카드)
활 동	1천억 원 규모의 녹색채권 발행(21년 3월)

[그림4.4] IBK 기업은행의 탄소은행

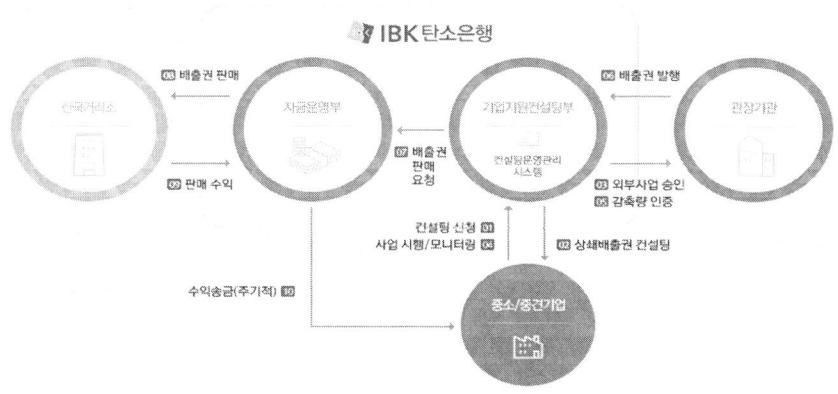

출처 : krx 탄소금융

국내 국책은행 중 하나인 IBK기업은행은 탄소은행을 운영하며 배출권거래제에 참여하는 기업에게는 탄소배출권을 발굴하고 판매대행하며 에너지 절약 사업을 발굴하고 추진하는 등 기업의 원가를 절감시키고 배출권 수익을 확보할 수 있도록 다양한 서비스를 제공하고 있다. 배출권거래제에 참여하지 않는 기업에게는 종합 탄소자산관리서비스, 배출권 현물 중개 및 장외파생거래 중개, 협력사 외부온실가스 감축인증실적(KOC)를 발굴하여 기업의 온실가스 규제위험을 최소화하고 대기업과 중소기업이 동반성장할 수 있는 서비스도 제공하고 있다.

4.5.3 탄소거래 중개회사

탄소거래 중개회사(Carbon Brokers)들은 주로 장외시장(OTC)에서 배출권 구매자와 판매자를 연결시키고 수수료를 받는다. 이들의 주요 역할은 탄소 감축 관련 프로젝트 투자자나 사업운영자들이 거래상대방을 찾을 수 있도록 도와주며, 정정 거래가격을 찾을 수 있도록 도와준다. 이들의 활약으로 구매자와 판매자 모두에게 유동성이 부족한 탄소배출권의 거래비용을 줄일 수 있고, 시장규모가 확대될 수 있다.

대표적인 중개회사들은 Arrow Futures(UK) Ltd., Evolution Markets Ltd., GFI Group Pte. Ltd., ICAP Energy Ltd., Marex Spectron Ltd., TFS Derivatives Ltd., Tullett Prebon Ltd. 등이 있다.

4.5.4 보험회사

탄소시장은 기후변화와 밀접하게 연결되어 있으므로 태생적으로 위험이 크다. 하지만 위험을 헷지할 수 있는 수단은 그리 많지 않다. 특히 CDM이나 상쇄배출권 사업 등을 안정적으로 진행하기 위해선 보험 가입을 통해 위험을 헷지하는 것이 필요하다. 보험가입을 통하여 이 사업들은 투자자금 대출을 받거나 상쇄배출권으로 전환하는 것도 보다 수월하게 받을 수 있다.

보험업계는 오랜 시간 동안 기후변화와 관련된 보험업에 대처해왔다. 자연재해 손실을 보험 및 재보험을 통해 분산 및 이전하는 수단으로 쓰이거나 특정지역의 기후변화로 인한 재해보험, 날씨 파생상품, 재난채권(CAT bond), 녹색보험(환경책임보험, 녹색재산보험, 재난보험, 탄소보험) 등을 예로 들 수 있다. 뿐만 아니라 단순 기후변화를 넘어서 다양한 녹색상품이 등장하면서 녹색보험에 대한 필요성이 대두되었고, 탄소배출권이 제대로 인도되지 않을 경우를 대비한 탄소배출권 이행보증보험, CDM 프로젝트에서 발생하는 탄소배출권을 인도받지 못할 가능성을 대비하기 위한 배출권 인도보증 보험 등이 개발되었다. 특히 탄소배출권 인도 관련 위험을 헷지하기 위해 신용부도스와프(CDS, Credit Default Swap)의 형태로 보험상품이 개발되었는데 대표적으로 AIG의 'Carbon Credit Delivery Coverage', Marsh의 'Permit Delivery Guarantee'를 들 수 있다. 이러한 상품은 온실가스 저감 프로젝트에서 발생 가능한 위험을 포괄적으로 보장해주며 CDM 프로젝트 펀드가 파산하는 경우, 투자회사가 파산하는 경우, 배출권 인도의 불이행 등을 보험을 통해 불확실성을 제거할 수 있다.

Swiss Re에서 제공하는 보험상품은 탄소배출권 가격변동 위험을 관리할 수 있으며, 탄소배출권 구매계약에 따라 호주 보험사와 협력하여 탄소배출보험 상품을 개발하였다. RNK Capital LLC와 Swiss Re는 탄소 배출권 거래의 위험을 관리하기 위해 최초의 탄소시장 보험 상품을 공동으로 구현했다. 이 상품은 청정 및 녹색 개발 메커니즘 프로젝트의 등록 및 교토 의정서에 따라 발행된 인증의 배출 감소 위험에 대한 보험을 제공한다.

세계은행(World Bank)의 연구에서는 보험 보급률이 다른 국가의 GDP 변화 추세와 재난 이후 경제 성장 패턴을 비교했다. 그 결과, 보험 보급률이 높은 국가(보통 선진국)의 GDP는 기상 재해를 겪은 후 플러스 성장 추세를 보여 보험 보급률이 낮은 국가(개도국)와 극명한 대조를 이루었다.

우리나라 역시 녹색보험에 대한 연구가 지속되어왔고, 탄소배출권 가격변동 리스크를 헷지하기 위한 탄소보험상품 등을 개발하였다. 한국무역보험공사에서는 탄소배출권 획득 사업을 위한 투자금 손실 위험, 비상위험, 신용위험 등의 발생으로 인한 원리금 손실, 탄소배출권 양도위험 관련 손실 등 배출권 획득 시 전 과정에서 발생할 수 있는 손실을 총괄적으로 담보하는 탄소종합보험을 운영중에 있다.

4.5.5 정보공급자 및 법률/회계 자문회사

탄소시장의 정보공급자는 탄소시장에서 더 나은 결정을 내리기 위한 도움을 주는 시장분석, 가격 예측, 데이터와 뉴스 등 여러가지 정보를 제공한다. ICIS, Point Carbon, Argus, Environmental finance 등의 회사들이 이에 해당한다.

법률자문회사들은 탄소시장의 거래자 간에 분쟁이 발생할 경우 제도와 법률의 해석을 기반으로 분쟁 조정을 담당하는 역할을 한다. 특히 장외시장에서 쌍방에 의한 거래가 많은 탄소시장의 특성상, 제도와 법률의 해석, 계약서 작성, 계약물량 인수도 시 발생가능한 분쟁이 발생할 가능성이 많다. 국내에는 대표적으로 김앤장 같은 대형 로펌들 내에 에너지를 전문으로 담당하는 부서가 가동되고 있다.

회계자문회사들은 탄소거래와 투자를 통한 수익의 회계 처리문제, 세금처리문제, 재무 건전성 문제 등을 담당한다. 국내에는 삼정 KPMG 회계법인 등 대형 회계법인들이 탄소관련시장에서 활약하고 있다.

현재 국내 기업들은 탄소배출권 관련 회계[19]를 지난 2014년 제정된 일반기업회계기준(K-GAAP)에 따라 처리하고 있는데, 이는 아직 국제회계기준(IFRS: International Financial Reporting Standards)에 탄소배출권 관련 조항이 없기 때문이다. 2021년 11월 IFRS 재단에서 지속가능성 기준위원회(SSB, Sustainability Standards Boards)를 만들었고, 향후 글로벌 ESG공시의 국제표준이 될 탄소배출권 회계 표준에 대한 공개초안(exposure draft)을 2022년 3월에 공시하였다. 2022년 7월 말까지 전 세계 이해관계자들의 의견을 수렴하여, 이에 대한 검토를 거쳐 2022년 말 최종 기준을 공표할 예정으로 보이며[20], 이후 국내에서 한국채택국제회계기준(K-IFRS)이 구축되면 상장사를 대상으로 한 법률 및 회계자문회사들의 활약이 더욱 늘어날 것으로 보인다.

4.6 NGO 및 환경단체, 소비자

탄소시장에서 NGO(Non-Governmental Organization, 비정부기구 또는 비영리기관)와 환경단체는 탄소시장의 메커니즘이 본래 의도에 맞게 탄소배출량 감축을 위해 설계되고, 작동하고 있는지에 대한 감시자, 시위를 통해 적극적인 의견을 내는 활동가의 역할을 한다. 탄소 저감과 기후변화에 대한 지역의 적응 모델 등에 대한 여러 가지 제언을 하거나, 기후변화 피해지역의 숲을 조성하여 상쇄배출권 사업을 추진하거나, 지역민들의 참여를 유발하는 환경교육, 캠페인 등의 프로그램을 개발하고 보급하는 등의 사업을 통하여 탄소시장을 확대하고 감시하는 역할을 한다. 당사국회의가 열릴 때마다 효과적인 정책입안을 위해 성상늘에게 낳임없이 압력을 가하고, 올바른 이행규칙이 완성될 수 있도록 제언을 하는 단체도 이들이다. NGO는 국내 뿐만 아니라 국외의 협력 네트워크를 만들어 전 지구적인 탄소감축 캠페인을 벌이고, 기후변화 당사국 회의의 탄소감축 이행을 위한 여러 법안을 촉구하기도 한다. 그 밖에 상쇄배출권 크레딧을 발행하여 자발적 탄소배출권 시장을 조성하는 역할을 하기도 한다. 예를 들어 골드스탠다드(Gold Standard), 베라(VERRA) 등은 대표적인 상쇄배출권 크레딧을 발행하는 비영리기관이다.

국내 NGO 단체의 리스트는 https://www.ngokr.com 을 참조하면 된다.

소비자는 올바른 소비를 통해 기업에 탄소저감을 위한 활동을 유도할 수 있다. 우리가 일상생활에서 사용하는 모든 생활요소가 얼마만큼의 온실가스를 내뿜는지를 측

---

[19] 한국 회계기준원(Korea Accounting Institute), "제33장 온실가스 배출권과 배출부채", 2014
[20] 금융위원회 보도자료, https://www.fsc.go.kr/no010101/77781

정하는 탄소발자국(carbon footprint)의 개념을 이해하고 측정하면서 일상생활에서 저탄소 소비를 영위하고, 그러한 소비자들이 시장에서 유의미한 수준으로 늘어난다면, 기업들도 그들의 생존을 위하여 저탄소 생산에 최선을 다할 것이다.

♦ 5. 각 국가의 탄소정책

5.
각 국가의
탄소정책

　공기 중에 일정한 밀도로 거의 균일하게 존재하여 국경이 의미가 없는 이산화탄소를 저감하는 정책은 그 특성상 한 국가만 노력해서 되는 문제가 아니다. 탄소저감정책의 기반이 국제 협약이 되어야 하는 자명한 이유이다. 게다가, 탄소정책은 에너지 사용과 밀접한 관련이 있는 만큼 사람들의 욕구를 제한해야 하는 측면이 있고, 이로 인하여 거의 모든 나라의 정책 결정권자가 탄소정책을 추진하고 결정히게 하는데 어려움을 겪는다. 그럼에도 불구하고 어떠한 국가는 자국 국민을 잘 설득할 수 있는 정책으로 탄소저감정책을 도입하기도 한다. 단순히 각 국가의 탄소정책을 살펴봄으로써 우리에게 맞는 탄소정책은 무엇인지를 생각해보는 것도 의미가 있다.
　다음의 그림은 Enerdata[21])에서 제공하는 2021년 국가별 탄소배출량을 그래픽으로 보여주는 자료이다. 조사 단체마다 전체 탄소배출량을 계산하는 정의에 약간의 차이를 가지고 있으므로, 전체 탄소배출량이 정확하다고 보기엔 논란의 여지는 있겠지만, 전반적인 배출량 순위는 대동소이하다.

---

21)
　　https://yearbook.enerdata.co.kr/co2/emissions-co2-data-from-fuel-combustion.html

[그림5.1] Enerdata에서 제공하는 국가별 이산화탄소 배출량(2022년 8월)

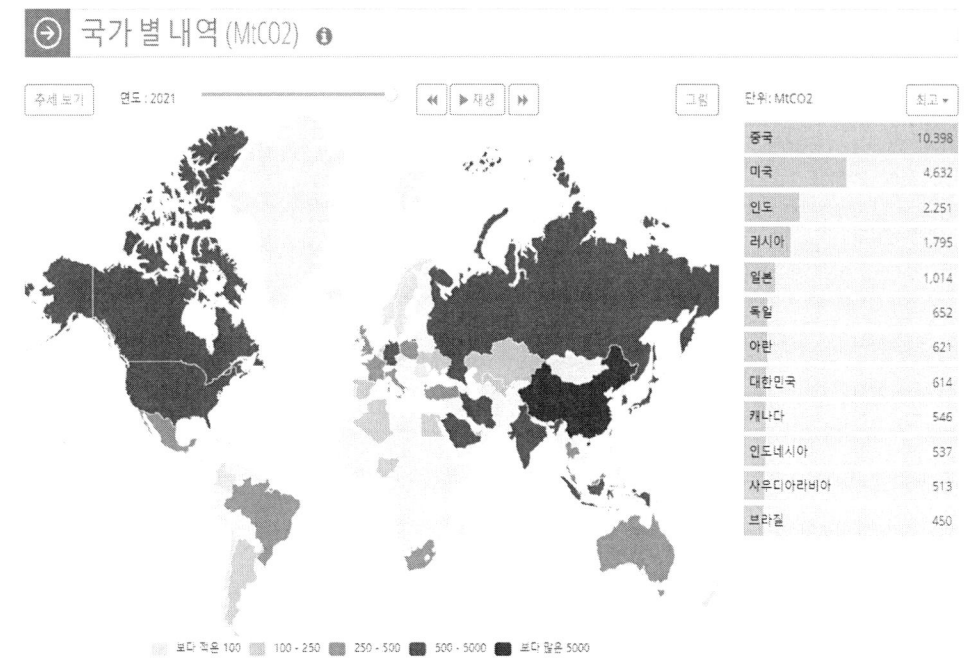

이번 장에서는 탄소배출 상위권에 해당하거나, 흥미로운 탄소정책을 운영하는 몇몇 국가의 탄소정책에 대해 개괄적으로 살펴보고자 한다.

5.1 국제 탄소시장 현황

각 국가의 탄소정책은 크게 ETS와 탄소세의 정책으로 양분할 수 있다. 각 국가의 탄소정책을 해마다 업데이트하여 알려주는 곳으로, 저자가 주로 참고하는 사이트는 World Bank에서 제공하는 Carbon Pricing Dashboard[22] 이다. 이곳에서는 핀란드에 의해 처음 탄소정책(탄소세)이 도입된 1990년 이후로 현재까지 국가단위의 탄소정책의 변화, 탄소정책이 포함하는 이산화탄소 양(CO_2eq. ton)과 당해 전체 배출량과의 비율(%), 정책의 준비/시행/폐기 시점 등의 세세한 정보를 세계지도 그래픽과 함께 제공하고 있다.

---

22) https://carbonpricingdashboard.worldbank.org/map_data

5. 각 국가의 탄소정책

[그림5.2] World Bank에서 제공하는 Carbon Pricing Dashboard 스냅샷

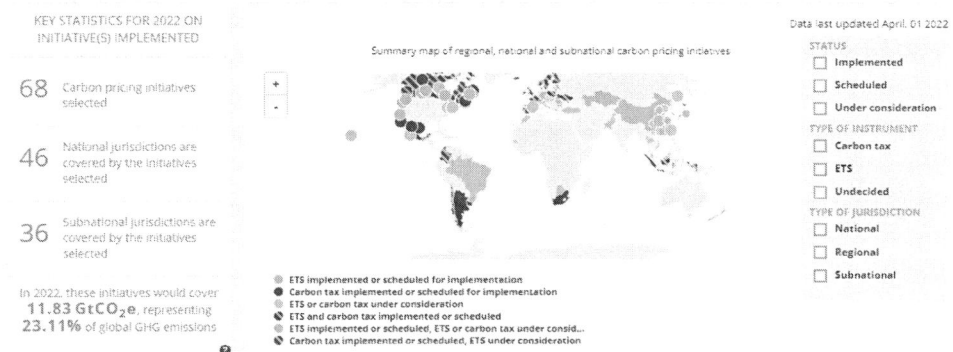

Dashboard의 자료에 따르면 2022년 현재 68개의 탄소가격 책정 이니셔티브가 적용되고 있고, 46개국의 국가단위(National jurisdictions)와 36개의 국가내 지역적 (Subnational jurisdictions) 이니셔티브가 적용되고 있다. 이러한 정책들로 커버되는 온실가스는 11.83GtCO$_2$eq. 로 당해 전체 온실가스 배출량의 약 23.11%를 차지하는 것으로 예상된다.

5.2 EU 이니셔티브[23]

2019년 12월, EU의 탄소중립을 달성하기 위해 EU 집행위원회는 유럽 그린딜(European Green Deal)을 발표했다. EU 내에서 발생하는 기후변화로 인한 리스크를 기회로 전환시켜 지속가능한 경제를 만들기 위한 정책방향을 설정한 것이다. 주요 내용은 향후 10년간 그린딜 사업 추진을 위해 1조 유로 이상 규모의 기금을 조성하고, 고탄소배출 업종의 저탄소경제로의 전환을 위한 공정전환 메커니즘(Just Transition Mechanism)을 제시했다. 이 외에도 ICT, 배터리, 자동차 등 상품의 순환경제로의 전환을 촉진할 목적으로 신순환경제 행동계획, 폐기물 감축 로드맵, EU 2030 생물다양성 전략 등의 내용이 담겼다.

유럽의 탄소중립을 달성하기 위한 노력은 단순히 로드맵을 제시하는 데 그치지 않았다. 유럽 그린딜의 목표 달성을 위한 법적 구속력을 부여하기 위해 2020년 3월 유럽기후법(Climate Law)이 제안되었으며 2021년 6월 공식 승인했다. 유럽기후법의 주요 내용은 다음과 같다. 유럽과학자문기구를 설치하여 탄소중립 달성 현황을 독립적으로 평가하고 자문 역할을 수행하며 EU 집행위원회가 온실가스 감축 현황을

---

[23] 본 절은 OhmyNews의 손정아, 신다임 기자님들께서 작성하신 [탄소세, 지구를 살릴까 2] 탄소세 정책의 실패와 성공 사례에서 배우기, "한국에서 '탄소세'도입 가능할까? 외국 사례 살펴보니…"의 글을 참고하여 작성하였습니다.
사이트 주소:
http://www.ohmynews.com/NWS_Web/View/at_pg.aspx?CNTN_CD=A0002616609

2023년부터 5년마다 평가하는 것이다. 유럽기후법 이후 2021년 7월 더 강화된 정책 패키지인 'Fit for 55'를 발표하여 탄소국경제도(CBAM)와 배출권거래제 개정안 등의 내용을 예고했다. 특히 사회기후기금(Social Climate Fund)이 신설되며, 지속가능한 항공 연료와 해양 연료에 대한 방안, EU 산림전략이 새로 마련되었다. 사회기후기금은 ETS로 발생하는 수익을 기후와 에너지 관련 프로젝트에 사용하여 육상운송분야와 건물분야의 ETS 신규 편입으로 인한 비용 부담을 최소화하기 위해 조성되었다. 저소득층 가구와 초소형 기업, 운송업자를 주로 지원하며 총 예산 규모는 722억 유로로 전망된다.

[표5.1] 사회기후기금 국가별 배정액

		비중(%)	배정액(백만유로)
1	폴란드	17.6	12714
2	프랑스	11.2	8088
3	이탈리아	10.8	7807
4	스페인	10.5	7600
5	루마니아	9.3	6683
6	독일	8.2	5911
7	그리스	5.5	3987
8	헝가리	4.3	3130
9	불가리아	3.9	2778
10	벨기에	2.6	1845
11	체코	2.4	1736
12	슬로바키아	2.4	1701
13	크로아티아	1.9	1404
14	포르투갈	1.9	1359
15	네덜란드	1.1	801
16	아일랜드	1.0	737
17	리투아니아	1.0	738
18	오스트리아	0.9	644
19	라트비아	0.7	515
20	스웨덴	0.6	445
21	슬로베니아	0.6	398
22	핀란드	0.5	387
23	덴마크	0.5	361
24	에스토니아	0.3	207
25	사이프러스	0.2	146
26	룩셈부르크	0.1	73
27	몰타	0.01	5
총합		100	72200

출처 : EU 집행위원회

5.2.1 EU 탄소세

각 나라별 탄소정책을 살펴보기에 앞서, 탄소정책의 배경에 대해 살펴보자. 앞서 진술했지만, 규모가 큰 탄소정책은 ETS와 탄소세로 나뉘어 있다. 본 저서는 ETS를 먼저 설명했지만, 실은 탄소세의 역사가 더 빠르다. 지역적으로는 탄소배출에 대한 경각심은 유럽에서 먼저 시작되었다. 따라서 각 국가의 탄소정책을 언급하려면 유럽의 탄소세의 역사를 잠깐 짚고 넘어가는 것이 도움이 된다. 1990년 핀란드에서 처음 도입된 탄소세는 이후 유럽 국가들에 도입되면서 널리 퍼졌다. 현재 핀란드와 독일, 영국을 포함해 많은 국가들이 탄소세를 시행하고 있다.

독일은 교토의정서의 감축 의무를 이행하고자 탄소세를 도입했다. 탄소세를 도입한 1999년부터 2003년까지 4년 동안 독일은 GDP 성장은 물론, 2002년을 기준으로 700만 톤의 이산화탄소 배출량을 감소시켰다. 2005년에는 1990년대와 비교해 25%의 이산화탄소 배출량을 감소시킬 수 있었다.

독일과 마찬가지로 교토의정서 상의 감축 의무를 이행해야 했던 영국은 탄소세 도입에 앞서 1998년 배출권 거래제에 참여했다. 그러나 유럽 탄소 거래 시장에서 탄소 배출권이 과잉 할당되면서 탄소 가격이 급락하게 됐다. 탄소 가격이 계속해서 낮은 수준으로 유지되면서 배출권 거래제가 이산화탄소 저감에 큰 영향을 미치지 못하게 됐다. 영국에서 배출권 거래제의 영향이 미미한 상황에서도 이산화탄소 배출량이 감소될 수 있었던 이유는 바로 탄소세다. 영국은 온실가스 저감 목표를 달성하기 위해서 배출권 거래제와 탄소세를 병행해야 한다는 주장이 이어져 2001년 탄소세를 도입했다. 이로써 2000년 대비 2015년에 약 27.3%의 이산화탄소 배출량을 감소시킬 수 있었다.

정부가 탄소세를 거두는 대신, 소득세나 판매세, 법인세 등을 깎아주는 세수 중립 정책으로 세금을 전환할 수 있다. 덴마크는 세수 중립 정책으로 탄소세를 도입한 대표적 국가다. 환경세의 부담이 비교적 큰 나라인 덴마크는 에너지 소비량이 많은 산업부문도 과세하기 위해 1992년 탄소세를 도입했다. 도입 과정에서 탄소세 세수가 일반회계에 편입되도록 해 세수 중립성을 유지했다. 산업부문에 부과된 세금은 중소기업 보호와 고용주의 기여금 축소 등으로, 가계 부분에 부과된 세금은 다시 가계 부문으로 환원되도록 한 것이다. 이를 통해 덴마크는 온실가스 배출량을 감소시킬 수 있었으며, 친환경적 에너지 소비 구조를 만들 수 있었다. 덴마크의 국립환경연구 보고서에 따르면 1990년 5279만 톤이었던 이산화탄소 배출량이 2005년 4940만 톤으로 줄었다.

스웨덴은 세계 최초로 화석연료 없는 복지국가를 만들겠다는 목표로 1991년에 탄소세를 도입했다. 당시 톤당 28달러 수준으로 설정한 이후 꾸준히 조세 수준을 높여왔으며, 지난해에는 톤당 127달러 수준으로 부과됐다. 스웨덴은 저소득층과 중산층 가구의 소득세를 인하하면서 탄소세를 도입하는 중립적 세제 개혁을 시도했다. 이를 통해 국민의 이해를 동반하며 탄소세를 시행하고 꾸준히 세율을 높일 수 있었다. 스웨덴은 1995년부터 2017년 동안 온실가스 배출을 26% 줄였고, 같은 기간 경제가 75% 성장하는 성과를 보였다. 또한 스웨덴은 지난해 IMF가 탄소세를 촉구하며 발표한 'Fiscal Report: How to mitigate climate change' 보고서에서 모범 사례로 언급되기도 했다.

반면 조세저항으로 인해 탄소세 도입에 실패한 사례들도 있다. 가장 대표적인 예가 프랑스이다. 2014년에 탄소세를 도입한 프랑스는 2030년까지 계속해서 탄소세 세율을 올릴 계획이었고, 계획에 따라 휘발유의 가격이 인상됐다. 그러나 도입 5년 만인 2018년, 유류세 등 탄소세 인상을 앞두고 벌어진 노란 조끼 시위로 인상안을 철회하기에 이르렀다. 유류세는 대표적인 역진세다. 배출원의 규모를 떠나 일정한 세율에 따라 공평하게 과세되기 때문에 가난할수록 세 부담이 크다. 비싼 도시 땅값을 감당하기 어려워 주변부에서 장거리 출퇴근을 하는 저소득층이 자동차나 이륜차 사용으로 인한 탄소세 부담을 크게 느끼게 된다. 반면 고소득자나 기업들은 큰 영향을 받지 않아 형평성 논란이 이어지고 있다. 탄소세를 도입한 국가들이 탄소세로 늘어난 세수만큼 소득세 및 법인세 인하에 나섰기 때문이다.

호주는 탄소세를 도입했다가 폐지한 최초의 국가가 됐다. 앞서 2012년 호주는 500대 탄소 배출 대기업에 1톤마다 일정액의 탄소세를 내도록 했지만, 대기업들이 세금 증가분을 소비자가격에 반영하면서 국민 부담이 늘었다는 이유로 반발이 심해지자 2015년 탄소세를 폐지했다. 그러나 폐지한 결과는 냉정했다. Global Energy Statistical Yearbook 통계에 따르면, 호주는 탄소세를 도입했던 2012년 이후 탄소 배출량이 조금씩 감소하는 모습을 보였으나 탄소세를 폐지한 2015년부터는 다시 탄소 배출량이 증가하는 모습을 보였다.

국내에서 탄소세 도입에 대한 논의는 오래된 과제이지만 아직도 구체적인 움직임은 없다. EU의 탄소국경세 도입 발표를 계기로 최근 국회에서 관련 법들이 발의되고 있는 정도다. 탄소세가 온실가스 감축에 효과가 있다는 사실은 이미 역사적으로 증명이 된 듯하다. 문제는 여러 환경세와 더불어 과세될 경우 중복과세가 되거나, 저소득층이 피해를 보는 소득 역진성의 문제를 어떻게 해결할 것인지가 관건이다. 우리나라는 다른 나라의 경우들을 타산지석으로 삼아 현명하고 신중한 도입이 필요한 시점이다.

5.2.2 EU-ETS

EU-ETS가 EU 내의 모든 ETS를 포괄할 것 같지만, 재밌는 것은 독일의 ETS가 따로 존재한다는 것이다. 독일 내각은 EU-ETS에 포함되지 않은 수송 및 건물 부문에 독자적인 자국의 ETS를 도입하여 2021년부터 EUR25/tCO$_2$eq의 고정 가격으로 운영해왔다. 향후 몇 년 동안 고정 가격은 지속적으로 2022년엔 EUR30/tCO$_2$eq, 2023년엔 EUR35/tCO$_2$eq, 2024년엔 EUR45/tCO$_2$eq, 2025년엔 EUR55/tCO$_2$eq 등으로 단계적으로 인상된다. 정부가 2025년에 특정 가격범위를 제안하지 않는다면 2026년에는 배출권이 EUR55-65/tCO$_2$eq 범위의 가격에서 경매될 예정이다.

[표5.2] EU의 지역 탄소이니셔티브

	구분	지역	시작년도	GHG emissions covered [MtCO$_2$eq]	총가치 [10억 US$]
EU-ETS	ETS	EU, 노르웨이, 아이슬란드, 리히텐슈타인	2005	1626.62	136.019
Germany ETS	ETS	Germany	2021	349.44	9.98
France carbon tax	Carbon tax	France	2014	157.64	9.063
Ireland carbon tax	Carbon tax	Ireland	2010	27.05	0.586
Finland carbon tax	Carbon tax	Finland	1990	26.93	1.435
Netherlands carbon tax	Carbon tax	Netherlands	2021	25.96	1.198
Sweden carbon tax	Carbon tax	Sweden	1991	25.84	2.435
Portugal carbon tax	Carbon tax	Portugal	2015	25.04	0.526
Denmark carbon tax	Carbon tax	Denmark	1992	17.21	0.542
Poland carbon tax	Carbon tax	Poland	1990	15.94	0.001
Slovenia carbon tax	Carbon tax	Slovenia	1996	10.65	0.082
Luxembourg carbon tax	Carbon tax	Luxembourg	2021	6.8	0.295
Spain carbon tax	Carbon tax	Spain	2014	6.54	0.122
Norway carbon tax	Carbon tax	Norway	1991	44.73	1.715
Iceland carbon tax	Carbon tax	Iceland	2010	2.72	0.052
Estonia carbon tax	Carbon tax	Estonia	2000	1.41	0.003
Latvia carbon tax	Carbon tax	Latvia	2004	0.38	0.018
Liechtenstein carbon tax	Carbon tax	Liechtenstein	2008	0.16	0.002

탄소시장과 탄소배출권

5.3 중국

　세계의 공장 중국은 명실공히 세계 최대의 탄소배출국이다. 2000년부터 2012년 사이 급격한 성장을 거치며 탄소배출량은 약 2.5배가 되었다. 2019년 기준 세계 2위인 미국의 탄소배출규모가 5.771GtCO$_2$eq.인 반면 중국은 이의 두 배를 훌쩍 넘는 12.06GtCO$_2$eq.로 전세계 배출량 47.93GtCO$_2$eq.의 25% 가량을 차지한다.[24] 따라서 중국의 국가단위 배출권거래제가 제대로 정착한다면 세계 최대의 거래규모를 가질 것으로 자연스레 추측할 수 있다.

　중국은 2013년부터 광둥, 푸젠, 상하이, 총칭, 후베이, 텐진, 베이징, 선진 등 8개 시범지역에서 다양한 감축목표, 대상기준, 할당방법을 적용하여 배출권거래제를 시행해왔다. 8개 시범지역은 NDRC(National Development and Reform Commission, 국가발전개혁위원회)에 의해 의도적으로 정치, 경제, 산업, 제조 등을 망라한 지역으로 선발되었으며 중국 전체 인구의 19%, 국가 GDP의 27%, 전국 에너지 소비량의 24% 등 중국내 전반에 걸쳐 상당한 규모를 차지한다. 중국 탄소배출권 시장의 주요 거래 대상 산업은 철강, 석유화학, 전력, 시멘트, 대형 건축물 등 20여 개 업종의 3천개 온실가스, 다배출기업이 참여하고 있다.[25]

　중국은 탄소세에 대한 이니셔티브는 없는 대신, 8개 지역에 ETS를 운영하고 있으며, 2021년 7월부터 전국단위 ETS를 운영중이다. 배출권 할당 방법은 광둥를 제외한 지역에서는 무상할당 방식으로, 광둥에서는 무상할당(97%)과 유상할당(3%)을 복합적으로 사용하고 있다. 현재는 2011년 12월에 설립되어 환경에너지 부문의 물권, 채권, 주식, 지식재산권, 탄소배출권 등을 거래하는 상하이 환경에너지 거래소에서 탄소배출권 거래업무를 총괄하고 있다.

　아직 중국은 정책 방향이 불확실해 기업차원의 대비가 어려운 상황이라고 분석하고 있다. 기업단위의 온실가스 산정 및 검증 시스템이 갖춰져야 하지만 아직 완비되지 못했으며, 이와 관련한 구체적인 일정과 진행방식이 확정되지 않았다. 8개 시범지역 중 온실가스 배출 목표가 가장 엄격하고 산업분야가 가장 많이 포함된 광저우 지역의 제도가 국가 표준으로 적용될 가능성이 높은 것으로 보이고 있다. 우선 발전기업 2천여곳을 참여시키고 업종을 넓혀나갈 것으로 계획하고 있다. 아울러 탄소배출권 선물시장을 구축하기 위한 연구 및 정책 수립을 추진하고 있다.

　중국은 2060년 탄소중립을 선언했다. 중국이 2016년 제출한 NDC에 따르면 2030년까지 다음과 같이 행동할 것을 결정했다.[26]

---

24) https://www.climatewatchdata.org/
25) 세계에너지시장 인사이트 제21-15호, 에너지 경제연구원
26) https://www.climatewatchdata.org/

5. 각 국가의 탄소정책

- 2030년경 이산화탄소 배출량의 정점을 달성하고 조기 정점을 위해 최선의 노력을 다함.
- GDP 단위당 이산화탄소 배출량을 2005년 수준에서 60%에서 65%로 낮춤.
- 1차 에너지 소비에서 비화석 연료의 비율을 약 20%로 증가.
- 2005년 수준에서 삼림 비축량 약 45억 입방미터 증가.

또한 중국은 농업, 임업, 수자원과 같은 핵심 분야와 도시, 연안 및 생태학적으로 취약한 지역에서 기후 변화 위험을 효과적으로 방어하기 위한 조기 경보 및 비상 대응 시스템과 재난 예방 및 감소 메커니즘 역량을 강화하고 있으며, 점진적으로 기후 변화에 능동적으로 적응하기 위해 노력하고 있다.

[표5.3] 2022년 기준 중국에서 사용되는 탄소정책.27) 중국 ETS는 8개의 지역 ETS를 포함한다.

이니셔티브 명칭	단위	시작년도	GHG emissions covered [MtCO$_2$eq]	총가치 [10억 US$]
China national ETS	국가	2021	4500	41.399
Guangdong pilot ETS	지역	2013	259.23	5.817
Fujian pilot ETS	지역	2016	125.13	0.365
Shanghai pilot ETS	지역	2013	78.48	1.466
Chongqing pilot ETS	지역	2014	67.14	0.566
Hubei pilot ETS	지역	2014	63.8	1.955
Tianjin pilot ETS	지역	2013	53.06	0.727
Beijing pilot ETS	지역	2013	31.89	0.228
Shenzhen pilot ETS	지역	2013	13.17	0.02

중국은 또한 2022년 3월 하이난에 중국 최초의 국제탄소배출권 거래소 설립을 승인하여 당해 하반기에 운영에 들어갈 계획이다. 이 시장은 중국 내 탄소 다배출기업의 탄소배출권을 거래하는 중국 탄소배출권 시장과는 달리 하이난 내에 풍부한 블루 카본(blue carbon)을 주 상품으로 거래할 예정이다.28)

---

27) https://carbonpricingdashboard.worldbank.org/map_data
28) 세계에너지시장 인사이트 제22-8호, 에너지경제연구원

5.4 미국

북미지역의 큰 탄소배출권 시장은 자명하게 미국과 캐나다가 있다. 이 두 나라는 다른 탄소배출시장에 대한 배경을 가지고 있으며, WCI(Western Climate Initiative) 같은 제도는 두 나라의 일부 지역들이 연합하여 운영되기도 한다. 먼저 미국부터 살펴보자.

미국의 탄소배출량은 2019년 기준 세계 탄소배출량 기준 5.8Gt으로 전세계 총 배출량 48Gt의 약 12%를 배출하는 세계 2위의 탄소배출국가이다. 그러나 그와 어울리지 않게 탄소시장의 도입은 매우 소극적이었다. 유엔 기후변화협약 이후 교토의정서가 정식으로 발효될 때도 부시행정부 체제하의 미국은 자국의 경제에 온실가스 감축이 중대한 악영향을 끼칠 것을 우려하여 2001년 3월 비준을 거부하였다. 그러나 국내외의 탄소감축 압력과 인식의 변화로 2007년 12월 COP13에서 부속서 I 국가들에 대한 온실가스 감축 목표(2020년까지 1990년 대비 25~40% 감축)를 명시한 '발리 로드맵'을 받아들이면서 변화의 조짐을 보였다. 2008년 신 에너지정책을 공약으로 내건 오바마 행정부의 등장과 함께, 청정에너지 기술개발 등에 대한 투자확대, 원유 등 화석연료 소비절감, 에너지원의 다양화, 온실가스 총량규제 및 거래제도 도입 등 여러 친환경/탈화석연료 정책들을 도입/이행하면서 탄소시장도 점차 성장하기 시작했다.

미국은 연방정부 차원에서 탄소시장 도입을 위한 청정에너지 및 안전보장법(American Clean Energy and Security Act of 2009)을 제정하려 했으나, 금융위기 이후 미국의 경제여건 악화를 걱정한 상원의회를 통과하지 못하면서, 온실가스 감축노력은 주정부 차원에서 전개되기 시작했다. 대표적으로 RGGI와 WCI가 있는데, 먼저 RGGI(Regional Greenhouse Gas Initiative)29)는 2009년 시작된 미 북동부 지역 11개주(뉴욕, 뉴햄프셔, 뉴저지, 델라웨어, 메인, 버몬트, 코네티컷, 메사추세츠, 로드아일랜드, 메릴랜드, 버지니아로 시작. 뉴저지는 2012년 탈퇴했다가 2020년 다시 합류, 버지니아는 2021년 1월 합류했지만 주지사와 하원을 장악한 공화당의 예산 책정 반대 등 탈퇴를 위한 여러 시도가 진행 중. 펜실베니아는 2022년 4월에 참여.) 가 참여하는 미국 최초의 지역단위 배출권 거래제이다. RGGI는 미국 최초의 총량 거래방식을 채택한 강제적 배출권 거래시장으로, 참여하는 주들에 속한 25MW 이상의 발전설비를 가진 전력회사들을 대상으로 하며, 2020년까지 2005년 이산화탄소 배출량 대비 50% 감축을 목표로 하였다. 2009년부터 2020년까지 3년마다 제1차부터 제4차 통제기간(control period)을 운영해왔고, 현재는 제5차 통제기간(2021~2023)이 진행중이다.

---

29) https://www.rggi.org/

이 프로그램은 분기별 경매를 통해 발전소에 할당량을 할당하는 100% 유상할당 방식을 따르며, 이러한 경매에서 발생하는 수익은 에너지 효율성, 재생에너지 혁신, 내후성(weatherization), 전기요금 지원 및 유사한 이니셔티브에 투자된다. 가격의 변동성을 조절하기 위해 가격 통제 메커니즘을 가지고 있는데, 배출권 가격이 미리 정한 가격수준인 트리거를 초과할 경우 비용 억제 예비비(CCR: Cost Containment Reserve)라는 추가할당량이 발행된다. 2022년 CCR 트리거 가격은 $13.91이며 매년 7%씩 인상된다. 반대로, 가격이 정해진 수준보다 낮아지면 배출 방지 예비비(ECR: Emissions Containment Reserve)가 발동되며 배출권을 보류함으로써 가격하락을 방지한다. 2022년 ECR 트리거 가격은 $6.42이며 이 역시 매년 7%씩 인상된다.

[그림5.3] RGGI 배출권 경매가격과 판매량

출처: https://www.rggi.org/Auctions/Auction-Results/Prices-Volumes

한편 미국 7개주(애리조나, 캘리포니아, 몬타나, 뉴멕시코, 오레곤, 유타, 워싱턴)와 캐나다 4개주(브리티시콜롬비아, 마니토바, 온타리오, 퀘벡)가 2007년부터 공동으로 추진한 총량거래제 방식인 WCI(Western Climate Initiative)[30]는 2012년 ETS 시행을 앞두고 7주가 탈퇴, 이후 브리티시 콜롬비아가 탈퇴하여 2018년까지 캘리포니아, 퀘벡, 온타리오 3개 주로 운영되었다. 이후 2018년 온타리오는 공식적으로 WCI를 탈퇴하고, 대신 노바스코티아(Nova Scotia)가 2019년 참여하면서 2022년 현재까

---

30) https://wci-inc.org/

지 캘리포니아, 퀘벡, 노바스코티아 3개주의 참여로 운영되고 있다. 2023년 미국의 워싱턴주의 참여가 예정되어 있다.

캘리포니아의 배출권은 배출권 하한가격(톤당 $10)과 상한가격(톤당 $40)을 정하여 급등락을 방지하며 운영하고 있다. 2014년 퀘벡 ETS와 연계를 시작하여 2018년에는 온타리오 ETS도 합류하였으나 당해 온타리오는 탈퇴하고 2019년 노바스코티아 ETS가 합류하여 운영중이다. 2021년 연간 역내 배출 상한선 규모는 388tCO2eq. 이다.

오레곤 ETS는 2021년 12월 환경 품질 위원회(EQC: Environmental Quality Commission)에서 채택한 기후 보호 프로그램(CCP: Climate Protection Program) 규칙이다. CPP는 지역의 액체 연료, 프로판 및 천연가스 유통을 담당하는 유틸리티 공급업체의 GHG 배출량에 대한 제한의 감소를 설정한다. 2022년 1월 프로그램을 시작했고, 첫 번째 규정 준수 기간(2022-2024년) 동안 해당 공급업체는 오레곤에서 GHG 배출량을 줄이는 프로젝트를 구현하기 위해 제3자 기관에 자금을 기부함으로써 획득하는 커뮤니티 기후 투자 크레딧(CCI: community climate investment credits)으로 규정 준수 의무의 최대 10%를 충당할 수 있다.

[표5.4] 2022년 기준 미국에서 사용되는 탄소정책

이니셔티브 명칭	시작년도	GHG emissions covered [MtCO₂eq]	총 가 치 [10억 US$]
California CaT	2012	309.47	9.477
RGGI	2009	67.34	1.222
Washington CCA	2023	64.93	0
Oregon ETS	2022	27.09	0

5.5 캐나다

캐나다는 2018년 기준 7억 2,500만 톤 가량의 온실가스를 배출한 세계 10위 온실가스 배출국이다. 이는 전 세계 배출량의 약 1.5%를 차지한다. 국가별 배출량은 세계 10위이지만, 배출량 대비 인구수가 적어서 1인당 배출량으로 환산하면 OECD국가 중 세계 2위에 랭크된다.

캐나다의 탄소시장에 대한 논의는 교토의정서 서명 시기인 1998년으로 거슬러 올라간다. 1998년 장 크레티엥 총리는 교토의정서에 서명하여, 2012년 말까지 배출량을 1990년 수준보다 6% 낮추는 데 동의했다. 그러나 이 목표를 달성하기 위한 탄소가격 시스템을 구현하지는 않았다. 2006년 집권한 보수당의 스티븐 하퍼 총리는 교

교토의정서에 반대했으며, 2011년에 공식적으로 협정에서 탈퇴했다. 당시 캐나다의 배출량은 교토의정서보다 30% 높았으며, 하퍼 총리 기간동안 캐나다는 탄소 배출량을 줄이기 위한 조치를 거의 취하지 않았다.

2015년 집권한 저스틴 트뤼도 총리는 캐나다 전역에 탄소 가격 책정 계획을 시행하겠다고 약속했고, 연방 기준을 충족하는 한 주별로 자체 계획을 시행할 수 있게 하였다. 트뤼도 총리가 선출된 후 2015년 12월 파리 기후 정상 회담에 참석했고, 파리협정을 이행하기 위해 캐나다는 2030년까지 온실가스 배출량을 2005년 수준에서 30% 줄이기로 약속했다.

2016년 3월 3일에 발표된 밴쿠버 선언에서 주지사들은 "각 주와 지역의 특정 상황에 맞게 조정된 탄소 가격 책정 메커니즘을 포함한 광범위한 국내 조치를 채택하여 저탄소 경제로 전환"하기로 약속했으나, 정책 합의는 쉽지 않았다. 그해 10월에 발표된 연방정부의 탄소가격 정책은 탄소세와 탄소배출권제의 도입으로 나뉜다. 탄소세를 사용하는 주의 경우 세금은 처음에는 톤당 $10 이상, 2022년에 톤당 $50에 도달할 때까지 매년 $10씩 인상해야 하며, 배출권거래제 방식을 선택하는 지방의 경우 배출량 상한선이 적용되어 2030년 온실가스 감축목표를 달성할 수 있도록 상한선은 낮아진다.

트뤼도 정부가 국가 탄소 가격 책정 계획을 제안하기 전에 캐나다의 일부 주에서는 이미 자체 탄소 가격 책정 프로그램을 만들었다. 앨버타주는 2007년에 설정된 한도를 초과하는 이산화탄소 배출량에 대해 톤당 15달러를 부과하기 시작했다. 2015년 레이첼 노틀리 주지사는 탄소세 계획을 도입하여, 2017년에는 톤당 20달러, 2018년에는 30달러로 탄소세를 인상했다. 그러나 2019년 제이슨 케니 주지사는 다시 앨버타의 탄소세를 취소했다.

퀘벡도 2007년부터 적당한 탄소세를 도입하고 2013년부터 탄소배출권 거래제 프로그램을 도입했다. 이 시스템에 따라 퀘벡은 캘리포니아와 함께 캘리포니아주에서 발행한 배출권을 사고 팔 수 있는 자발적 배출권 거래제에 참여했다.

브리티시 컬럼비아는 2008년에 캐나다 최초의 광범위한 탄소세를 도입했는데, 여기에는 휘발유 및 가정 난방 연료와 산업 활동이 포함된다. 초기에는 배출되는 이산화탄소 1톤당 10달러로 설정하였으며, 2021년 기준 톤당 45달러까지 인상하였다. 온타리오주는 2018년 퀘벡-캘리포니아 배출권 거래제 시장에 합류했다. 그러나 주지사 캐슬린 윈이 더그 포드로 교체되면서 그해 말 온타리오의 배출권 거래제 프로그램을 취소했다.

캐나다의 탄소가격 시스템은 ETS와 탄소세를 모두 시행한다는 측면에서 복잡한 편이다. 아래의 표는 현재 시행되고 있는 캐나다의 탄소 이니셔티브를 나타낸 것인데, 각 주마다 ETS와 탄소세 정책이 있는 것을 확인할 수 있다. 제도만 보면 캐나다의 기업체들은 엄청난 탄소관련 세금이 부과될 것 같지만, 캐나다 미디어그룹이자 투자리서치기관인 코퍼레이트 나이츠는 "캐나다 최대 에너지회사 선코(suncor)를 비롯한 석유와 가스, 화학, 시멘트, 철강 등의 업체들은 무상할당으로 인해 실제 생산되는 탄소의 16%만 비용을 지불한다"고 밝혔다. 정부가 탄소배출기업에 탄소배출권 무상할당을 주는 이유는 '탄소누출(carbon leak)', 즉 탄소비용 때문에 공장이 해외로 이전할 것을 우려한 조치이다. 그러나 무상할당이 실질적인 탄소배출감축에 도움되지 않는다는 지적에 따라, 캐나다 정부는 석유/가스에 특화된 탄소가격제(oil-and-gas-specific carbon price)를 도입하거나 ETS상 배출권 거래의 기회를 더 많이 줄 수 있도록 하겠다는 계획을 발표했다. 즉 무상할당을 점진적으로 줄이고 유상할당을 늘리겠다는 포석이다.

한편, 캐나다 환경기후변화부는 2022년 3월 발표한 배출량 감축계획에서 2030년까지 배출량을 2005년 대비 26% 줄일 수 있을 것으로 전망했다.

[표5.5] 2022년 기준 캐나다에서 사용되는 탄소정책

	구분	지역	시작년도	GHG emissions covered [MtCO$_2$eq]	총가치 [10억 US$]
Canada federal fuel charge	Carbon tax	Canada	2019	167.67	3.421
Alberta TIER	ETS	Alberta	2007	140.36	6.366
Canada federal OBPS	ETS	Canada	2019	53.35	2.132
Quebec CaT	ETS(WCI)	Quebec	2013	60.92	1.665
BC carbon tax	Carbon tax	British Columbia	2008	46.41	1.562
Ontario EPS	ETS	Ontario	2022	41.13	1.315
Nova Scotia CaT	ETS(WCI)	Nova Scotia	2019	14.03	0.316
Saskatchewan OBPS	ETS	Saskatchewan	2019	10.23	0.409
New Brunswick ETS	ETS	New Brunswick	2021	7.05	0.282
New Brunswick carbon tax	Carbon tax	New Brunswick	2020	5.5	0.077
Newfoundland and Labrador carbon tax	Carbon tax	Newfoundland and Labrador	2019	5.01	0.073
Newfoundland and Labrador PSS	ETS	Newfoundland and Labrador	2019	4.59	0.183
Northwest Territories carbon tax	Carbon tax	Northwest Territories	2019	1.34	0.021

5.6 인도

인도는 미국과 중국에 이어 세 번째로 온실가스 배출량이 높은 주요국이지만, 세계 인구의 17%를 차지하는 인구대국으로써 1인당 온실가스 배출량 순위는 세계 134위에 불과하다. 국제에너지기구는 인도의 인프라 구축 등으로 인하여 향후 20~30년 동안 인도의 탄소 배출량이 빠른 속도로 증가할 것으로 예측한다. 그러나 인도 정부는 경제개발을 통해 자국민의 빈곤문제 해결을 우선시하는 경향이 강하다. 2016년 4월 22일 파리협정에 서명한 인도는 국내총생산(GDP)의 온실가스 배출 강도를 2005년 수준보다 33~35% 낮출 것을 약속한 바 있으며, 이 목표를 먼저 이행해야 한다고 주장한다. 영국 글래스고에서 열린 COP26에서는 온실가스 감축목표 달성을 위한 5가지 전략을 선언했다.
- 2030년까지 비화석 에너지 용량 500GW 달성.
- 2030년까지 국가 에너지 수요의 50%를 재생 가능 에너지원을 이용하여 충족.
- 2030년까지 탄소배출 예상 총량 10억 톤 감축.
- 2030년까지 경제의 탄소 집약도를 45% 미만 감축.
- 2070년까지 탄소 중립국이 되어 넷제로를 달성할 것 등을 선언하였다.

5.7 러시아

러시아는 2021년 기준 총 1,402 $MtCO_2eq$의 에너지를 생산하는 세계 3위의 에너지 생산국이다. 그와 더불어, 이산화탄소 배출량은 1,619 $MtCO_2eq$로 세계 네 번째 규모이다.(Enerdata, 2022) 그러나 온실가스 배출량을 줄이려는 노력은 매우 더딘 편이다. 러시아는 탄소제로 정책에서 G20국가 중 최하위를 기록하고 있다. 러시아는 배출량을 줄이거나 탄소 중립에 도달할 계획이 전무한 실정이다. 대신 정부가 '저탄소 경제'라고 명명한 제도를 만드는 것에 중점을 둔다. 아직은 탄소저감에 대한 동기를 부여하는 시스템을 만들어야 하는 수준에 머물러 있다.

러시아는 2019년 9월 21일에 파리협정을 비준했다. 국가적으로 결정된 기여 원칙에 따라, 러시아는 산림의 흡수능력을 고려하는 것을 포함해 1990년 지표 대비 온실가스 배출량을 2030년까지 70~75% 수준으로 줄이는 목표를 설정했다. GDP의 에너지 집약도를 낮추고 온실 가스 배출량을 줄이는데 핵심적인 요소 중 하나인 에너지 효율 개선에 특별한 관심을 기울일 계획이다. 온실 가스를 감축하고 최고의 녹색 기술을 기업이 도입하도록 촉진하는 연방 프로젝트 '청정 공기(Clean Air)'와 '사용 가능한 최선의 기술(Best Available Technologies)'을 포함해 러시아 내 시행 중인 국가 프로젝트 '생태계(Ecology)'는 환경에 대한 피해를 최소화하면서 파리 협정의 주요 목표를 달성하는 것을 목표로 한다.

　그러나 러시아가 전세계 탄소정책에 가장 큰 영향을 끼친 사건은 단연 2022년 2월 24일 시작된 대 우크라이나 침공이라 할 수 있다. 러시아는 전 세계 천연가스 2위, 원유는 3위를 생산하는 자원부국이며, 대외경제정책연구원이 최근 발간한 '러시아 천연가스 수출규제 조치의 주요 내용과 시사점' 보고서에 따르면, 2020년 EU는 총 에너지 소비량 중 57.5%를 수입하고 있는데 이중 러시아 의존도는 석유가 26.9%, 석탄 46.7%, 천연가스가 41.1%에 달했다. 이렇게 러시아에 대한 에너지 의존도가 높음에도 불구하고 우크라이나 편에 선 유럽국가들은 러시아산 석유 수입량의 90%를 올해말까지 수입중단하기로 합의하였다. 그러나 이러한 합의가 무색하게도, 에너지경제연구원에 따르면 올해 유럽을 향한 러시아의 천연가스 일일 공급량은 지난 해 보다 26% 줄었고 그 결과 유럽 천연가스 가격(TTF)은 94% 상승하는 등의 가격 폭등으로 이어지고 있다.

　당장 러시아는 "서방의 제재로 인하여 온실가스 배출량 감축 목표 달성을 못하게 될 것"이라는 입장이다. 전쟁에 대한 유럽의 제재로 자본과 인력유출, 유럽과의 신규 탄소저감 프로젝트 중단 등으로 예정된 탄소중립 스케줄을 이행할 수 없게 되었다는 것이다. 명분없는 전쟁으로 국제사회 혼란을 야기한 나라다운 무책임함이 아닐 수 없다.

　단기적으로는 국제사회의 석탄사용이 증가하면서 탄소중립이 늦어지는 게 아닐까 하는 우려가 있다. WSJ에 따르면 미국, 유럽, 중국 등 세계 경제대국은 충분한 전력 공급 능력 확보를 위해 단기적으로 석탄 구매를 늘리고 있다. 러시아산 화석연료 의존도를 줄이려는 EU 회원국의 남아프리카공화국산 석탄 수입은 올해 상반기에 작년보다 40% 급증했다. 미국도 지난달 때 이른 폭염을 경험한 뒤 석탄 발전량을 늘렸고, 세계 최대 석탄 소비국인 중국도 지난해와 같은 전력난이 재발하지 않도록 석탄 생산과 발전을 확대하는 추세다. 인도도 에너지 수요가 증가하면서 석탄 의존도가 높아지고 있다.

　그러나 에너지가격의 급상승은 화석연료의 수요를 감소시키고, 따라서 탄소배출권 가격을 하락시키는 요인이 된다. 실제로 러시아-우크라이나 전쟁 발발 이후 3월 탄소배출권과 탄소배출권 선물, 탄소배출권 ETF 가격은 모두 10% 이상 급락했다. 전쟁이 실질적인 탄소배출량을 감소시킬 수 있다는 해석이 가능하다. 또한 러시아의 화석연료 무기화는, 장기적으로 유럽과 여러 나라의 대체에너지 확대를 불러오게 되어 탄소중립을 가속화할 것이란 의견도 있다.

5.8 일본

일본의 이산화탄소 배출량 감축 전략의 기본은 원자력의 확대였다. 2007년 아베신조 당시 총리는 이산화탄소 배출량을 2000년 기준 2050년까지 54% 감축하는 계획이 담긴 '아름다운 별 50(Cool Earth 50)' 구상을 내놓았고, 그 중심엔 전체 에너지의 60%를 원자력으로 운용하겠다는 계획이 있었다. 그러나 2011년 후쿠시마 원전사고로 모든 계획은 원점으로 돌아가고, 일본의 에너지 전략을 점차 화석연료 소비량을 상당한 규모로 늘리는 방식에 의존하게 되었다.

이후 일본은 강력한 산업계의 반발로 국가차원의 의무할당량 거래제 도입에 실패하고, 자발적 시장인 JVETS를 교토의정서 제1차 이행기간인 2005년부터 2012년까지 일본 경단련의 환경자주행동계획에 참가하지 않는 중소기업들을 대상으로 운영하였다. 정부는 기업이 아닌 설비(facility) 단위로 JPA(Japanese Emission Allowance)라는 배출권을 할당하는 자발적 총량거래제(cap and trade system)를 1차는 2005년~2007년, 2차는 2008년~2012년의 2회에 나누어 시행하였다. 이 외에도 교토의정서 이행을 위해 일본 국내 CDM 크레딧과 3종류의 교토 크레딧의 활용이 가능하였다. 이 제도들은 교토의정서 1차 기간이 종료되고 일본이 교토의정서 탈퇴를 선언하며 폐지되었다.

2010년에도 지방정부 차원의 총량거래제인 '도쿄 배출권 거래제도'를 적용하였는데, 1차는 2010년부터 교토의정서 1차 이행기간 종료인 2014년까지, 2차는 2015년부터 2019년까지 운영되었다.

일본은 온실가스 감축정책으로 배출권 거래제 외에 온난화 대책세라는 탄소세(톤당 289엔), 탄소상쇄 배출권(J-VER 등), 그린전력증서, 에코 포인트 등 다양한 정책수단으로 배출권 거래제의 부족한 부분을 보완하고 있다. 일본기업들은 일종의 CDM인 공동감축사업(JCM)을 통해 개발도상국의 배출량 감축 프로젝트와 프로그램에 투자하여, 자국의 탄소배출 경감 전략에서 JCM 상쇄배출권이 차지하는 비중을 늘리고 있다. 하지만 탄소배출권이 이산화탄소 배출 감축에서 갖는 장점 때문에, 일본도 2022년에 배출권 시장을 개설할 것으로 보인다.[31]

---

31) https://www.hankyung.com/international/article/2021032807231

[표5.6] 2022년 기준 일본에서 사용되는 탄소정책

	구분	지역	시작년도	GHG emissions covered [MtCO$_2$eq]	총가치 [10억 US$]
Japan carbon tax	Carbon tax	Japan	2012	952.66	2.146
Tokyo CaT	ETS	Tokyo	2010	13.26	0.053
Saitama ETS	ETS	Saitama	2011	8.16	0.128

5.9 이란

이란은 파리협정에 서명은 했지만 비준하지 않은(구속력 없음) 몇 안 되는 국가 중 가장 탄소배출량이 많은 국가이다. NDC를 냈지만, 경제성장이 8%일 때를 기준한 것으로, 현실성 없는 NDC를 내고 그 탓을 외부의 경제제재로 돌린다.

이란은 이산화탄소 배출량 619MtCO$_2$로 세계 6위이고 세계 9위의 원유 생산국이자, 천연가스 매장량 세계 2위, 석유 매장량 4위 등 에너지 매장량에선 대국이다. 국가 산업 생산의 에너지 집약도가 유럽의 4배, 일본의 9배로 지나치게 높다.

1979년 이슬람 혁명 이후 수십 년간 미국과의 긴장관계로 인한 경제제재가 지속되어, 엄청난 에너지 매장량을 자랑하지만 대부분은 수요처를 찾기 힘들어 개발을 하지 않고 있다. 물 부족, 사막화, 먼지폭풍, 대기오염 등 기후변화에 대한 피해를 심각하게 보고 있지만, 국제협약 비준을 모든 국제사회의 협력과 완화에 있다는 점을 분명히 함으로써, 협약 비준을 경제제재 완화의 지렛대로 활용한다. 한때 미국의 일시적 탈퇴(트럼프 정부)도 그러한 행위에 영향을 준 바 있다.

인권 침해가 만연하여, 환경운동가가 활동할 수 없는 사회적 분위기속에 탄소감축 활동은 지지부진하다. CDM을 위한 국제기금도 이란에서 활용될 수 없으므로, 국제제재로 CDM도 활성화되지 않고 있다. 예를 들자면, 가스 플레어링을 들 수 있는데, 가스 플레어링이란 석유 및 가스 회수 중에 부산물로 방출되는 가스를 태우는 과정을 말한다. 이란은 세계 3위의 가스플레어링을 하며 이는 이란 온실가스 배출의 최대 10% 규모를 차지한다. 만약, 국제규제가 풀릴 경우 가스플레어링을 줄이는 CDM사업을 하기엔 최적의 국가가 될 수 있다. 또한, 상당한 수준의 맑은날 수와 일사량, 지열을 보유하여 재생에너지 시장의 잠재력 또한 높다.

국제사회는 이란의 제재가 풀릴 경우, 엄청난 화석연료 수출로 전지구적 온실가스 증가가 시작될 것으로 예상한다. 즉, 환경적 측면에서 이란의 경제제재를 긍정적으로 보는 시각도 존재한다.

5.10 영국

영국은 DEFRA(환경식품농촌부)가 2002년에 이미 UK-ETS라는 세계 최초의 국가 단위 온실가스 할당 배출권 거래시장을 설립한 바 있다. 이 시스템은 5년 시한의 자발적 참여시장으로, 참여는 자발적이지만 인센티브 경매방식으로 배출권을 할당받게 되면 이행 약속을 의무적으로 지켜야 한다. 이 시스템이 운영된 목적은 기업에게 배출권 거래에 실제적 경험을 제공하기 위한 것과 영국의 온실가스 감축목표를 달성하기 위한 것이었다.

영국의 탄소배출권 시장은 2006년 말에 예정대로 거래를 끝내고 교토의정서 상 의무이행을 위하여 EU-ETS와 통합하였지만, 2020년 1월 영국이 유럽연합에서 탈퇴하는 브렉시트로 인하여 2021년 5월 UK-ETS라는 같은 이름으로 다시 개설되었다. 배출권 단위는 UKA를 사용하며, 2021년 5월 기준, ICE를 통해 600만여 UKA가 경매로 공급되었고, UKA 선물도 상장되었다. 초기 UKA 선물가격은 50파운드 정도에 거래되었다.

영국은 탄소정책에 있어서는 세계적인 선도국가이다. 다른 여러 국가보다 이른시기인 2002년부터 자발적인 탄소감축정책을 펼쳐 EU-ETS가 자리잡는데 역할을 했으며, 비록 코로나19에 의한 영향이 있긴 하지만 1990년 대비 2020년 탄소배출량은 51% 가량 감소했다. 영국은 2008년에 '기후변화법'을 제정하여 온실가스를 1990년 대비 2020년까지 26%를, 2050년까지 80%를 감축할 것을 세계 최초로 명문화하였다.[32] 그리고 2019년, 선진국으로는 최초로 2050년까지 탄소중립(탄소배출량을 0으로 만드는 것)을 달성할 것을 선언했다.[33] 영국은 현재 경제성장과 탄소감축을 동시에 달성하는 탈동조화(decoupling) 성과를 내고 있다.

[표5.7] 2022년 기준 영국에서 사용되는 탄소정책

	구분	지역	시작년도	GHG emissions covered [MtCO$_2$eq]	총가치 [10억 US$]
UK-ETS	ETS	United Kingdom	2021	129.85	12.562
UK Carbon Price Support	Carbon tax	United Kingdom	2013	97.38	0.905

---

[32] 윤경준·김정해·조성한·이혜영, 「기후변화정책조정체계의 대안모색: 정책조정체계의 국가 간 비교를 중심으로」, 『한국행정학보』, 제44권 제2호, 2010년.
[33] Government of the UK, "The Ten Point Plan for a Green Industrial Revolution" ('20.11.)

[그림5.4] 영국의 GDP와 탄소배출 추이

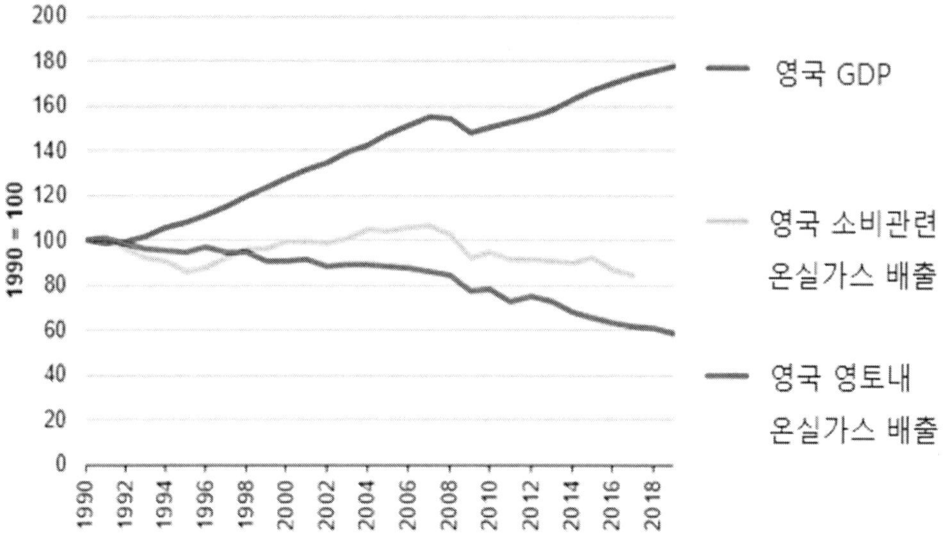

출처: 영국 기후변화위원회(2020)

5.11 스위스

스위스는 유럽 한복판에 있지만 EU에 소속되지 않으며 EU-ETS 회원국이 아니다. 전세계 탄소배출의 0.1% 수준으로 탄소를 배출하나, 알프스 빙하 문제로 온난화에 대한 인식은 높은 편이다. 자체적인 ETS(CH-ETS)와 탄소세 이니셔티브를 2008년부터 운영중이다.

스위스 ETS인 CH-ETS는 참가자가 50개인 에너지 집약 산업체들만을 대상으로 하며 전세계적으로 배출량이 가장 작은 배출권 거래제이다. 1기는 2008년~2012년, 2기는 2013~2020년이며 현재 3기가 운영중이다. EU-ETS와의 연계를 계획하고 있다.

스위스의 탄소세는 탄소배당제라는 세계에서 유일한 탄소제도를 시행하여 조세저항을 최소화하고 있다. 탄소배당제란 탄소세의 세수를 기본소득의 방식으로 국민에게 동일한 금액으로 다시 배분하는 제도이다. 세수의 2/3를 탄소배당으로 납부자 모두에게 균등하게 환급하고 전기를 절약한 소비자에게 재분배하는 효과가 있다. 나머지 1/3을 건물의 에너지 절감 개량사업과 신재생 에너지사업에 지원한다. 2,500만 스위스 프랑은 환경부가 관리하는 친환경 기술보증기금에 출연한다.

[표5.8] 2022년 기준 스위스에서 사용되는 탄소정책

	구분	지역	시작년도	GHG emissions covered [MtCO$_2$eq]	총가치 [10억 US$]
Switzerland carbon tax	Carbon tax	Switzerland	2008	15.74	1.268
Switzerland ETS	ETS	Switzerland	2008	5.06	0.289

5.12 인도네시아

인도네시아는 이산화탄소 배출량 566MtCO$_2$eq로 세계 9위를 차지한다. 석탄 생산량이 세계 5위로 석탄 매장량도 풍부하고 사용량도 증가 추세이다. 벌목과 불법 개간으로 인해 중국, 미국, 인도, 러시아에 이어 세계 5위의 온실가스 배출국으로 지적된 바 있다.

화산대에 위치해 세계 3대 지열 에너지 생산국이며, 전세계 지열의 40%를 보유한 것으로 추정된다. 또한 일사량이 좋아 태양광 발전 잠재력 높아서, 대체에너지 개발에도 좋은 조건을 가진 나라다.

인도네시아는 파리협약 가입국으로써, 2030년까지 이산화탄소 배출량의 고점을 찍고 석탄 비중을 감소하며 재생에너지 확대 등을 통해 2070년 탄소중립 달성 목표를 제시한 바 있다. 그러나 인도네시아 국영전력회사인 PLN이 현재 승인 및·건설 중인 석탄발전 프로젝트는 예정대로 진행할 것이라고 밝힘에 따라 향후 몇 년간 석탄발전 설비가 감소하지 않을 것으로 전망된다. 수력, 지열, 태양광, 바이오 에너지 등 신재생에너지에 대한 환경은 좋으나, 정부의 의지는 강하지 않아 보인다.

인도네시아는 2021년 10월 석탄 화력 발전소에 탄소세를 도입하는 법안을 통과시켰으며 2025년 준비상태에 대한 평가를 기반으로 다른 부문으로 확대될 가능성이 있다. 탄소세는 처음에 2022년 4월에 시작하기로 했지만, 에너지 원자재 가격 상승으로 인해 7월로 시작 시점을 연기했다가, 2022년 8월 현재는 무기한 연기할 것을 발표하였다. 초기 탄소세율은 MtCO$_2$eq당 IDR 30,000(약 2.1 USD)로 책정되었다. 재무부는 또한 석탄 화력 발전소에 대한 의무적 ETS를 추진 중이다. 자발적 탄소배출권 프로그램을 파일럿 프로그램으로 시행 예정에 있으며, 향후 탄소세 및 탄소 상쇄 메커니즘과 결합시켜 운영할 계획이다.

5.13 뉴질랜드

뉴질랜드의 ETS는 2008년에 시작했으며 NZ-ETS로 명명한다. NZU를 이산화탄소 1톤당 할당배출권의 유닛으로 사용한다. 시작부터 6대 온실가스를 모두 규제하였으나, 기업의 배출 상한이 없으며 국가도 기업이 필요로 하는 양의 60%~90%를 매년 무상으로 할당받는다. 게다가 2017년까지 기업은 배출량의 50%만 배출권으로 제출했다. 이 2:1 제도는 2017년부터 3년간 단계적으로 폐지되어 현재는 1:1로 제출한다.

무상할당은 2019년부터 매년 1/12의 비율료 2029년까지 단계적으로 폐지하고, 남은 양은 경매를 통해서 할당한다. 산림, 에너지, 산업, 폐기물 등이 포함되지만 총 배출량의 약 50%를 차지하는 농업은 초기에 제외되었다가 2015년부터 포함되었다. 국토의 30%가량을 차지하는 산림이 NZU를 생산하면 타 산업이 사용하는 구조이다.

뉴질랜드의 독자적인 ETS 출범은 유럽과 다른 산업구조에도 그 이유가 있는데, 유럽이 고정배출원과 산업 공정에서 발생되는 CO_2가 전체 배출량의 절반을 배출하는 것과 달리, 뉴질랜드는 25% 정도만이 고정배출원과 산업공정에서 배출되는 반면, 산림부문에서 30% 이상의 온실가스를 상쇄하는 구조이다. 따라서 산림부문이 가장 처음 ETS에 참여하게 되었다.

규제대상 기업들은 NZU, 교토메커니즘 하에서 발급한 배출권 중 선택하여 정부에 제출할 수 있다. 이로 인해 NZU 가격은 국제 ETS 가격에 많은 영향을 받는다.

NZU 경매는 국가가 운영한다.[34]

5.14 한국

한국 역시 2050 탄소중립 목표를 달성하기 위해 각종 로드맵과 가이드 라인을 수립하고 있다. 2016년 제1차 기후변화대응 기본계획과 2030년 국가 온실가스 감축목표 달성을 위한 기본 로드맵(2030 로드맵)을 마련하였고, 배출권거래제를 활성화하고 재생에너지 비율을 높여 목표를 달성할 계획이다. 전력 생산의 경우 2034년까지 석탄(-13.1%p), 원전(-8.1%p) 비중을 지속적으로 축소하고 태양광과 풍력을 중심으로 재생에너지 비중을 +24.5%p까지 대폭 확대할 예정이다. 2040년 재생에너지 발전 비중은 30~35%를 목표로 두고 있다. 최종에너지 중 신재생에너지 목표는 2034년까지 13.7%(재생에너지 12.4%, 신에너지 1.3%)를 달성하는 것이다. 발전량 중에서는 신재생에너지 비중을 25.8%(재생에너지 22.2%, 신에너지 3.6%)까지 높일 계획이며 전원 믹스와 동일하게 태양광과 풍력을 중심으로 보급을 확대할 예정이다.

---

34) https://www.etsauctions.govt.nz/public/auction_noticeboard

[표5.9] 연도별 전원믹스 계획

	원자력	석탄	LNG	신재생에너지	기타
2020	18.2%	28.1%	32.3%	15.8%	5.6%
2030	11.8%	18.9%	32.1%	33.6%	3.6%
2034	10.1%	15.0%	30.6%	40.3%	4%

출처 : 제9차 전력수급기본계획, 산업통상자원부

저탄소 녹색성장 기본법(2010.01)[35] 제46조에 의거하여 2012년 5월 「온실가스 배출권의 할당 및 거래에 관한 법률」이 제정되었으며 이를 토대로 국내에는 온실가스 감축을 위한 제도로 온실가스 목표관리제(2012~)와 배출권거래제(2015~)가 시행되고 있다.

〉 저탄소 녹색성장 기본법 제46조(총량제한 배출권 거래제 등의 도입)

1. 정부는 시장기능을 활용하여 효율적으로 국가의 온실가스 감축목표를 달성하기 위하여 온실가스 배출권을 거래하는 제도를 운영할 수 있다.
2. 제1항의 제도에는 온실가스 배출허용총량을 설정하고 배출권을 거래하는 제도 및 기타 국제적으로 인정되는 거래 제도를 포함한다.
3. 정부는 제2항에 따른 제도를 실시할 경우 기후변화 관련 국제협상을 고려하여야 하고, 국제경쟁력이 현저하게 약화될 우려가 있는 제42조 제5항의 관리업체에 대하여는 필요한 조치를 강구할 수 있다.
4. 제2항에 따른 제도의 실시를 위한 배출허용량의 할당방법, 등록·관리방법 및 거래소 설치·운영 등은 따로 법률로 정한다.

온실가스 목표관리제는 온실가스 배출량과 에너지 소비량이 일정 수준(50,000tCO_2eq 200TJ 이상 업체, 15,000tCO_2eq 80TJ 이상 사업장) 이상인 업체와 사업장을 관리업체로 지정하여 온실가스 감축목표 및 에너지 절약목표를 설정하고 관리하기 위한

---

[35] 국내 기후변화 대응을 위한 정책은 대부분 저탄소 녹색성장 기본법을 토대로 마련되었으나 온실가스를 감축하는 과정에서 일자리 감소나 지역경제, 취약계층의 피해를 최소화해야 하는 점 등을 충분히 고려되지 않았으며, 경제와 환경이 조화를 이루는 녹색성장을 추진하는 데 있어 법률적 기반에 한계가 있다는 지적이 존재했다. 이에 2021년 9월 기후위기 대응을 위한 탄소중립·녹색성장 기본법이 제정되었으며 제 2조에 따라 저탄소 녹색성장 기본법(녹색성장법)은 폐지한다.

제도이다. 기업의 과거 3년간 온실가스 배출량과 에너지 소비량 실적을 기준으로 관리 대상을 지정한다. 2022년 6월 기준 온실가스 목표관리 대상은 총 360개(국토교통부 80개, 산업통상자원부 177개, 농림축산식품부 25개, 해양수산부 9개, 환경부 69개)이며 관장기관이 관리업체의 연간 단위 감축 목표를 설정하고 지속적으로 이행계획과 이행실적을 관리하게 된다.

[그림5.5] 온실가스 목표관리제 운영체계

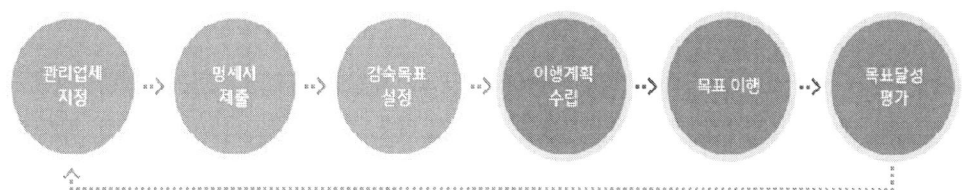

출처 : 한국환경공단

국내 배출권거래제는 2014년 12월 국가배출량 중 2/3를 차지하는 23개 업종, 520개 업체에 온실가스 배출권을 할당하여 2015년 1월부터 운영되었다. 제1차 계획기간(2015년~2017년), 제2차 계획기간(2018년~2020년), 제3차 계획기간(2021년~2030년까지 운영 예정)으로 나누어 시행되었으며, 적용대상은 계획기간 4년 전부터 3년도안 온실가스 배출량 연평균 총량이 125,000톤 이상인 업체 또는 25,000톤 이상인 사업장을 하나 이상 보유한 업체, 자발적으로 할당대상업체로 지정 신청한 업체이다.

배출권거래제는 기본적으로 환경부에서 총괄을 담당하여 기본계획과 할당계획을 수립한다. 주무관청(환경부)에서 배출권을 교부하고 인증하며, 할당위원회에서 배출량을 할당하고 온실가스 종합센터에서 등록부를 관리한다. 환경부 산하의 한국환경공단, 농림축산식품부, 산업통상자원부, 국토교통부, 해양수산부 등에서 각 폐기물, 농업/임업/축산/식품, 산업/발전, 건물/교통, 해양/수산/해운/항만부문을 관장하며 그 외에도 농업기술실용화재단, 한국임업진흥원, 한국교통안전공단, 한국해양교통안전공단, 해양환경공단 등에서 각 부문 업무를 위탁받아 수행하고 있다.

[그림5.6] 온실가스 배출권 거래제 추진체계

[표5.10] 국내 탄소배출권거래제 개요

	제1차 계획기간 (2015-2017)	제2차 계획기간 (2018-2020)	제3차 계획기간 (2021-2025)
운영 목표	경험 축적, 제도 안착	상당 수준 감축	적극적 감축
할당대상업체 수	525-592	641	684
적용 부문	전환, 산업, 건물, 수송, 폐기물, 공공·기타 6개 부문		
ETS 커버리지	67.4%	70.1%	73.5%
할당	100% 무상할당	3% 유상할당	10% 유상할당
이월·차입	100% 이월가능 차입한도 확대 (10% → 15%)	이월제한 도입 (2기 할당계획 변경, 19.06)	이월제한 강화

거래시장	거래소	유상할당 경매 실시 시장조성자 도입 *산업은행, 기업은행	제3자 시장참여 시장조성자 확대 (2개 → 5개) *한국투자, 하나금융, SK증권
배출권총수량	1,704.2백만 톤	1,796.1백만 톤	3,082.3백만 톤
배출허용총량	1,614.7백만 톤 (99.2%)	1,777.1백만 톤 (98.9%)	3,048백만 톤 (98.9%)
사전할당	1,622.6백만 톤 (95.2%)	1,643.0백만 톤 (91.5%)	2,608백만 톤 (84.6%)
총 거래규모	86.2백만 톤	111.8백만 톤	

출처: 환경부 배출권거래제 운영결과보고서(2019)를 기초로 재작성

제1차 계획기간은 EU-ETS 1기 시범운영기간과 같은 의미로 경험 축적과 거래제도 안착을 목표로 상쇄인정범위 등 제도의 유연성을 제고했다. 또한, 정확한 MRV 집행을 위한 인프라를 구축하는 과정이었다. 배출권 전량이 무상할당되었으며 이 과정에서 업체간 배출권 할당의 형평성이 부족하고, 기업 내부의 감축활동이 할당량 산정에 충분히 반영되지 못했으며, 고탄소배출기업이 이를 이용하여 초과이익을 얻는 점 많은 한계점이 발견되었다. 또한, 계획기간 동안 정부 정책의 불확실성으로 인해 할당 대상업체의 불신이 초래되었으며 추후 장기적 관점에서 일관된 정책 방향을 제시하고 온실가스 감축 노력에 대한 인센티브를 확대하는 것을 주요 개선 방향으로 꼽았다.

제2차 계획기간은 상당 수준의 온실가스를 감축하기 위해 배출권거래제 범위를 확대하고 목표를 상향조정하였다. 배출량 보고와 검증 등 각종 기준을 고도화하였으며 시장조성자 거래를 도입하고, 배출권 수급 불균형의 문제점을 해결하기 위해 이월제한 기준도 도입하였다. 97%가 무상할당되었으며 배출권거래제 운영 중 처음으로 3%의 유상할당을 개시했다. 배출권거래제에 대한 부정적인 평가는 감소하였지만 여전히 온실가스 감축 노력에 대한 인센티브 추가와 일관된 정책 방향을 제시할 것이 개선점으로 제시되었다.

정부는 제3차 계획기간 운영을 위해 2019년 12월 배출권거래제 기본계획을 수립하였다. 제2차 계획기간과 비교하여 배출권 거래 허용대상에 할당대상업체 외에 금융기관 및 개인 등 제3자의 시장 참여를 허용하여 유동성 공급을 확대하고, 소수 거래 형태로 인해 이행연도 배출권 정산시기에 배출권 거래가 집중되는 점을 개선하고자 했다. 무상할당 비율은 90%, 유상할당 비율은 10%였다.

우리나라 배출권거래제 가격 추이와 상품 구성, 거래방식 등에 대한 내용은 8장 탄소배출권 현황과 전망에서 더 자세히 다룰 예정이다.

5.15 파리협정 내 국제 탄소배출권 시장

2021년 11월에 열린 제26차 유엔 기후변화협약 당사국총회(COP26)에서 국제 탄소 배출권 거래에 관한 파리협약 6조의 세부이행규칙(rulebook)이 마련됨에 따라 1~2년 후 유엔의 감독하에 단일한 규정으로 운영되는 탄소 배출권시장이 출범할 전망이다. 이 시장은 단순히 탄소 배출량을 목표보다 많이 감축한 국가 또는 기업이 목표를 달성하지 못한 국가 또는 기업과 배출권을 거래하는 시장이 아니다. 국가나 기업이 해외에서 산림 녹화나 훼손 방지, 재생에너지 사업 등의 녹색 사업에 투자해 확보한 국외 배출권을 거래하는 시장이다. 온실가스를 줄이기 어렵거나 줄이는 데 막대한 비용을 지불해야 하는 나라나 기업은 개도국의 산림 녹화나 산림 훼손 방지, 재생에너지 사업 등의 녹색 사업에 투자해 낮은 비용으로 탄소 감축 실적을 인정받을 수 있다. 이런 감축 실적은 국가온실가스감축목표(NDC) 달성이나 기업의 탄소 발생을 상쇄시키는 데 활용할 수 있고 배출권으로 매도할 수도 있다.

해외에서 녹색 사업을 추진하는 기관은 사업계획서를 작성해 먼저 자국 정부로부터 승인을 받고 유엔 감독기관이 지정한 검증 기관으로부터 사업 승인을 받아야 한다. 사업 추진 국가나 기업은 탄소 감축 실적을 자체적으로 NDC 감축이나 기업의 탄소 발생을 상쇄시키는데 사용할 것인지, 배출권으로 매도할 것인지 사업계획서에 명시해야 한다.

사업자는 사업 시행을 통해 획득한 탄소 감축 실적을 모니터링 보고서를 통해 검증 기관에 제출해야 한다. 검증 기관의 검증을 거쳐 유엔 감독기구가 최종적으로 감축 실적에 따라 배출권을 부여한다. 사업자는 이 배출권을 감축 실적으로 사용하거나 매도하게 된다. 검증 기관은 표준 인증 기관 등 유엔에 검증 기관 인증을 신청한 기관을 대상으로 심사를 거쳐 선정된다. 유엔의 인증을 받은 검증 기관은 세계 어느 나라에서나 활동할 수 있다.

UNFCCC에 따르면, 2020년 NDC 갱신 75개국 중 85%가 탄소시장 활용의사를 표명한 바 있다.(에너지경제연구원, 2021.9월) 2021년 중국의 탄소배출권 거래시장이 출범하는 등 배출권 거래제의 규모가 전 세계적으로 급격히 커지고 있어서, 국제탄소시장이 출범하면 탄소배출권 관련 분야와 거래시장으로의 자금유입이 가속화 될 전망이다. 다만 국제탄소시장 지침 합의 이후에도 실질적인 시스템의 구축 및 안정화를 위한 추가 논의가 필요하므로 후속 작업의 추이를 지켜볼 필요가 있다.

기후변화협약 당사국은 2023년도에 유엔 감독기구 설립이나 온실가스 감축 실적의 계량화 방법과 함께 검증 기관 선정을 위한 절차도 논의할 예정이다.

5.16 국제 레지스트리

국제 탄소시장이 등장하게 되면, 유엔에 국가별 탄소 감축 실적을 관리하기 위해 등록부(registry)가 만들어진다. 국가마다 등록부를 갖게 되고 그 안에 정부 계좌와 민간 계좌가 만들어진다.

국가 등록부가 없거나 만들 역량이 없는 나라의 감축 실적을 모아 놓는 국제 등록부(international registry)도 만들어진다. 유엔이 사업 심사와 배출 실적 평가 등의 절차를 마친 후 최종적으로 발행하는 배출권을 보내주는 메커니즘 등록부(mechanism registry)도 만들어진다. 한 나라가 다른 나라에 배출권을 이전(배출권 거래)한다면 메커니즘 등록부에 있는 배출권을 다른 나라의 국가 등록부로 이전시키면 된다.

이 모든 등록부가 연결돼 배출권의 생성과 이전을 보여준다. 국가 간 또는 기업 간 배출권 거래가 이루어지는 장외거래 메커니즘으로 볼 수 있다. 하지만 반드시 이런 형태로만 거래가 이루어지는 것은 아니다. 일단 엄격한 절차를 거쳐 배출권이 발행되면 그 이후에는 배출권 거래소를 통한 장내거래가 가능하고 당사자 간 장외거래도 가능하다.

이렇게 유엔의 감독 체계하에 만들어지고 거래되는 배출권과 별개로 국가 간 자발적으로 이루어지는 양자 또는 다자 간 배출권 생성 및 거래도 가능하다. 이 경우 자체적으로 녹색 사업 검증과 온실가스 감축 실적을 평가하게 된다. 자율적으로 사업의 타당성이나 실적을 평가하되 유엔이 적극적으로 보고를 받고 실적을 리뷰(review)하게 된다. 이렇게 생산된 배출권도 유엔이 각국의 온실가스 감축 활동과 배출권 보유량 등을 파악할 수 있도록 유엔의 등록부에 기재된다.

5.17 배출권거래제의 국제 연계

배출권거래제를 운영하는 것은 궁극적으로 교토의정서와 파리협정을 이행하기 위한 수단이므로 국제 기준에 맞춘 배출권거래제를 운영하는 것이 중요하다. 이에 국제 탄소시장과의 연계에 대한 논의는 꾸준히 나오고 있는 추세이다. 대표적인 거래제 연계 사례는 EU-ETS와 스위스의 시장 연계이다. 2017년 8월 16일 EU 집행위는 스위스와의 시장 연계를 발표했다. 해당 협정은 2020년 1월 발효되었다. 배출권 시장 연계를 위한 필요조건은 다음의 세 가지가 있다. 1) 시스템 호환성 2) 의무수행 3) 배출량의 상한선 존재. 두 배출권 시장은 개별적으로 배출권 시장을 운영하면서 각 시장 간 할당배출권과 상쇄배출권을 자유롭게 거래하는 직접 연계 방식으로 운영되고 있다. 이 외에도 EU-ETS 운영 1기에는 노르웨이와 단방향 연계를 시행한 사례도 존재한다. 1기에서 EU는 노르웨이의 배출권을 허용했으나 노르웨이 배출권 시장에서는 EU의 배출권을 허용하지 않았다. 또한 2기부터는 EU-ETS와 노르웨이의 경우 각각 운영되던 배출권 시장을 2008년부터 배출권 시장을 하나로 통합하는 완전 통합 방식으로 연계했다. 배출권의 유동성을 제고하고 효율적으로 시장을 운영하기 위해서 궁극적으로는 국제 연계가 필수적이다. 그러나 두 배출권 시장이 연계되기 위해서는 각 시장의 이해관계가 상충되지 않으면서 시스템의 운영에 있어 호혜성이 존재해야 한다. 기술적인 측면 외에도 감축 목표, 배출권 할당량, 운영상의 문제 등을 종합적으로 고려해야 하기 때문에 우리나라 역시 국제 연계를 중요한 정책과제로 여기고는 있으나 단기적으로는 추진이 어려울 것으로 예상된다.

에듀컨텐츠·휴피아
CH Educontents Huepia

6. 탄소배출권 가격 결정

탄소배출권의 가격은 일반적인 금융시장처럼 시장에서의 수요와 공급에 의해 결정된다. 그러나 공급자는 정부, 수요자는 기업으로, 한 공급자 대다수의 수요자 구조이며, 매년 일정의 공급량이 정해져 있다는 점에서 기본적 차이가 발생한다. 또한 탄소배출권은 온실가스 감축에 의해 대체되는 상품이 존재하므로 온실가스 감축비용과의 상대적 가치를 평가한 후 이보다 저렴할 때만 그 가치가 인정된다. 즉, 탄소배출권 가격의 상한선은 온실가스 감축비용과 관련이 있다. 이 외에도 시장상황, 발행된 배출권의 이월 등이 배출권 가격에 영향을 준다. 탄소배출권의 수요와 공급에 영향을 주는 여러 요소들을 살펴보자.

6.1 탄소배출권의 수요와 공급법칙

수요곡선은 수요의 법칙에 따라 재화의 가격과 수요량 사이에 음의 상관관계가 존재한다. 재화의 가격이 상승하면 구매의사가 줄어들고, 재화의 가격이 하락하면 구매의사가 증가한다. 개별회사의 수요곡선은 아래와 같은 우하향 곡선을 생각해 볼 수 있다. 배출권 거래시장의 수요곡선은 참여회사들의 수요곡선의 총 합으로 만들어진다. 배출권 시장의 참여기업이 A회사와 B회사뿐이라면 A+B가 배출권 시장의 수요곡선을 나타낸다.

[그림6.1] 배출권 시장 수요곡선의 예시

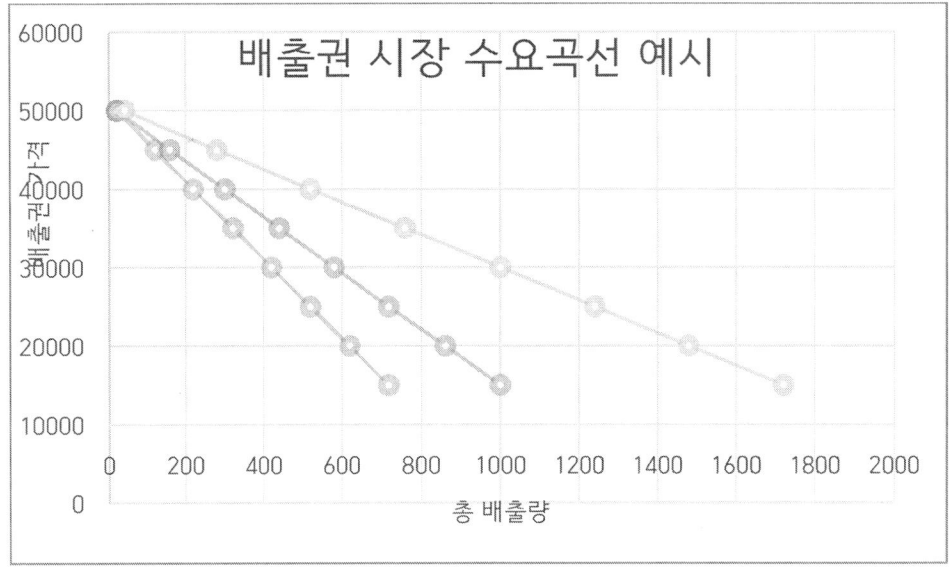

 탄소배출권의 구매를 대체할 수 있는 감축수단의 종류가 다양하고 감축규모가 큰 사업이 많을수록 배출권 수요곡선이 상대적으로 완만하며(B회사, 가격탄력적), 감축수단의 종류가 적고 감축규모가 큰 사업이 적을수록 수요곡선의 기울기는 상대적으로 가파르다.(A회사, 가격 비탄력적) 배출권 시장의 공급곡선은 유일한 공급자인 정부에 의해 주도되며, 따라서 일반적인 공급곡선과는 다른 형태를 띈다.
 정부는 사전에 배출권 공급의 총량을 할당한다. 제도적으로 가격안정화를 위하여 예비분을 보유하거나 시장에 일부 공급하는 경우가 있지만, 별도로 공급이 증가되기 어려운 구조이다.
 배출권 시장의 공급곡선 형태는 대략적으로 아래와 같은 형태를 가진다. 가격이 어떻게 변하든 공급량은 거의 일정하므로 '가격 완전 비탄력적'인 공급곡선을 가진다. 역시 배출권 시장의 참여기업이 A회사와 B회사뿐이라면 두 회사 공급량의 합인 A+B가 배출권 시장의 공급곡선을 나타낸다.

[그림6.2] 배출권 시장 공급곡선의 예시

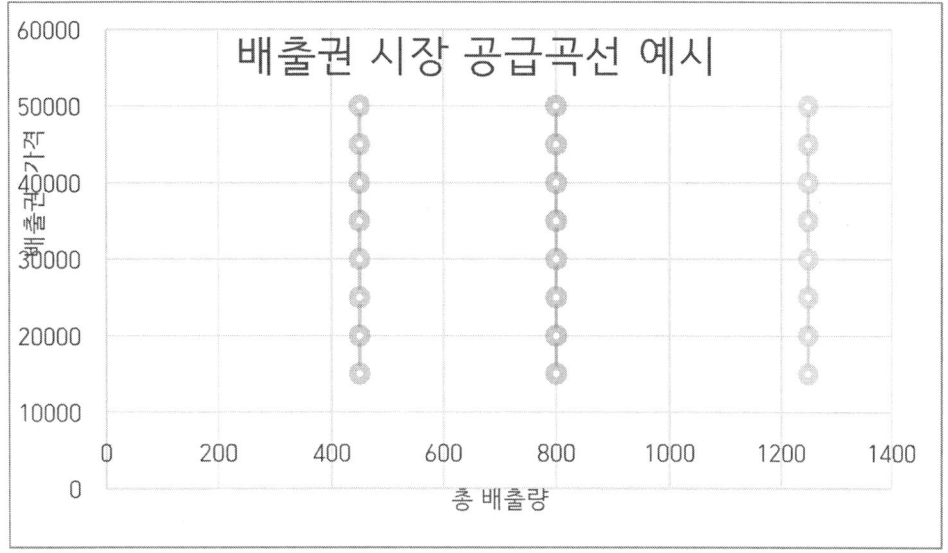

주어진 수요/공급곡선 하에서 균형시장 가격과 균형 거래량이 이뤄지는 원리는 일반 경제원리에서의 그것과 동일하다. 위의 수요 및 공급곡선의 예에서 배출권 시장의 수요곡선과 공급곡선이 만나는 균형점의 가격은 2만 5천원이고 배출권 거래량은 1,250톤이 된다. 배출권 시장의 균형가격은 정부의 할당량 규모와 업체들이 보유한 감축수단의 가격효율성(가격 탄력성)에 의해 결정된다.

[그림6.3] 배출권 시장 수요와 공급의 균형

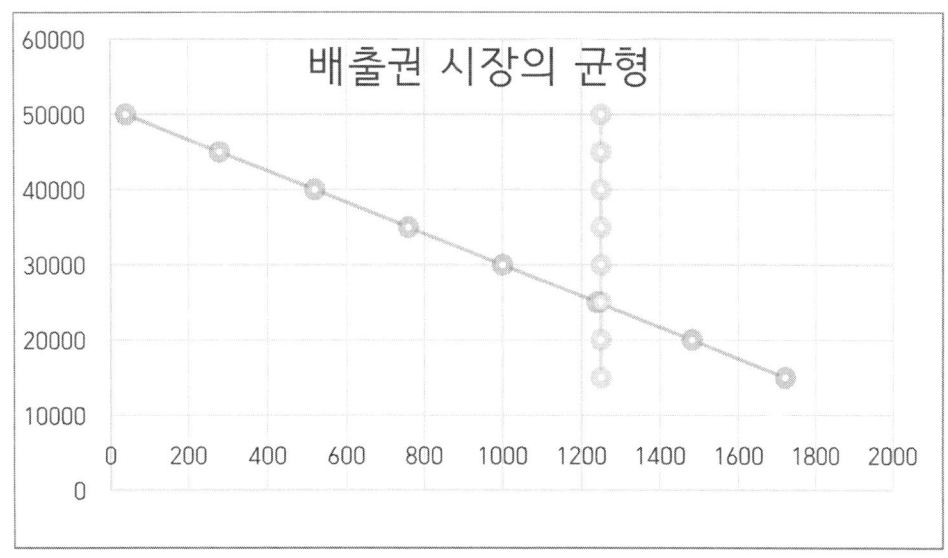

6.2 탄소배출권의 수요에 영향을 주는 요인들

앞서 알아본 바와 같이 탄소배출권은 수요와 공급에 의해 가격이 결정된다. 이번 절에서는 구체적으로 어떤 요인이 수요와 공급에 영향을 끼치는지에 대한 내용을 설명하고자 한다. 탄소배출권 가격에 대한 연구는 주로 EU-ETS를 대상으로 진행되었으며 다른 나라의 배출권 시장 구조나 가격변동요인도 EU-ETS와 크게 다르지 않다. EU-ETS의 배출권 가격에 영향을 미치는 수요 요인은 크게 에너지변수, 경제변수, 기상변수로 나눌 수 있다. 배출권의 수요는 할당대상업체의 탄소배출량과 큰 관련이 있는데 위 변수들이 기업의 배출량에 영향을 끼치는 것이다.

1. **기후요인**: 기후요인은 단기적으로 탄소배출권 가격에 영향을 준다. 기온이 적정 온도에 비해 높아지면 에어컨 가동으로 인한 에너지 수요가 증가한다. 반대로 적정 온도에 비해 낮아지면 난방수요가 증가하며 역시 에너지 수요가 증가한다. 특히 이상 기후로 인해 냉난방에 평소보다 더 많은 에너지를 소비하게 된다면 기업의 배출량이 증가하고 배출권의 수요가 증가하게 될 것이다. 이 두 조건은 전력생산을 촉진시켜 배출권 수요를 높이고, 수요곡선을 우측으로 이동시켜 배출권의 가격을 높이는 요인이 된다. 주로 여름과 겨울에는 수요곡선이 우측으로 이동하고, 봄과 가을에는 좌측으로 이동한다. 반면 이상기후의 등장으로 전력수요가 증가함에 따라 신재생에너지의 발전 속도가 증가할 수 있으며 태양광, 태양열, 수력, 풍력발전 등의 신재생에너지의 가격이 하락하고 수요가 증가하는 시점을 넘어서면 배출권가격이 하락하는 요인으로 작용할 수 있다.

[그림6.4] 수요곡선의 이동

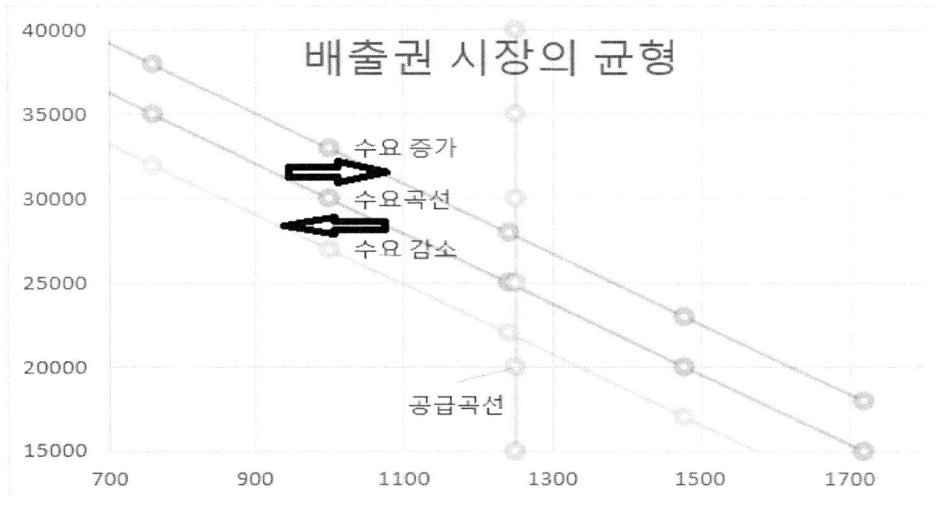

2. 경제 상황: 경제 여건도 배출권의 가격을 결정짓는 요인중의 하나이다. 경기 호황기에는 제품 및 서비스의 기대수요가 증가하고, 제품이나 서비스의 생산을 늘려야 하는 시장환경이 조성된다. 따라서 에너지 사용량이 증가하고 온실가스 배출량이 늘어난다. 이에 따라 탄소배출권의 수요는 증가하고 수요곡선은 우측으로 이동한다. 즉, 배출권 가격은 상승하게 된다.

반대로 시장상황이 나빠지면 기업의 생산활동 감소로 온실가스 배출량의 감소가 따르고, 정부가 초기에 할당한 배출권에 대한 수요가 감소하면서 남아도는 초과공급 상태를 맞게 된다. 이에 따라 수요곡선이 좌측으로 이동하면서 배출권의 가격은 하락한다. 예컨대 2008년 글로벌 금융위기 이후 배출권 가격이 급락한 경우가 경제 상황이 악화되면서 배출권 가격에 영향을 미친 예시이다. 2008년 경제위기가 닥치면서 각국에서 시행하던 환경정책이 위축되기 시작했고, 배출권시장 역시 침체되었다. 단순히 금융위기가 배출권 가격 하락의 유일한 원인이라고 할 수는 없지만 가장 큰 원인이 되었다는 것에는 이견이 없을 것이다. 금융위기로 인해 경제성장률이 둔화되면서 공장가동률이 하락하였고, 가정과 산업에서 전력수요가 급감하였다. 또한 현금 유동성 확보를 위해 기업이 EUA를 매각하면서 공급량까지 늘어났다. 이에 따라 EU-ETS 2기가 시작되는 시점인 2008년 초기에는 20유로 이상으로 형성되었던 배출권 가격(최고 28.73유로)이 금융위기 이후 10유로 아래까지 급락하였다. 2011년에도 유럽의 재정위기로 인해 가격이 하락하는 것을 그림을 통해 확인할 수 있다.

[그림6.5] EU-ETS 2기 가격추이

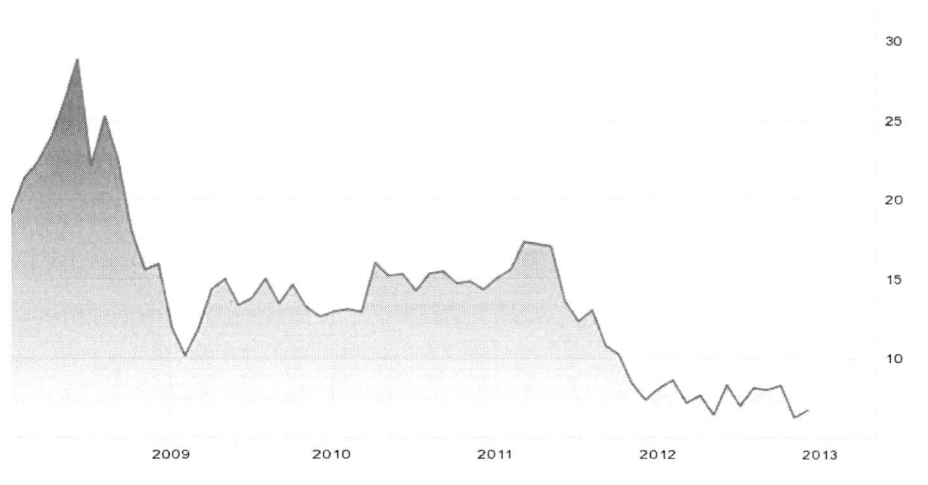

출처 : https://tradingeconomics.com/commodity/carbon

3. 에너지 가격: 에너지 가격에 의한 배출권 수요량의 변화는 두 가지 관점에서 살펴볼 필요가 있다. 하나는 에너지 가격 변동 자체에 의한 것이고, 다른 하나는 에너지원별 가격변화에 의한 배출권 수요변화를 생각할 수 있다.

- 에너지 가격변화에 의한 관점: 석탄가격, 석유가격, 가스가격 등 에너지의 가격이 오르면, 에너지로 생산하는 전력 가격이 당연히 상승한다. 따라서 전력 자체나 전력을 사용하여 만드는 제품 가격 모두 상승하게 되고, 이는 전반적인 전력의 수요를 감소시킨다. 따라서 배출권의 수요도 자연스레 감소하게 된다. 반대로 에너지의 가격이 내려가면, 생산되는 전력의 가격도 하락하고, 전력수요는 상승하게 된다. 이는 배출권 수요의 증가를 불러온다. 특히 대부분의 국가에서는 석탄과 천연가스가 주 에너지원이므로 두 연료의 가격이 단기적으로 탄소배출권 가격에 영향을 끼칠 수 있다.

- 에너지원별 가격변화에 의한 관점: 에너지원에는 석유, 석탄, LNG, 수소, 원자력 등 여러 에너지원이 있지만, 여기서는 단순비교를 위하여 석탄과 LNG에 대해 이야기해보기로 한다. 이 두 연료는 전력생산을 위한 에너지원으로 대체재의 관계에 있다. 만일 전력생산에 LNG보다 석탄의 가격이 훨씬 싸다면 석탄을 이용한 전력생산이 활발해질 것이다. 문제는 석탄이 LNG에 비해 온실가스 배출량이 훨씬 높다는 것이다. 따라서 이런 경우 배출권의 수요가 증가하고 배출권 가격은 상승할 것이다. 반대로 LNG가격이 상대적으로 저렴해지면 배출권의 수요는 감소하고 배출권 가격은 하락할 것이다. 이렇게 에너지원 가격에 의한 연료사용 전환을 연료전환(Fuel-switching)이라 한다.

연료전환과 탄소배출권 가격의 관계를 이해하기 위해서 아래와 같은 정의가 필요하다.

$$\text{Spark Spread(SS)} = \text{Power Price} - (\text{Gas Price} \times \text{Heat Rate})$$
$$= \text{Power Price} - (\text{Gas Price} / \text{electrical efficiency of Gas}).$$

즉 SS는 전력 1유닛(MU/MWh, MU는 Money Unit. 나라마다 다를 수 있다.)의 가격에서 천연가스 1유닛(MU/MWh 또는 MU/Btu, Btu는 British thermal unit) 곱하기 열효율(Btu/MWh) 또는 천연가스 1유닛 나누기 전기효율(electrical efficiency, MWh/Btu)이다.

SS를 상세히 정의하려면 에너지의 원료가격, 수송비, 발전소의 효율성, 운영비용 등이 명시되어야 한다. 일반적으로 가스화력발전소의 전기효율은 50%를 사용하며, 영국의 경우 예외적으로 49.13%의 전기효율을 사용한다. 그러나 사용되는 전기효율은 과소평가된 것으로, 현대 발전소의 실제 효율은 64%(2019년 기준)에 가깝다.

6. 탄소배출권 가격 결정

EU-ETS를 적용받는 국가들은 탄소배출권 비용도 고려하여, 전력 판매비용에서 가스 구매비용과 탄소비용을 제외한 Clean Spark Spread(CCS)를 계산한다. CCS는 가스배출밀도 0.411 tCO_2/MWh를 고려하여 아래와 같이 결정된다.

Clean Spark Spread(CSS) = SS - (Carbon Price × 0.441)

SS가 가스로 전력을 생산할 때와 관련된 비용이라면 석탄에 대해서도 비슷한 정의가 필요하다.

Dark Spread(DS) = Power Price - (Coal Price × Heat Rate)
= Power Price - (Coal Price / electrical efficiency of Coal).

즉, DS는 SS의 석탄버젼으로 이해할 수 있다. 이들은 에너지 효율성을 감안하여 전력생산에 대한 경제성 판단요소의 기준으로 활용된다. 영국과 독일 등에서 석탄화력발전소의 전기효율은 35%를 사용한다.

Clean Dark Spread(CDS) 또는 Dark Green Spread는 석탄 및 탄소비용을 고려한 후 석탄에서 전기를 생산해 내는 비용을 계산한다. 석탄의 경우 0.971 tCO_2/MWh의 가스배출 밀도를 감안하여 아래와 같이 결정된다.

Clean Dark Spread(CDS) = DS - (Carbon Price × 0.971)

전기효율과 가스배출 밀도에 의하여 보통 같은 전기를 생산할 경우 석탄발전 운영에 필요한 탄소배출권의 양은 가스발전 운영에 필요한 양의 2~2.5배에 이른다.
CDS와 CSS의 차이를 기후 스프레드(Climate Spread)라고 한다.

Climate Spread = CDS - CSS

석탄의 가스배출 밀도가 훨씬 높기 때문에 탄소배출권 가격이 점차 상승하면 어느 순간 기후 스프레드가 음이 될 수 있다. 이런 경우 천연가스가 전기를 생산하기 위한 연료로써 더 나은 선택이 될 수 있고, 연료 전환을 통해 전기생산가격을 낮출 수 있는 유인동기가 된다.

4. 감축기술의 진보: 감축기술에 투자하는 것이 할당배출권을 직접 사는 것보다 저렴하다면 기업들은 감축기술에 투자할 것이고, 이로 인해 배출권 수요가 감소할 수 있다. 따라서 감축기술의 투자는 배출권 구매의 대체관계에 있다고 할 수 있다. 만일

'감축기술의 투자'라는 옵션이 생긴다면 이는 감축수단의 종류가 다양해지는 것이므로 수요곡선은 완만해지고 보다 가격탄력적이게 된다. 따라서 배출권 수요가 감소하는 원인이 된다.

[그림6.6] 감축기술의 진보에 의한 수요곡선 이동

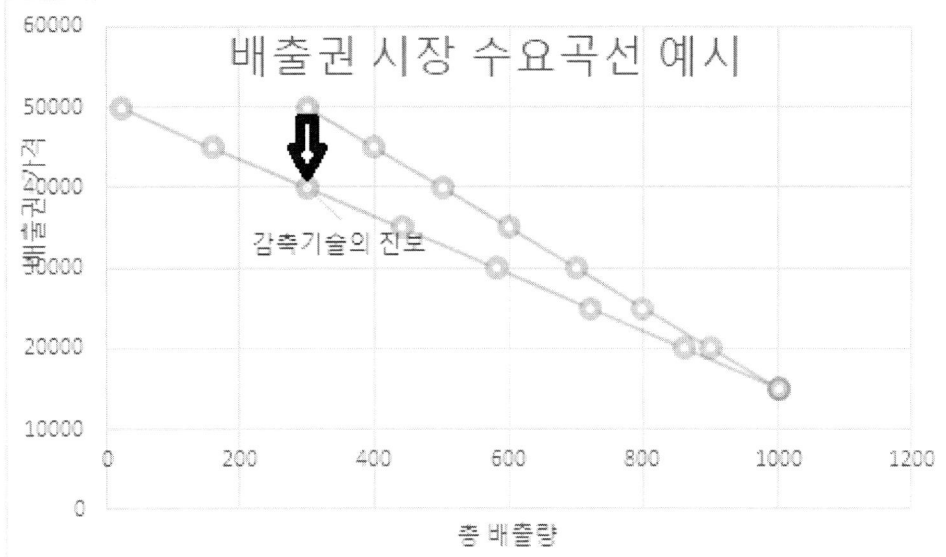

5. **시장 지배력**: 시장 지배력은 특정 기업이나 기업단체가 수요 또는 공급에 영향을 줄 수 있는 힘을 말한다. 예를 들어 담합으로 인한 과점, 독점이 이에 해당된다. 배출권 시장은 할당방식에 따라 온실가스 배출량 규모가 매우 큰 업체들이 상대적으로 많은 탄소배출권을 받는다. 이러한 업체들은 배출권 물량의 사용을 시장에서 조절하여 시장가격에 영향을 준다. 특히 시장 지배력이 배출권 가격에 영향을 미치는 것은 배출권시장 초기에 두드러지는 현상이다. 시장 초기에는 벤치마크 방식에 따라서 발전부문과 같이 고탄소배출기업에게 더 많은 양의 배출권이 할당되어 부당이익을 얻는 경우가 생겼을 뿐 아니라 이들이 배출권가격에 영향을 끼칠 정도로 영향력이 컸기 때문이다. 우리나라의 경우 온실가스 배출 상위 10개 기업을 보면 대부분 대기업이 차지하고 있다. 그중 1위 탄소배출기업인 포스코에게 할당된 탄소배출권은 2015년부터 2019년까지 총 3억 7,556만 톤이었으나 실제 배출실적은 3억 6,908만 톤으로 약 650만 톤의 배출권이 과다무상할당되었다.

6. **구조적 수급부족/수급과잉**: 배출권 거래제 설계단계에서 정부가 배출허용총량을 설정할 때, 또는 시장을 운영하는 과정에서 구조적으로 수급량이 잘 못 설정되는 경

우 수급부족/과잉에 노출될 수 있다.

7. **감축목표의 과대/과소산정**: 국내의 경우 감축목표를 세울 때 BAU 라는 가변목표를 설정하고 이를 기준으로 감축량을 설정한다. 따라서 BAU가 과다산정되면 감축목표는 상대적으로 과소산정되어 배출권 수급과잉상태를 초래할 수 있다. 반대로 BAU가 과소산정되면 감축목표는 상대적으로 과다산정되고 배출권 수급부족상태를 초래하게 된다.

8. **배출권 참여자의 수**: 배출권 설계시 설정하는 배출권 거래제 참여부문 비중이 잘못 산정될 경우에도 배출권 수급부족/과잉을 초래할 수 있다.

9. **정책에 대한 기대**: 배출권 시장은 다른 시장에 비해 규모가 상대적으로 작기 때문에 정부의 정책방향이나 시장개입에 매우 큰 영향을 받는다. 실제로 EU-ETS의 경우 2013년 12월 9억 톤의 탄소배출권 공급 연기를 주 내용으로 하는 백로딩(back loading: 후기이행) 계획이 유럽의회의 승인을 얻으면서 2013년 4월 EUA의 가격은 일시적 반등하였으나, 부결되자 폭락하는 모습을 보였다.

6.3 탄소배출권의 공급에 영향을 주는 요인들

탄소배출권 가격에 영향을 주는 요인은 수요부문 외에도 배출권 할당량이나 배출권 이월, 차입 가능 여부, 총 공급량 등 공급요인도 존재한다.

1. **배출권 할당**: 탄소배출권 가격에 영향을 주는 가장 첫 번째 요인은 국가나 기업에 부과되는 탄소 배출 할당량이다. 배출권이 계획기간 초기에 어느 만큼 할당되는가 하는 것은 계획기간 전체의 배출권 가격수준에 영향을 미친다. 탄소 배출권 할당량은 배출량 전망치(BAU: Business-as-usual) 추정 후 감축 목표에 따라 정해진다. 할당량이 많으면 이는 탄소배출권 공급의 증가와 마찬가지이며 따라서 배출권의 가격은 하락한다. 반면 할당량이 적으면 공급부족으로 인해 배출권 가격은 증가한다. 매년 이뤄지는 예비분의 추가할당 역시 영향을 미치는 요인이 된다.

국가가 지정한 배출할당량이 배출권 가격에 영향을 미칠 수 있음을 보여주는 예시는 [그림]에서와 같이 EU-ETS 1기의 가격추이를 통해 확인할 수 있다. 2005년 시작된 EU-ETS는 상승세를 지속하다가 2006년 4월 1차 급락을 맞이하게 된다. 이때 발표된 검증보고서에 따르면 EU의 실제 배출량이 할당된 배출량보다 적었기 때문이었다. EU-ETS는 배출량 의무준수 결과 보고서를 다음 해 4월에 발표하고 있다. 이 보고서에서 대부분의 기업이 배출량 목표를 달성한 것이 확인되었고, 그 이후로 배출권의 가치는 폭락하기 시작했다. 또한, 배출권이 과다 할당되었음이 드러났을 뿐 아니라 2기로 이월을 금지하면서 배출권의 가치는 0에 수렴했다.

[그림6.7] EU-ETS 1기 가격 추이

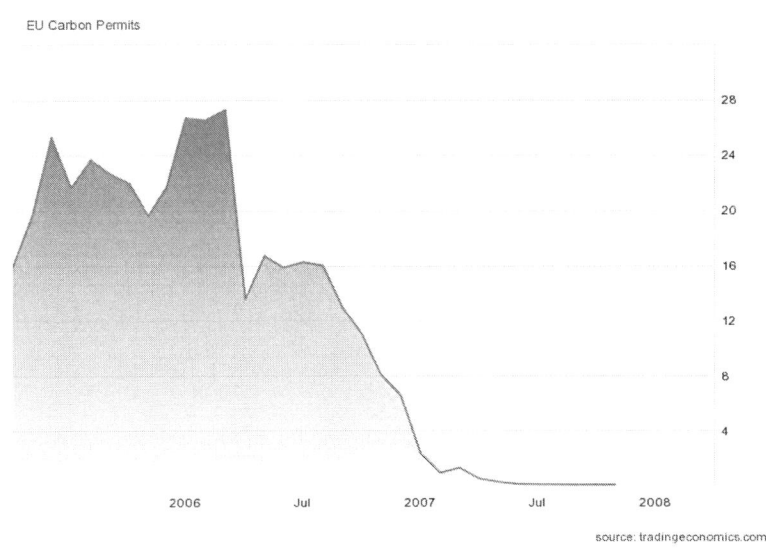

2. **공급 증가**: 조기 감축실적 인정, 시장 안정화 조치 등으로 추가할당이 이루어지면 배출권 공급량이 늘어나게 되는데, 이는 가격 완전 비탄력적인 공급곡선의 우측 이동을 가져오고, 새로운 균형점은 할당량 증가로 인해 가격하락 방향으로 이동한다.

3. **공급 감소**: 배출권이 부정하게 할당되거나 경기상황의 변동으로 BAU 재산정 등을 통한 배출권 취소조치가 일어날 수 있다. 또는 여러 사정으로 정부가 배출권 할당의 축소를 선언할 경우 계획기간 초기에 배출권이 일시적으로 부족한 상황이 발생할 수 있다. 이러한 경우 공급곡선의 좌측 이동을 가져오고, 새로운 균형점은 할당량 감소로 인한 가격 상승 방향으로 이동한다.

4. **상쇄배출권**: 상쇄배출권은 온실가스 감축실적을 제출하는 업체들이 제출하는 배출권 총량의 일부를 상쇄배출권으로 제출함으로써, 일정부분 할당배출권과 동일한 역할을 한다. 배출권 할당량 이외에 추가적으로 배출권을 창출하는 효과가 있는 것이다. EU-ETS는 4기간(2021~)부터 국외 크레딧은 인정하지 않으며, EU 역내에서의 상쇄배출권 사용은 특별한 제한이 없다. 국내에서는 2021년부터 외부사업승인의 경

♦ 6. 탄소배출권 가격 결정

우 업체들의 당해년도 배출총량의 5%만 인정받으며, 외국 시행 외부사업은 이에 절반인 2.5%만 인정한다. 즉, 상쇄배출권의 발행은 공급을 일정부분 늘리는 역할을 하며, 이에 따라 공급곡선이 우측으로 이동, 배출권 가격이 하락하는 효과를 가진다.

[그림6.8] 공급곡선 이동

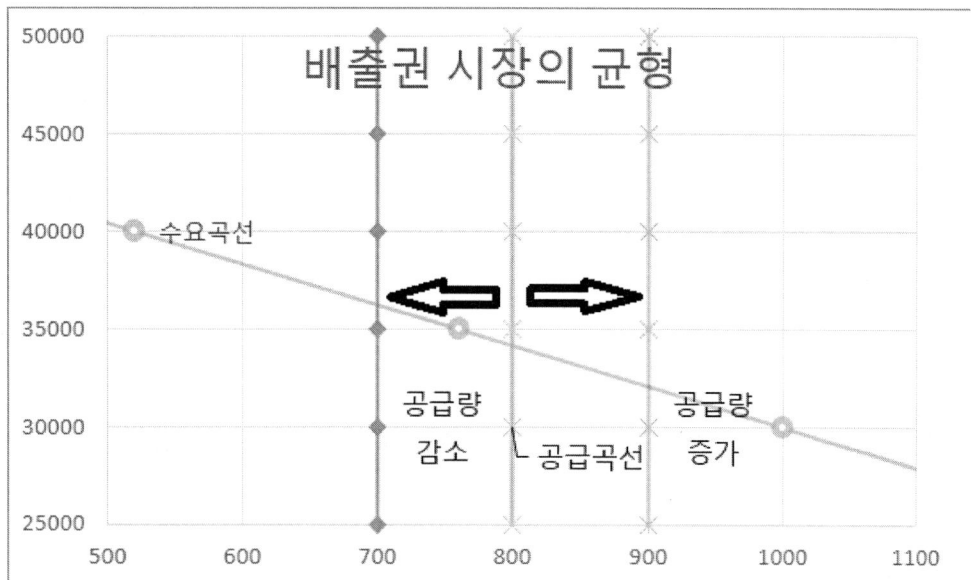

5. **배출권의 이월(Banking)**: 교토의정서에 의한 유연성 메커니즘(Flexible mechanism)은 할당/상쇄배출권에 대해 잉여량이 발생할 경우 다음 이행년도 또는 다음 계획기간으로 이월할 수 있도록 하였다. 파리협정에서도 ETS의 유연성 메커니즘을 허용하는 만큼 배출권 이월제도는 거의 동일하게 적용될 것으로 보인다. 이월의 한도는 정해져 있지 않으며(국가별로 다를수 있다. 예를 들어 국내의 경우 이월한도는 연평균 순매도의 몇배 식으로 해마다 정해진다.), 계획기간이 변경될 경우 이월이 제한될 수 있다. 이월은 이월된 양 만큼 다음 이행년도의 배출권 공급량 증가를 가져오며, 공급곡선의 우측 이동을 일으켜 가격 하락의 원인이 된다. 만일 배출권 가격이 상승할 것으로 전망되는 상황에서 배출권 이월이 가능하다면 기업은 배출권을 매도하지 않고 보유하여 현재의 배출권 가격을 지지할 것이다.

6. **배출권의 차입(Borrowing)**: 정부에게 제출하는 배출권 총량의 일정 비율은 계획기간 내 다른 이행연도의 배출권을 빌려서 제출할 수 있다. 국내의 경우 온실가스 배출권의 할당 및 거래에 관한 법률 시행령의 제36조 2항에 따라 다음 이행년도 배출권 수량의 15%로 차입한도를 제한하고 있다. 이러한 차입은 해당년도의 배출권이

탄소시장과 탄소배출권 ◆

추가 공급된 것과 같은 효과를 불러오며 가격 감소효과를 가져온다. 차입이 일어난 해의 다음 연도는 자연스레 배출권 공급량이 감소되는 효과가 있다. 이는 배출권 가격의 증가를 가져온다.

7. CER의 가격결정: CDM사업을 통해 획득하게 되는 배출권인 CER은 장기 프로젝트라는 CDM사업의 특성상 위험 노출의 기간이 상대적으로 길다. 따라서 CER의 가격은 EUA가격 대비 80~90% 선에서 결정된다. 파리협정에서는 유사한 SDM 사업을 통해 ITMO가 상쇄배출권으로 획득된다.

아래의 표는 배출권에 영향을 주는 요인들을 정리한 표이다. 표의 결과는 EU-ETS에 한정된 연구결과이지만, 대부분의 배출권이 이 요인들에 영향을 받는 것으로 생각해도 무방하다.

이 외에도 정부정책에 대한 기대감 등이 배출권 시장가격에 영향을 줄 수 있다.

[표6.1] 배출권에 영향을 주는 요인들

부문	요인	영향지속도	배출권 가격변화
공급부문	배출권 할당	장기	-
	CER, ERU 공급량	중기	-
	배출권 이월	장기	+
	배출권 차입	장기	-
수요부문	경제성장	중기	+
	기온변화	단기	+
	강우와 바람	단기	-
	에너지가격(오일, 석탄, 석유)	중단기	+
	감축비용	장기	+
	시장지배력	중기	+/-
	구조적 수급부족	장기	+
	구조적 수급과잉	장기	-

출처: Bonacina(2009), 김현석(2011)에서 재인용

6.4 CER의 가격 결정

교토메커니즘 하에서 CDM 사업으로 획득할 수 있는 상쇄배출권인 CER은 파리협

정의 시행과 함께 그 수명을 다하게 되었다. 기존 CDM 사업은 2023년까지 SDM으로 전환을 요청해야 하며, 2013~2020년 발행된 CDM 사업의 CER은 발행국가의 1차 NDC 달성에만 사용하는 것으로 제한되었다. 그럼에도 우리가 CER의 가격결정에 대해 학습하는 이유는, 파리협정에서 ITMO가 CER과 비슷한 체계로 작동할 것으로 예상되기 때문이다. 2022년 8월 현재까지도 CER이 존재하며, CER의 대체재인 ITMO의 발행이 거의 없어서 그 실존하는 위험을 아직은 알 수 없다. 하지만 ITMO를 발행할 수 있는 SDM 사업이 CDM 사업과 유사한 관계로, CER의 위험을 알면 ITMO의 예상되는 위험을 짐작할 수 있을 것으로 보인다.

- CER 위험의 종류

2013년까지의 가격 데이터를 바탕으로 분석해보면 EUA에 비해 CER의 가격은 상대적으로 90% 정도 낮은데, 그 이유는 EUA보다 여러 위험을 내포하고 있기 때문이다. 이 위험은 크게 발행단계에서 발생하는 인수도 위험(delivery risk)과 거래단계에서 발생하는 시장위험(market risk)으로 분류될 수 있다. 할당 배출권의 경우 신뢰도가 가장 높은 정부에서 기업으로 할당되기 때문에 인수도 위험은 없으며 시장가격의 변동에 의한 시장위험만 존재한다. 그러나 CER은 사업에 참여하는 개별 주체들간의 계약에 의해 발생되므로 발행단계에서 인수도 위험이 존재한다.

CER의 인수도 위험은 다시 두 가지로 나누어 설명할 수 있는데, 하나는 배출권이 예정된 물량 또는 계약서에 명시된 만큼 발행될 수 있는지, 그 다음으로는 인수도가 그 국가에서 계약대로 이행될 수 있는지로 나누어 설명할 수 있다. 첫 번째 위험은 구체적으로 해당 CDM 사업에 내재된 환경적 특성, 적용 기술, 사업자의 능력과 신뢰도 등에 의한 것으로 사업위험(project risk)이라 한다. 두 번째 위험은 사업 유치국(host country)이 개발도상국이기 때문에 생길 수 있는 위험으로, 계약을 제대로 이행할 수 있도록 뒷받침해주는 정치적 안정성, 제도적 효율성, 사업 수행 의지, 자연재해 가능성 등에 의해 생기는 국가 위험(country risk)이라 한다.

한편, 배출권이 발행된 후 시장위험은 다시 배출권의 가격변동에서 오는 위험(price risk)과 CER의 의무이행 한도나 발행신청 수요에 따라 공급량이 변하는 등 제도적 불확실성에 의한 위험(institutional risk)으로 나눌 수 있다. 가격위험은 CER 선물과 옵션 등 탄소배출권 시장의 파생상품을 이용하여 헷지할 수 있으며, 제도적 위험은 보험을 통해 관리가 가능하다.

- CER 시장구조와 가격

앞에서 살펴봤듯이 CER은 EUA를 대신해 상대적으로 낮은 비용으로 의무준수를 달성할 수 있는 대체품으로 고려된다. CER은 국제 탄소시장에서 크레딧 발행이 완료된 sCER(secondary CER)과 크레딧 발행 이전단계인 pCER(primary CER)로 구분해 거래된다. sCER은 pCER과 달리 인수도 위험이 없으며, EU-ETS 의무준수 활용 시 sCER과 EUA가 1:1로 이용될 수 있기 때문에 이론적으로는 EUA와 동일한 가치를 가진다. 하지만 CER은 의무준수에 사용되는 최대비율이 제한되어 있는데다, 앞 절에서 언급한 제도적 위험을 포함하므로 EUA의 가격보다 저렴하다. CER의 가격을 낮추는 또 다른 요소로는 거래비용이 있다. EUA의 경우 증권시장에서처럼 유동성이 높고 거래상대방 위험이 적으므로 거래비용이 상대적으로 저렴하다. 반면 sCER은 거래 상대방을 찾거나, 계약의 이행을 담보하기 위해 소요되는 거래비용이 추가된다.

- 2013년 이후 공급과잉과 수요부족

아마도 CER의 최대 위험은 2013년 전후로 나타난 공급과잉과 수요부족으로 보인다. 아래 그래프를 확인해보면 CER의 가치는 2013년 시작을 기점으로 EUA에 비해 가치가 거의 없는 것처럼 보인다. 교토메커니즘 1단계인 시기에는 중국, 인도, 한국, 브라질 등 '빅4'가 CDM 시장을 장악했다. 이 4개국은 2012년 이전에 CER 가격이 높을 때 사업을 벌여 혜택을 많이 받았다.

교토메커니즘 2단계에 들어서면서 유럽 탄소시장은 탄소배출권 공급 과잉으로 어려움을 겪으면서 국제 배출권 사용에 대한 제한이 곧 시행되었다. 2단계에서 양적 제한이 도입되었고 3단계에 들어서는 질적 제한까지 강화되고 보완되었다. CDM 사업 CER의 최대 구매자는 유럽연합(EU)의 배출권거래제(ETS) 시장이었는데, EU-ETS의 3단계(2013~2020년)에서는 최빈국의 CDM 사업만 활용할 수 있도록 제한했다. 이 시기에는 부탄, 캄보디아, 라오스 등 아시아 최빈국이 19개 프로젝트를 진행하는 등 가장 큰 혜택을 입었다. 그러나 EU는 4단계(2021-2030)에 이르러서는 CDM 사업 자체를 허용하지 않고, "상쇄 배출권"의 사용도 더 이상 허용되지 않게 되었다.

EU-ETS의 비용 효율성을 유지하기 위해 공급 과잉을 억제해야 할 필요성 외에도 상쇄 배출권의 사용은 대부분의 CDM 프로젝트의 낮은 환경 무결성으로 인해 학자들과 NGO로부터 많은 비판을 받았다. DG Clima가 의뢰한 보고서에 따르면 2013-2020년 기간 동안 잠재적인 CER 공급의 7%만이 실제적이고 측정 가능하며 추가 배출 저감을 제공할 가능성이 높은 것으로 나타났다.

이러한 모든 영향으로 인해 3단계(2013)가 시작될 때까지 EU-ETS는 약 20억 개의 탄소배출권(EU-ETS에 따른 연간 배출량의 총량보다 많음) 재고를 축적했다. 예상대로 이 재고는 EUA 가격을 심각하게 하락시켰다. 이미 과잉공급된 배출권 시장인데다 상대적으로 저렴한 CER을 우선 제출하면서 EUA의 가격이 하락한 것이다. 또한, 선진국의 배출권 수요는 고정적이지만 CDM 사업이 급증하면서 CER이 과잉공급되었다. 이에 2012년에 유럽 위원회는 '백로딩(backloading)'이란 조치를 통해 9억개의 탄소배출권 경매를 2014-2015년에서 2019-2020년으로 연기하였다. 그러나 추가 조치가 필요하다는 것이 입증됨에 따라 2015년에 MSR(Market Stability Reserve)이 설정되었으며, 여기에는 백로딩된 배출권 재고가 초기 준비금으로 숨겨져 있었다.

[그림6.9] EUA 및 CER 가격, 2009-2021

출처 : Stefano F. Verde, Simone Borghesi, 2022

- CER의 미래

과거에 CER을 EU-ETS에 이용하려면 일종의 국가간 배출권 거래장부라 할 수 있는 UN의 국제탄소계정(ITL: International Transaction Log)과 연계되어야 했다. UNFCCC 사무국에서 관리하는 ITL에서 CDM과 JI 크레딧을 발행하고 양도했다. EU-ETS에서는 EU-ETS의 거래계정인 EUTL(EU Transaction Log)과 ITL이 연결됨으로써 CDM 거래가 가능했다.

글래스고에서 개최된 제26차 당사국총회(cop26)에서 파리협정 제6조(국제 탄소시장)에 대한 지침이 타결되었다. 이에 따라 교토의정서를 기반으로 운영되던 CDM은 2020년 만료되어 SDM(Sustainable Development Mechanism, 지속가능발전 메커니즘)의 세부이행지침을 따르게 되었다. CDM과 SDM의 가장 큰 차이점은 모든 국가에서 온실가스 감축 사업을 추진할 수 있게 되었다는 점이다. CDM체제에서 SDM체제로 전환되면서 2021년 이전 발급된 CDM 사업 감축실적(CER)은 2013년 이후 등록된 사업에 한하여 2015년~2017년 각국이 제시한 1차 NDC에만 사용 가능하게 되었다. 기 등록되었거나 시행중인 CDM 사업은 2023년 12월 31일까지 6.4조(메커니즘 규칙, 방식 및 절차) 사업으로 '사업유치국(host country)'에 신청해야 하며, 2025년 12월 31일까지 사업유치국이 사업전환을 승인하여 결과를 제6.4조 감독기구에 제출해야 한다. 현재 사업기간의 종료시점 또는 2025년 12월 31일까지는 기존에 승인받은 CDM 방법론을 적용할 수 있으며 상시 기한 이후에는 제6.4조 메커니즘의 방법론을 적용해야 한다. EU-ETS에서도 2021년부터 더 이상 CER을 사용할 수 없게 되었으며 2021년 4월 말까지 CER를 EUA로 교환해야 한다.

6.5 탄소가격 실증연구

앞서 언급한 바와 같이 탄소배출권의 가격은 에너지가격, 거시경제요인, 기후요인, 신재생에너지의 발전속도, 전환가격, 총 할당배출량, 이월과 차입제도의 운영방식 등 다양한 요인에 의해서 영향을 받고 있다. 그렇다면 실제 운영되고 있는 배출권의 가격은 어떤 요인에 가장 크게 영향을 받고 있을까? 탄소배출권 가격의 결정요인에 대한 연구는 대부분 EU-ETS를 대상으로 진행된 바 있다.

EU-ETS는 각국에서 제출된 국가할당계획의 배출 상한선에 의해 배출권이 할당되었으므로 공급량이 고정된 상황에서 EUA의 수요에 변화를 주는 요인들을 독립변수로 설정한 연구가 다수 진행되었다. 특히 수요 요인 중에서도 가장 많이 활용된 변수는 에너지가격(석탄, 석유, 전기, 가스)이었다. 탄소배출권의 최대 수요자가 발전회사이기 때문이다. 일반적으로 탄소 가격이 상승하면 전기요금이 인상되는 형태로 소비자에게 가격 부담이 전가되는 것으로 나타났는데, 전기요금이 배출권 가격에 단기적으로 영향을 미치는지에 대해서는 상이한 실증분석 결과가 존재한다. Keppler, Mansanet-Bataller(2010)는 그랜저 인과관계 분석과 OLS 분석을 통해 전기 가격이 EUA 가격에 영향을 끼친다는 것을 발견했다. Aatola et al.(2013)은 2005년부터 2010년까지의 EUA 가격을 분석한 결과 독일에서 생산되는 전기 가격이 가장 큰 동인이며 천연가스, 석탄 가격과도 유의한 상관이 있음을 발견했다. 반면, Bunn, Fezi(2007)의 연구에 따르면 영국 시장에서 전기가격 대신 석탄에서 천연가스로 전환하는 과정에서의 전환비용이 탄소배출권 가격의 가장 중요한 동인이라고 해석했다. Schumacher(2012)의 연구에 따르면 천연가스 가격과 전환비용, 석탄 가격이 유의한 변수로 나타났다. 비교적 최신 연구인 Tan, Wang(2017)은 EU-ETS 1기에서 3기까지를 대상으로 연구를 진행했는데, 기간별로 에너지와 거시경제에 대한 EUA 가격 유의성이 상이하다는 사실을 발견했다. 전 기간을 통틀어 천연가스와 석유(브렌트유), 석탄의 가격은 EUA 가격에 큰 영향을 미치지만 그 정도는 1기에서 가장 약했고, 2기와 3기에서 EUA의 에너지 가격에 대한 의존성이 강해졌다.

에너지변수 외에도 거시경제변수, 기후변수, CER 가격변수가 독립변수로 활용되었다. Chevallier(2011)는 배출권 가격과 거시변수 사이의 상관관계를 분석하기 위해 VECM모형과 VAR모형을 활용하였다. 연구를 통해 탄소의 가격은 외생충격에 부정적으로 반응하고 있으며 거시경제지표가 환경에 관한 제도 규제에 영향을 받아 일정 시차를 두고 탄소 가격에 영향을 끼칠 수 있음을 발견하였다. Jiménez-Rodríguez(2019)은 2005년부터 2015년까지의 EUA가격과 프랑스, 독일, 이탈리아, 스페인, 영국의 주가지수의 상관관계를 각 기간별로 나누어 분석하였으며 EUA 가격이 주가지수에 대해 2기 기간에서만 유의한 상관관계를 가졌음을 발견하였다. 이는 2기 기간동안 일어났던 세계 금융위기가 탄소배출권 가격에 영향을 끼쳤기 때문으로 해석될 수 있다. 부정적인 경제 사건이 탄소배출권 가격하락에 영향을 끼친 것이다. Mansanet-Bataller et al.(2007)과 Alberola et al.(2008)은 기후변수와 배출권가격에 유의한 영향이 있음을 발견했다. Alberola et al.(2008)의 연구에 따르면 기후가 극한 상황에 있을 때 전기 생산이 예상보다 많거나 적어지면서 배출권의 수요가 증가하거나 감소할 수 있고 이로 인해 탄소 가격에 영향을 끼친다. 특히 온도 그 자체보다는 예상치 못한 온도의 변화가 탄소 가격에 영향을 끼칠 수 있다.

전 세계에서 가장 크게 운영되고 있으면서 데이터도 가장 많은 EU의 배출권시장조차 연구의 시기나 연구에 활용한 방식에 따라 상이한 결과를 보이는데, 연구의 동향을 살펴보면 불안정한 시장이었던 1기나 2기에서는 보다 다양한 변수에 의해 탄소배출권 가격이 영향을 받고 있음을 알 수 있다. 반면, Lovcha et al.(2022)의 연구에 따르면 3기부터는 무상할당의 비율이 크게 줄어 에너지부문 펀더멘탈에 의해 탄소배출권 가격이 크게 영향을 받고 있으며 EU의 탄소배출권시장은 점차 안정된 형태의 시장이 되어가고 있음을 확인할 수 있었다.

국내의 연구를 살펴보면 다수의 연구가 해외 동향과 비슷하게 EU-ETS를 대상으로 진행되었다. 이은정·박명섭(2014)은 유럽시장의 탄소배출권 가격 결정 요인을 수요적, 공급적 측면을 고려하며 OLS, VECM을 이용해 분석했으며 1기에서는 에너지가격의 변화가 배출권 가격에 미미한 영향을 미치는 것으로 나타났으나 2기에서는 석유가격이 배출권 가격에 정(+)의 영향을 미치는 것을 발견하였다. 조광조(2014)는 EU 탄소배출권을 공급 요인과 수요 요인으로 나누어 분석하였고 석탄가격과 CER 선물가격이 EUA 선물가격 지수에 통계적으로 유의한 음(-)의 영향을 미치는 것을 발견하였다. 백정호·김현석(2014)은 VECM모형을 통해 배출권가격이 전력 및 석유가격과 장기적인 양의 관계를 실증분석하였다. 홍이슬·오형나·홍종호(2015)는 공급측면 변수인 과잉할당량과 주가지수, 전력스프레드, 주가지수와 전력스프레드의 상호작용항, 유가, 극한 기온이 배출권가격에 통계적으로 유의한 영향을 미치는 것을 실증분석하였다.

반면 국내 탄소배출권 시장의 가격결정요인에 대한 연구는 아직 부족한 실정이다. 박순철, 조용성(2017)은 VECM모형을 이용해 KAU와 KCU간 일물일가 성립 여부를 검정하여 K-ETS 시장이 효율적 시장인지 여부를 살펴보았다. 분석 결과 배출권 시장 1기, 2기 일부 기간(2015년-2017년)동안 EU-ETS의 주요 가격결정요인인 에너지변수, 기온변수, 경제변수는 우리나라 배출권 가격에 유의한 영향을 끼치지 않았으며, 제도적 요인만이 통계적으로 유의한 변수로 지목되었다. 박순철, 조용성(2018)은 후속연구를 통해 KAU가 1차년도와 2차년도에 에너지변수나 기온, 경제 지표에 의해 영향을 받지 않고 있으며 이는 배출권 가격을 구성하는 정보가 시장 가격에 제대로 반영되고 있지 않고 있음을 지적했다. 손동희·전용일(2018)은 KAU 가격결정모형의 학습효과를 살펴보았다. 연구 결과 KAU는 거래량, 배출량 검인증기간, 상쇄배출권의 가격가 거래량, 콜금리, 환율, 주가지수가 유효인자로 나타났으나 금리, 환율, 주가지수는 일반적인 경제이론과 상이한 결과를 보여 초기 국내 탄소배출권 가격은 수요 요인에 의해서 정상적으로 작동하지 않았음을 확인했다. 반면, 손인성(2019)은 국내 배출권 시장의 효율성이 제1차 계획기간에 비해 2차 계획기간의 시작 지점인 2018년 상대적으로 높아졌음을 보였다. 우리나라 탄소배출권거래제는 2015년 시작되어 8년째 운영중에 있다. 우리나라 배출권시장은 EU-ETS 운영방식을 많이 벤치마킹했는데, 초기에는 배출권 가격이라는 개념을 시장에 안착시키고자 100% 무상할당 방식을 선택했다. 그러나 3기 시점부터 점차 자리를 잡아가기 시작했던 EU-ETS와는 다르게 국내 시장은 3차 기간에도 90%가 무상할당되었기 때문에 배출권 가격에 공급과 수요 요인이 정상적으로 영향을 끼치지 못했던 것으로 여겨진다.

6.6 REC가 탄소배출권 가격에 미치는 영향?

먼저 REC를 이해하려면 RPS 제도와 신재생에너지 사업자의 수익구조를 알아야 한다. 신재생에너지(주로 태양광) 사업자의 수익은 SMP+REC이다. SMP(계통 한계가격; System Marginal Price)는 한전에서 전기를 매입하는 가격으로 발전량에 비례하여 모든 사업자가 동일한 단가를 적용받는다.

- RPS(Renewable energy Portfolio Standard: 재생에너지 공급의무화) 제도란?
: 2012년 국내에 처음 도입되었다. 이 제도는 일정규모(500MW) 이상의 발전설비(신재생에너지 설비는 제외)를 보유한 발전사업자(공급의무자)에게 총 발전량의 일정 비율 이상(공급 의무량. 2021년 현재 9%이며 점차 증가)을 신·재생에너지를 이용하여 공급토록 의무화한 제도이다. 공급의무자는 공급 의무량에 해당하는 전력을 직접 신·재생에너지 발전설비를 도입하거나 다른 신·재생에너지 발전사업자로부터 공급인증서(REC)를 구매하여 충당할 수 있다.

국내 공급의무자: 2021년 기준 총 23개사. 한국수력원자력, 남동발전, 중부발전,

서부발전, 남부발전, 동서발전, 지역난방공사, 수자원공사, SK E&S, GS EPS, GS 파워, 포스코에너지, 씨지앤율촌전력, 평택에너지서비스, 대륜발전, 에스파워, 포천파워, 동두천드림파워, 파주에너지서비스, GS동해전력, 포천민자발전, 신평택발전, 나래에너지서비스.

신재생에너지 공급인증서(REC, Renewable Energy Certificate): 공급인증서 발급 대상 설비에서 공급되는 전력량에 가중치를 곱하여 MWh 단위를 기준으로 발급하며 발전사업자가 신·재생에너지 설비를 이용하여 전기를 생산·공급하였음을 증명하는 인증서로 공급의무자는 공급의무량에 대해 신·재생에너지 공급인증서를 구매하여 충당할 수 있다.[36]

국내는 RPS제도와 온실가스 배출권 거래제도가 연계되어 있지 않지만, 실제로 두 제도를 연계한 국가들이 있으며, 대표적인 예가 영국(RPS → ETS 단방향 연계)이다. 영국에선 재생에너지 공급 목표량을 초과한 공급의무자는 그 초과량을 온실가스 저감량으로 환산하여 배출권 거래시장에서 판매할 수 있다.

연계를 한다면 계산하는 방법은? 우리나라 온실가스 배출계수는 약 0.46CO_2톤/MWh. 즉 전력 1MWh를 생산하기 위해 이산화탄소 약 0.46톤이 배출된다. 따라서 1REC=0.46*1KAU로 계산하는게 합리적이다. 2021년 10월 21일 현재 KAU21의 가격은 약 3만원이므로, 1REC는 13,800원 정도의 가격으로 계산되나, 실제로 REC평균가는 36,679원.(https://www.kpx.or.kr/) 따라서 연계는 쉬운 일이 아니며, 재생에너지 발전수가 REC를 포기할 일은 없을 것으로 예상된다.

2021년 8월부터 RE100을 이행하기 위한 기업들이 REC를 구매할 수 있게 하는 거래시스템이 개설되었다. 기존엔 23개의 공급의무자들만 REC를 거래함으로써, REC의 활용범위는 매우 제한적이었다. RE100 기업의 입장에서는 REC 구매로 손쉽게 RE100 캠페인 달성이 가능하므로 선호하는 입장이다. 비록 REC와 탄소배출권 간의 시장은 다르지만, RE100 캠페인에 가입하는 회사가 많아질수록 탄소배출권의 수요는 줄어들 것으로 예상되므로, 가격을 하락시키는 원인으로 작용할 수도 있다.

그러나 2021년 현재 REC를 필요로 하는 기업 그룹(공급의무자 23개사 + RE100 캠페인 동참기업 10여 개사)의 수가 탄소배출권을 필요로 하는 기업그룹보다 현저히 적고(탄소배출권 할당 대상업체 684개), 공급의무자가 전체 발전량의 일정 부분만 REC로 인증해도 충분하며, RE100 캠페인 동참기업은 REC를 구매하지 않고도 RE100을 이행하기 위한 방법이 여러 가지 존재하므로 그 영향은 매우 적을 것으로

---

[36] 참조: https://www.knrec.or.kr/business/rps_guide.aspx

보인다.

　관건은 RE100 캠페인에 얼마나 많은 기업들이 가입할 것인지로 보인다. 즉 소비자들의 캠페인 동참 압력에 달려 있다고 볼 수 있다. 할당 탄소배출권으로 더 많은 전력을 생산할 수 있기 때문에 REC를 구매하는 용도는 오직 RE100 캠페인 때문일 수 있다. 이는 더 많은 재생에너지 생산으로 온실가스 배출계수가 더 낮아질수록 심화될 것으로 보인다. 물론 배출계수가 낮아지면 할당배출권의 축소가 뒤따라오고 탄소배출권 가격이 높아지겠지만, 아직은 현실화되기 어려운 미래의 일이다.

7.
탄소배출권
파생상품

앞서 우리는 탄소시장의 역사와 배경을 살펴보고, EU-ETS를 비롯하여 전세계에서 운영되고 있는 탄소배출권거래제의 구조, 배출권의 가격결정요인 등에 대해 알아보았다. 그렇다면 이번 장에서는 배출권이라는 상품을 금융화하고, 자본주의적인 방법으로 배출권이 거래될 수 있도록 만드는 요소들 중 하나인 탄소배출권 파생상품에 대해 논의해볼 필요가 있다. 배출권이라는 상품 특성상 만기가 있고, 보관비용이 없으므로 선물거래가 용이하다. 또한, 유럽의 탄소배출권시장은 일단 유상할당 비율이 높아 거래규모도 크고, 시장 도입 초기단계부터 제3자 거래와 파생상품 등을 도입했기 때문에 전세계 최대 배출권시장으로 자리잡을 수 있었다. 파생상품(Derivatives)이란 주식이나 채권같은 금융상품, 또는 농/수/축산물 등의 일반상품을 기초자산으로 하여 기초자산의 가치변동에 따라 가격이 결정되는 금융상품을 말한다. 대표적인 파생상품으로는 선도/선물거래(Forwards/Futures), 옵션(Options), 스왑(Swap) 등이 있다. 현재 우리나라는 탄소배출권 파생상품을 허용하고 있지 않지만 꾸준히 파생상품 도입을 고려하고 있는 중이다. 탄소배출권 파생상품을 허용하면 거래량이 탄소배출권 현물보다 월등히 많아([그림] 참조) 탄소배출권의 가격 발견기능을 제고할 수 있고, 민간 금융회사의 참여를 유도할 수 있다. 또한 파생상품을 이용한 헤지를 통해 가격 변동성을 완화하고 수요자들의 리스크를 줄일 수 있기 때문이다. 파생상품이 도입될 경우 우리나라 배출권거래제 특징 중 하나인 가격 급등락 폭이 크다는 리스크를 완화할 수 있을 것이다. 본 장에서는 탄소배출권을 기초자산으로 하는 선물, 옵션 등을 소개한다.

[그림7.1] 유럽탄소배출권 거래시장 내 EUA, 크레딧 비중(좌), 선물 vs 옵션 vs 현물(우)

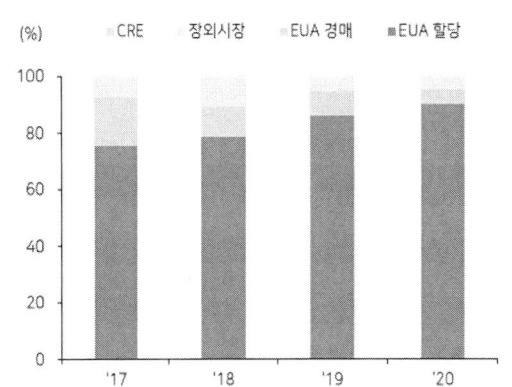
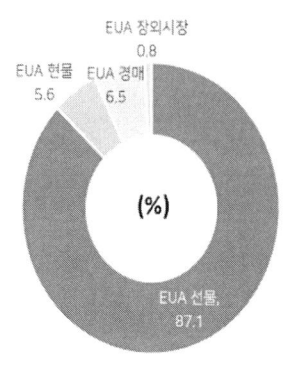

출처: Refinitive, 메리츠 증권 리서치센터

7.1 탄소배출권 파생상품의 운영과 현황

현존하는 가장 성공적인 탄소배출권 파생상품으로는 EU-ETS에서 EUA를 기초자산으로 거래되는 선물과 옵션을 들 수 있다. 탄소배출권 상품은 현물과 선물 두 가지로 나눌 수 있는데, 유럽의 할당배출권인 EUA, CDM을 통해 발급되는 CER[37]과 같은 현물과 이들을 기초로 하는 선물, 옵션 등의 파생상품이 있다. 일례로, EEX에서는 EUA를 기초자산으로 하는 EUA 선물, EUA 선물옵션(Future style options) 뿐만 아니라, EUAA(항공 탄소배출권)를 기초자산으로 하는 선물도 거래되고 있다.[38] 특히 EU-ETS의 경우 상품별 거래규모를 보면 현물보다는 선물계약이 주로 거래(선물 거래가 80% 이상)되고 있기 때문에 다수의 연구에서 EUA 선물 가격을 이용하고 있다.

EUA 선물은 2005년부터 유럽기후거래소(ECX: European Climate Exchange)에서 거래되다가 이를 ICE(Intercontinental Exchange)에서 인수하여 현재는 ICE에서 거래되고 있다. ICE에서 거래되는 유럽 탄소배출권 선물(ICE EUA Carbon Futures ER) 지수를 추종하는 ETF도 2021년 국내에 출시되었다. ICE에서는 EUA뿐만 아니라 영국 탄소배출권, 캘리포니아 배출권(CCAs, California Carbon Allowances), 캘리포니아 상쇄배출권, RGGI 할당배출권의 선물, 옵션도 거래할 수 있다.

---

[37] 앞 장에서 언급했던 바와 같이, CER은 모두 EUA로 전환되어 더 이상 CER 선물계약은 거래되지 않는다.
[38] https://www.eex.com/en/markets/environmental-markets/eu-ets-spot-futures-options

[그림7.2] CCA와 EUA 선물, 옵션 거래 규모(ICE)

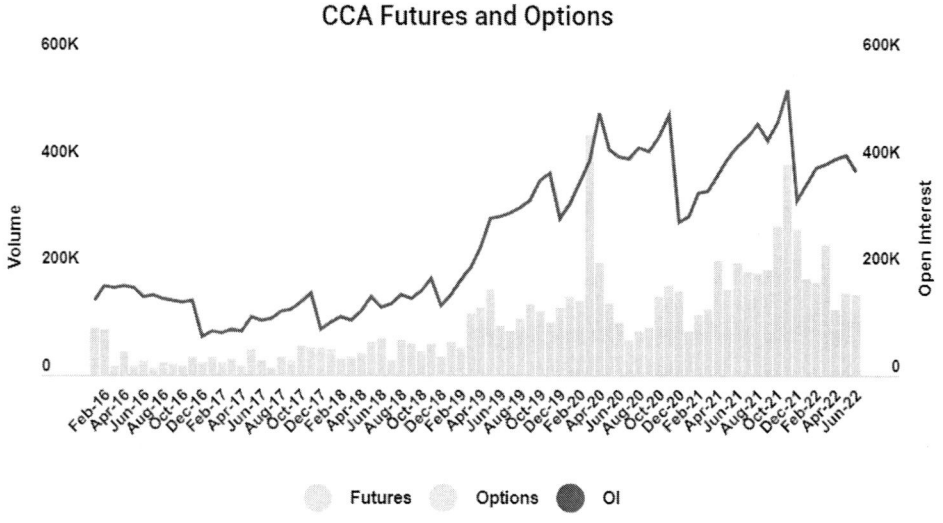

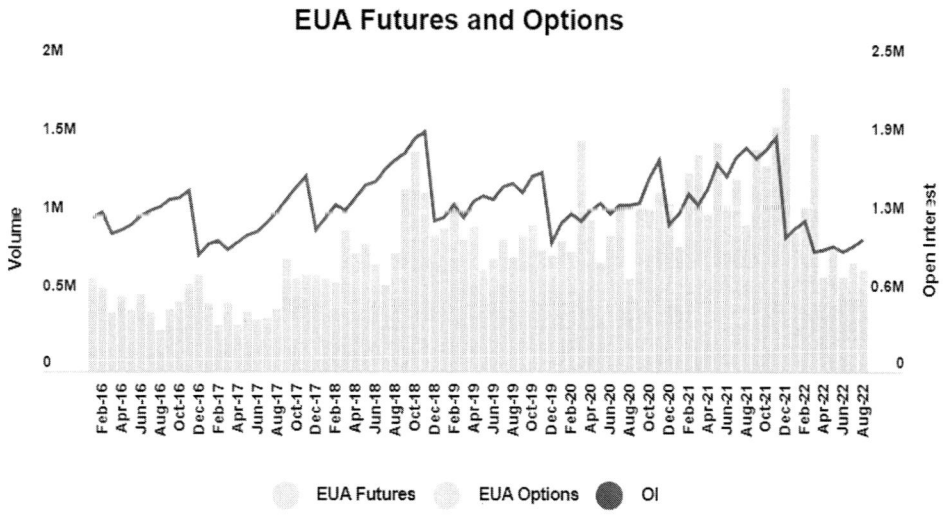

출처 : Global Environmental Markets Report (2022.07, ICE)

7.2 선물의 기초

선물계약을 정의하기 위해선 몇 가지 기초적인 표기법이 필요하다. 아래에 표기법들을 정의한 뒤 탄소배출권에 관련된 파생상품을 소개하고자 한다.

선도계약은 미래의 특정 시점(T)에 일정량의 특정 상품(S)을 미리 정한 가격(S_0)으로 매입/매도하기로 약속한 계약이다. 미래의 특정 시점을 **만기**라고 하며, 특정 상품을 **기초자산**이라고 한다. 미리 정한 가격은 **행사가격**이라고 한다.

선물계약은 선도계약과 정의는 같으나, 주로 장외계약인 선도계약과 달리, 선물은 거래소 내에서 거래하는 계약이다. 일일정산을 하고 청산소가 있으며 거래에 필요한 모든 일정 및 상품이 표준화되어 있다.

r을 0시점에서 T시점까지 고정된 **무위험 이자율**이라고 할 때, 선물거래와 선도거래의 가격 결정모형은 다음과 같다.

$$F = S_0 \exp(rT)$$

기초자산 S에 따라 여러 선물/선도 계약이 존재하며, 기초자산이 탄소배출권이면 탄소배출권 선물/선도계약을 생각할 수 있다.

[그림7.3] 선도 또는 선물매입포지션으로부터 얻는 이익

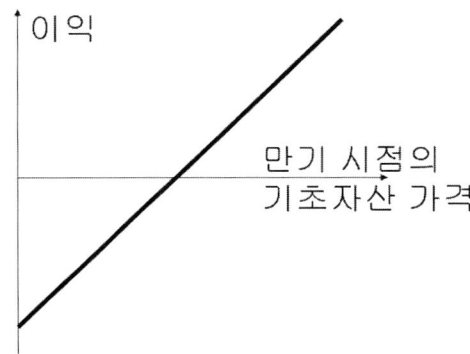

[그림7.4] 선도 또는 선물매도포지션으로부터 얻는 이익

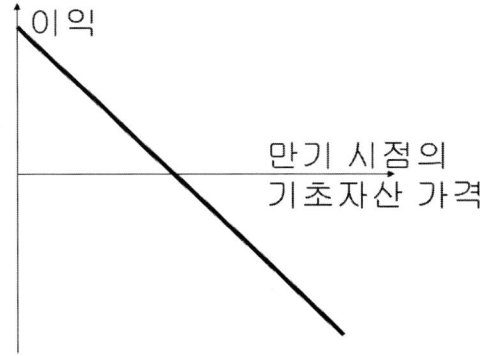

7. 탄소배출권 파생상품

〉 선물 용어정리

- 인도(Delivery): 만기에 선물거래가 종료되면 매도포지션 거래자는 매입포지션 거래자에게 계약된 기초자산(EUA)을 전달해야 한다. 이는 거래소에서 정해진 시간과 장소에서 실행된다. 인도를 실행하는 월을 인도월이라고 한다. 선물거래에서는 보통 인도 이전에 반대매매를 통하여 거래가 청산된다.

- 증거금 제도: 투자자의 변심이나 파산에 의해 계약 불이행을 피하기 위한 제도. 거래를 시작하기 위해 투자자는 증거금 계정(margin account)에 계약당 개시증거금(Initial Margin)을 예치하라고 주문한다. 선물거래의 손익은 매일의 거래 종료시점에서 정산되어 증거금 계정에 기록된다. 이를 일일정산(Daily settlement)이라 한다. 투자자는 개시증거금을 초과하는 금액을 언제든 인출할 수 있다. 그러나 계정이 마이너스가 되지 않게 하기 위하여, 거래소는 개시증거금보다 어느 정도 낮은 수준의 유지증거금(Maintenance margin) 제도를 운영한다. 만일 증거금 잔액이 유지증거금을 하회하면 투자자는 개시증거금 수준 이상의 증거금 납입요청을 받는다. 이 금액을 추가증거금(Variation Margin)이라고 하는데 이를 예치하지 않으면 브로커는 체결한 선물계약을 반대매매 함으로써 포지션을 마감한다.

- 청산소(Clearinghouse): 거래소에 소속된 기관으로써 선물거래 당사자들의 거래 이행을 보증해준다. 청산소는 청산소에 자금을 예치해 둔 많은 회원들(clearing members)을 갖고 있으며, 청산소 회원이 아닌 브로커들은 청산수 회원을 통해 업무를 수행해야 한다. 청산소의 주요 임무는 하루동안 발생한 모든 거래정보를 처리해서 각 회원의 순포지션(net position)을 계산하는 일이다. 청산소는 회원에게 거래증거금(clearing margin) 예치를 요구한다. 즉, 청산소 회원의 계정도 일일정산을 하지만, 다른 점은 이들은 개시증거금 제도만 있고 유지증거금 제도는 없다.

- 백워데이션: 선물가격이 기대 미래현물가격보다 낮은 상황(그러나 보통 간단하게 기대미래현물가격 대신 현물가격을 쓰기도 한다.)

- 콘탱고: 선물가격이 기대 미래현물가격보다 높은 상황

- 베이시스 = 현물가격 − 선물가격. 선물거래가 만기에 다다르면 베이시스는 0으로 수렴한다.
시간에 따라 선물과 현물가격이 동일한 크기로 움직이지 않으므로 베이시스는 변한다. 베이시스가 증가하는 것을 강세베이시스(strengthening of the basis)라고 하고,

반대로 베이시스가 감소하는 것을 약세베이시스(weakening of the basis)라고 한다.

- 미결제약정(Open Interest) 수량: 남아있는 매수포지션의 수 또는 매도포지션의 수

7.2.1 EU-ETS 선물의 특징

[표7.1] ICE EUA 선물계약

상품	ICE ECX EUA Futures Contract
기초자산 및 상품 설명	본 상품의 기초상품은 EUA로, 규칙에 따라 EUA를 전달하거나 전달받을 의무가 있는 인도 가능한 계약이다.
계약단위	1,000톤 (1000EUAs = 1 lot)
가격표시	EUR/톤
최소가격변동	톤당 EUR 0.01 (=1 lot당 10유로)
일일가격변동제한폭	없음
결제방식	실물인수도

출처 : ICE (https://www.theice.com/products/197/EUA-Futures)

위 표는 세계에서 가장 규모가 크고 안정적으로 운영되는 EU-ETS 할당배출권인 EUA를 기초자산으로 하는 선물계약의 개요를 담고 있다. 2019년 EUA 관련 거래중 87% 이상이 EUA 선물로 거래되고 있다. 이외에도 EUA Daily Future, EUAA를 기초자산으로 하는 선물(EUAA Futures)도 있으나 기초자산만 다를 뿐 내용상 대동소이한 관계로 본 저서에선 EUA 선물을 대표로 다룰 예정이다. 2022년 10월까지 KAU선물은 아직 존재하지 않는다.

ICE뿐만 아니라 독일에 위치한 유럽 에너지 거래소(EEX, European Energy Exchange)에서 거래되는 EUA 선물도 비슷한 구조를 가지고 있다.

7. 탄소배출권 파생상품

[표7.2] EEX EUA 선물계약

상품	EEX EUA Future (Monthly, Quarterly and Yearly Expiries)
기초자산	EUA
계약단위	1,000톤 (1000EUAs = 1 lot)
가격표시	EUR/톤
최소가격변동	톤당 EUR 0.01 (=1 lot당 10유로)
인도 기간	• 월간 선물: 12월 또는 분기 선물이 해당 만기일에 만료되지 않을 시 현재 및 다음 2개월 • 분기 선물: 12월 선물이 해당 만기일에 만료되지 않을 시 현재 및 다음 11분기 • 연간 선물: 현재 및 향후 8년 동안의 12월 만기

12월물을 기준으로 기간구조가 형성되는 이유는 의무감축기간이 연말을 기준으로 평가되기 때문이다. 같은 이유로 거래도 12월물이 제일 활발하다. 선물 3, 6, 9월물은 약 2년간의 거래기간을 가진다. 만기는 매월 마지막 월요일이다.

이외의 월물은 약 3개월간의 거래기간을 가진다. 만기는 매월 마지막 월요일이다. 거래가 끝나는 당일 인도가격을 공시하고 약 3일 정도의 인도기간을 가진다.

- EUA 선물을 이용한 헷징

파생상품이 탄소시장에서 중요한 역할을 하는 이유는 파생상품이 탄소규제를 받는 기업들이 이용할 수 있는 가장 비용효율적인 상품이기 때문이다. 예를 들면 탄소배출자가 몇 년 후 생산에 대한 배출원가 위험을 회피하기 위한 수단으로 탄소배출권 파생상품을 이용할 수 있다. 혹은 배출권 가격이 하락할 것으로 예상되는 경우 선물계약에 매도포지션(매도헷지, Short hedge)을 취해 추가이익을 발생시킬 수도 있다.

〉예제) 9월 15일 현재 어떤 회사는 3개월 후 EUA 1만 계약을 매도하는 선물계약을 체결한다. 판매단가는 12월 15일의 현물가격으로 한다.
 EUA의 현물가격: 톤당 60달러
 12월 만기 EUA 선물가격: 톤당 59달러
 이 회사는 다음과 같은 거래를 이용하여 헷지할 수도 있다.
 9월 15일: 12월 만기 EUA선물 10계약을 매도
 12월 15일: 매도포지션을 마감
 선물계약으로부터 얻는 손익을 고려하면 회사는 EUA의 매도가격을 톤당 59달러에 고정할 수 있다.

예를 들어, 12월 15일 EUA의 경매가격이 톤당 55달러라 가정하면, 이 회사는 EUA를 판매하여 55만 달러의 수익을 얻는다. 그리고 12월 만기 EUA의 선물가격은 경매가격인 톤당 55달러에 수렴할 것이다. 그래서 회사는 톤당 59-55=4달러의 추가 수익을 얻는다. 따라서 선물 매도거래와 현물거래로 톤당 59달러, 또는 59만달러의 수익을 얻는다.

- 선물계약의 연장(Rollover in futures)

선물계약의 연장은 기존의 선물계약을 마감하고 그것보다 늦은 인도일을 갖는 선물계약에 동일한 포지션을 취함으로써 이루어진다. 현물계약에 대한 헷지를 연장(rolling the hedge forward)하기 위해서도 사용된다.

일자	2019년 1월	2019년 11월	2020년 11월	2021년 11월
2019년 12월 만기 선물가격	24.9	25.5		
2020년 12월 만기 선물가격		25.3	23.1	
2021년 12월 만기 선물가격			24	56.9

예) 어떤 금융기업이 탄소선물 ETF 운영을 위해 EUA 선물계약 매입을 3년 연장한다고 하자. 시장에는 여러 만기일의 선물계약들이 거래되고 있지만, 만기가 1년 이내인 선물계약만이 기업 요구에 부응하는 충분한 유동성을 갖는다고 하자. 따라서 이 기업은 2019년 1월 DEC19를 매입하고 매년 11월 차년도 선물계약으로 교체해서 2021년 11월까지 선물계약을 연장한다.

연속적인 선물계약 매입으로부터 기업이 얻는 이익은 톤당 31.30달러이다.
(25.50-24.90) + (23.10-25.30) + (56.90-24.00) = 31.30달러

7.3 옵션 기초

옵션은 미래의 특정 시점(T, 만기)에 일정량의 특정 상품(S, 기초자산)을 미리 정한 가격(K, 행사가)으로 매입/매도할 수 있는 권리이다. 선물과의 가장 큰 차이점은 매입/매도에 대한 권리를 행사하지 않아도 된다는 점에 있다. 매입할 수 있는 권리는 콜옵션, 매도할 수 있는 권리는 풋옵션이라고 한다. 만기시에만 행사할 수 있는 옵션은 **유러피안** 옵션, 만기 이전에도 행사할 수 있는 옵션은 **아메리칸** 옵션이라 한다.

[그림7.5] 콜옵션 매입포지션의 예시. 주식 1주에 대한 유러피언 콜옵션 1개를 매입한 투자자의 이익. 옵션가격 = 5달러, 행사가격 = 100달러

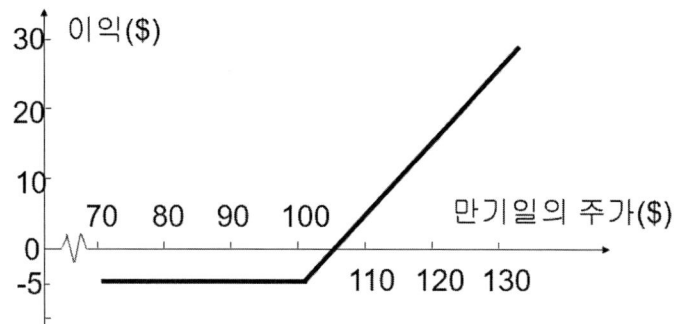

[그림7.6] 콜옵션 매도포지션의 예시. 주식 1주에 대한 유러피언 콜옵션 1개를 매도한 투자자의 이익. 옵션가격 = 5달러, 행사가격 = 100달러

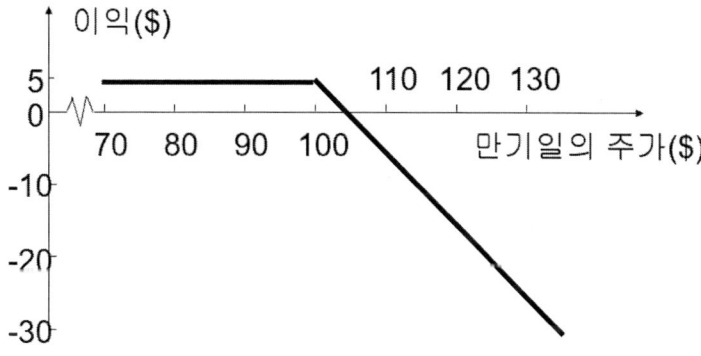

[그림7.7] 풋옵션 매입포지션의 예시. 주식 1주에 대한 유러피언 풋옵션 1개를 매입한 투자자의 이익. 옵션가격 = 7달러, 행사가격 = 70달러

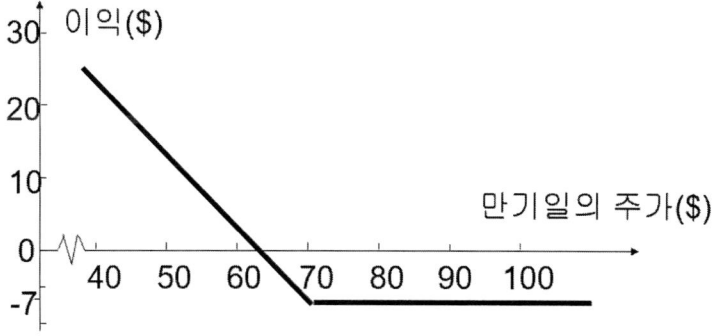

[그림7.8] 풋옵션 매도포지션의 예시. 주식 1주에 대한 유러피언 풋옵션 1개를 매도한 투자자의 이익. 옵션가격 = 7달러, 행사가격 = 70달러

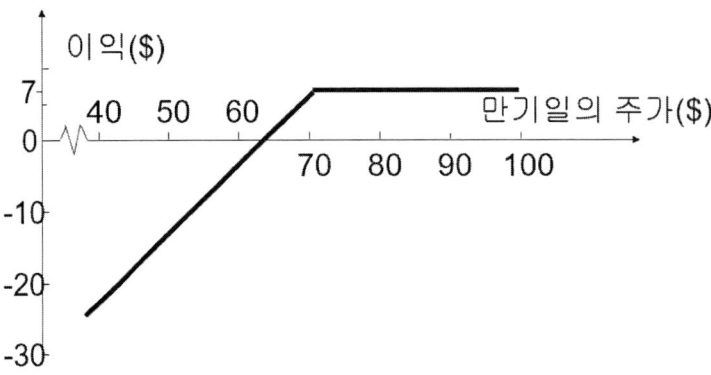

〉 옵션 용어 정리

예를 들어 EUA 선물에 대한 옵션이 4개의 만기일과 5개의 행사가격에 대해 거래된다고 하자. 모든 행사가격과 만기일에 대한 콜/풋 옵션이 모두 거래되면 총 40개의 상이한 계약이 거래된다.
- 옵션 클래스 (Option class): 같은 종류의 옵션(콜 또는 풋)을 옵션클래스라 한다. (20개의 콜 또는 20개의 풋)
- 옵션 시리즈 (Option series): 같은 클래스면서 행사가격과 만기가 같은 모든 옵션을 옵션시리즈라 한다.
- 등가격/외가격/내가격: S가 현재 주가이고 K가 행사가인 경우, 콜옵션은 S〉K이면 내가격, S=K이면 등가격, S〈K이면 외가격에 있다고 한다. 풋옵션의 경우 S〈K이면 내가격, S=K이면 등가격, S〉K이면 외가격에 있다고 한다.
- 옵션의 내재가치: 콜옵션의 내재가치는 $\max(S-K, 0)$ 이고, 풋옵션의 경우 $\max(K-S, 0)$ 이다.
- 옵션의 시간가치: 내가격에 있는 아메리칸 옵션의 경우 즉각적으로 실행하면 내재가치만큼의 이득을 실현할 수 있다. 따라서 즉시 행사하는 것보다 기다리는게 최적(미래의 불확실성으로 인해 더 비싸게 거래되는 것)일 수 있는데, 이는 옵션의 시간가치를 반영한다. 옵션의 총가치는 내재가치 + 시간가치이다.

7.3.1 EUA 선물 옵션(EUA Futures Options)의 특징

현재 ICE와 EEX에서 취급하는 탄소배출권 관련 옵션은 모두 선물옵션의 형태를 띄고 있다. 이러한 이유는 앞의 탄소배출권 선물에 관한 절에서 설명한 바와 같이,

탄소배출권 현물보다 탄소배출권 선물이 대체로 유동성이 높고 거래하기가 용이하기 때문이다. 실제로 현물가격보다 선물가격이 거래소를 통해 즉각적으로 확인할 수 있다.

[표7.3] ICE EUA 옵션

상품	ICE EUA Futures Options (Futures Style Margin)
기초자산 및 상품설명	해당 연도의 12월 선물
계약단위	1,000톤 (1000EUAs = 1 lot)
거래단위	1 EUA 선물옵션 계약
최소가격변동	톤당 EUR 0.005 (=1 lot당 5유로)
일일가격변동제한폭	없음
옵션 형태	유러피안 옵션
행사	내가격 옵션이 자동으로 행사

출처 : ICE (https://www.theice.com/products/197/EUA-Futures)

[표7.4] EEX EUA 옵션

상품	EEX EUA Options (Future Style)
기초자산 및 상품설명	해당 연도의 12월 EUA 선물
거래가능한 옵션 만기	•월 옵션: 해당 만기일에 EUA 12월 옵션 또는 EUA 분기 옵션이 만료되지 않는 경우 현재 및 다음 2개월 옵션 •분기 옵션: 해당 만기일에 EUA 12월 옵션이 만료되지 않는 경우 현재 및 다음 11분기 옵션 •12월 옵션: 해당 만기일에 EUA 12월 옵션이 만료되지 않는 경우 현재 및 다음 11분기 옵션
옵션 형태	유러피안 옵션
최소가격변동	톤당 EUR 0.001 (=1 lot당 1유로)
행사	내가격 옵션이 자동으로 행사

EEX에서 운영되는 EUA 선물옵션의 기초자산은 EUA 선물 12월물이다. 예를 들어 2022년 3월 만기 옵션의 기초자산은 2022년 12월 만기 선물이다. EUA 옵션은 유러피언 옵션으로, 만기시에만 행사 가능하다. 만기시 내가격 옵션만 행사할 수 있으며 등가격과 외가격 옵션은 가치가 없기 때문에 행사할 수 없다. 만기는 각 분기별

선물 만기 3일전이다. 해당 옵션은 만기에 자동행사가 되어 EUA 선물계약을 얻게 되며 거래 참가자의 수동행사는 허용되지 않는다. 이 가격은 만기일 오후 2시를 기준으로 EEX에 의해 결정된다. 옵션의 최종 거래일은 옵션의 기초자산인 EUA 선물의 최종 거래일 이전 세 번째 거래소 거래일이며 옵션 만기시 옵션 1계약이 EUA 선물 1계약으로 행사된다. 옵션의 거래 수명은 13분기(2.75년) 이상이다.

- 콜선물옵션(call futures option): 약정가격으로 선물계약에 매입포지션을 취할 수 있는 권리. 실질이득(effective payoff)는 max(F-K,0), F는 행사시점의 선물가격, K는 행사가격.
- 풋선물옵션(put futures option): 약정가격으로 선물계약에 매도포지션을 취할 수 있는 권리. 실질이득(effective payoff)는 max(K-F,0).
- 유러피언 옵션. 즉, 만기시에만 내가격 옵션이 행사 가능하며, 등가격 및 외가격 옵션은 가치가 0이 됨.

탄소배출권 콜(풋) 선물옵션이 만기시 행사되면 선물의 매입(매도) 포지션이 된다.

7.4 EUA 선물옵션 가격결정모형

피셔 블랙(Fischer Black)은 1976년 논문에서 선물옵션의 가치를 평가할 수 있는 모형을 발표하였다. 이를 블랙모형(Black's model)이라고 한다. 현재 탄소배출권 선물가격을 F_0, 무위험 이자율을 r, 행사가격을 K, 만기를 T, 기초자산의 수익률 변동성을 σ라고 하자. 콜옵션의 가격을 c, 풋옵션의 가격을 p라고 하면,

$$c = e^{-rT}[F_0 N(d_1) - KN(d_2)]$$
$$p = e^{-rT}[KN(-d_2) - F_0 N(-d_1)]$$

여기서

$$d_1 = \frac{\ln(F_0/K) + \sigma^2 T/2}{\sigma \sqrt{T}}, \quad d_2 = d_1 - \sigma \sqrt{T}$$

이다.

7.5 실물옵션(Real Option)

파리협정에서 상쇄배출권을 발행하기 위한 SDM체제는 교토메커니즘의 CDM 체제와 비슷하게 운영될 가능성이 매우 크다. CDM사업에서 CER을 발행하기 위해서는 제안된 사업계획서(PDD)가 검증(validation), 등록(registration), 모니터링(monitoring), 확증

(verification), 인증(certification)의 과정을 거침으로서 최종적으로 CER(certified emission reduction)이 발행될 수 있다. 이 여러 단계들을 거치면서 발생하는 불확실한 경제적, 사회적 요인들은 고스란히 CER을 발행하기 위해 투자자가 지불해야 하는 비용들이 된다. 마찬가지로 각 SDM사업을 전개할 때, 여러 의사결정의 단계에서 발생되는 실물옵션들의 가치는 그 결과물인 ITMO의 생산비용이 될 것이다. 이번 절에서는 사업을 진행하는 과정에서 생겨나는 여러 실물옵션의 의미와 가치평가방법 등에 관해 알아보고자 한다.

실물옵션의 개념은 1984년 MIT의 슬론(sloan) 경영대학원의 스튜어트 마이어스(Stewart myers)가 전략적 계획과 재무활동에 관한 설명을 하는 과정에서 도입된 것으로, 블랙숄즈머튼 옵션가격 결정이론을 실물자산의 평가 및 관리에 응용한 개념이다.

실물투자 의사결정과정에서 고려하게 되는 다양한 형태의 선택권은 합리적인 의사결정 결과를 도출하는데 있어서 중요한 역할을 하게 된다. 전통적인 순현재가치법(net present value method)이 가지는 문제점 중 하나는 투자안에 내포된 다양한 선택적 상황에 대한 고려가 없다는 점이다. 이를 보완하기 위하여 선택적 상황을 고려하여 투자의사결정을 하여야 하는데, 실물옵션을 고려함으로써 선택적 상황에 대한 잠재적 이익과 위험을 반영하여 순현재가치를 구할 수 있다.

넓은 의미의 실물옵션은 투자의사결정 또는 자금조달의사결정 등과 같이 매매거래가 아닌 현실적인 경영선택권에 관련된 모든 비 매매옵션을 뜻한다. 좁은 의미의 실물옵션은 연기옵션(Option to postpone), 취소옵션(Cancellation option), 성장옵션(Growth option, Expansion option), 유연성 옵션(Flexibility option, Operation option), 단계옵션(Stepwise option) 등이 있다.(물론 이외에도 많은 종류의 실물옵션이 있다.)

연기옵션: 현실적으로 경영자들이 투자 의사결정과정에서 투자안을 실행하거나 포기하는 둘 중 하나를 선택하는 경우가 많다. 그러나 실물옵션을 고려한 투자의사결정의 경우 미래의 불확실한 상황이 해소될 때까지 투자를 연기함으로써 회피 가능한 손실가능금액을 측정할 수 있다. 즉, 투자 연기에 따른 손실회피가능금액이 투자실행의 가치보다 크면 투자연기가 올바른 의사결정이 된다. 사업 규모가 커서 사업을 연기해도 경쟁적 신규진입이 어려운 경우에 적합하다.

취소옵션(Cancellation option): 시장상황의 갑작스런 악화로 인하여, 기 수주한 사업 진행시 손실가능금액보다 투자 취소옵션의 가치가 더 큰 경우는 투자를 실행하는 것이 유리할 것이다. 반대로 손실가능금액이 투자 취소옵션의 가치보다 더 큰 경우는 수주한 사업을 취소하는게 유리하다.

성장옵션(Growth option, Expansion option): 장래 사업을 확대할 기회를 고려하여, 성장옵션의 가치가 투자비용을 상회하면 그 투자옵션은 채택된다. 장래 상황이 좋아진 경우 투자규모를 확대할 수 있는 사업의 평가에 적합하다.

유연성 옵션: 생산과정에서의 투입요소나 산출물의 구성비율, 양 등을 변경할 수 있는 옵션을 말한다. 투자안의 유연한 변경으로 인한 생산물의 가치가 기존 투자안을 진행했을때의 생산물의 가치보다 크다면 실행하게 된다.

단계옵션: 단계적 투자를 진행해야 하는 사업의 경우 단계별 투자의 가치를 평가하여 바람직한 투자의사결정결과를 얻을 수 있다. 예를 들어 반도체 공정의 선폭을 14나노에서 10나노로, 또는 7나노로 단계적으로 업그레이드하기 위한 투자 의사결정의 가치에 대해 평가하는데 단계옵션이 쓰일 수 있다.

[표7.5] 실물옵션의 종류와 성격

성격	옵션종류	기초자산	행사가격
콜옵션	연기	사업 연기시 기대현금흐름의 현재가치	투자금액
	성장	사업 성장시 기대현금흐름의 현재가치	투자금액
	유연성	투자안 변경시 기대현금흐름의 현재가치	투자안 변경금액
	단계	차 단계 기대현금흐름의 현재가치	차단계 투자금액
풋옵션	취소	수주 제품의 기대현금흐름의 현재가치	수주금액

> 순현재가치법

투자로 인해 발생하는 미래 현금흐름을 할인하여 현재가치를 구한 뒤, 투자에 소요되는 비용을 차감하여 투자의 가치를 평가하는 법.

예) 1년간 투자를 유예할 수 있는 투자자가 1년 후에 160을 투자하면, 다음 해에 현금흐름이 각각 50%의 확률로 200 또는 100이 된다고 가정하자. 1년간 할인율이 10%로 고정된다고 하면, 순현재가치법에 따라서 프로젝트의 현재가치는 (0.5*(200)+0.5*(100))/1.1 = 136.36 이다.

지출되는 비용의 현재가치는 160/1.1 = 145.45이고, 따라서 프로젝트의 순현재가치는 136.36-145.45 = -9.09가 된다. 순현재가치법에 의한 평가에 의하면, 수익성이 없기 때문에 기각된다.

순현재가치법의 단점은 투자자가 1년간 투자를 유예할 수 있다는 전략적 유연성의 가치를 무시하고 계산한다는 점이다. 전략적 의사결정의 가치를 반영하기 위해 한 단계 진전된 평가방식이 의사결정분석모형이다.

> 의사결정분석모형

앞의 예에서 투자자가 투자계획을 1년간 미룰 수 있다면, 만기시점에서 현금흐름의 가치가 투자금액보다 클 경우에는 투자를 승인하고, 작을 경우에는 투자를 포기할 것이므로, 우리는 다음과 같은 최종 투자가치를 얻을 것이다.

Max[V-I,0],

여기서 V는 투자를 실행했을 때 만기(1년)시 프로젝트의 현금흐름, I는 투자금액.
1년 뒤 프로젝트의 현금흐름이 V-I=200-160=40 이거나, 또는 투자를 하지 않는 경우 0이므로, 앞의 순현재 가치법은 다음과 같이 수정되어 계산된다.

(0.5×(40)+0.5×(0))/1.1 = 18.18

즉, 투자를 1년간 유예할 수 있는 실물옵션의 가치는 달라진 순현재가치법 계산의 결과 차이인 18.18-(-9.09) = 27.27 이라 할 수 있다.

> 실물옵션 분석

이번엔 이항모델의 개념을 가져와서 실물옵션 분석을 해보자. 무위험 이자율 rf=8%인 무위험 채권과 이 투자안과 동일한 위험을 가진 대용주식(proxy security)의 주식으로 이루어진 무위험 포트폴리오를 구성한다고 가정하자.(투자안:대용주식 비율이 20:1이라 가정하자.) 이 포트폴리오는 D개의 주식과 1개의 무위험 채권 B로 구성되어 있으므로, 1년 뒤 이 포트폴리오의 현금흐름에 따라 다음과 같은 관계가 성립한다.

상승 시: 10D + B(1 + rf) = 40
하락 시: 5D + B(1 + rf) = 0

위의 연립방정식을 충족시키는 D=8, B=-40/1.08=-37.04을 얻을 수 있다. 즉, 채권을 37.04개 판매하고 주식을 8개 구매하여야 동일한 현재가치를 가진다고 할 수 있다. 이 포트폴리오의 현재가치를 구하기 위해 대용주식의 현재가치를 구해야 하는데, 이는 (0.5×10+0.5×5)/1.1=6.82이며, 포트폴리오의 현재가치는 8×6.82- 1×

37.04 =17.51 임을 알 수 있다.

17.51은 연기옵션을 포함한 투자계획의 가치이므로 연기옵션이 없는 투자계획의 순현재가치인 -9.09와의 차이가 연기옵션의 가치라 할 수 있다. 따라서 연기옵션의 가치는 17.51-(-9.09)=26.60 이 된다. 실물옵션평가는 이 프로젝트를 채택할 것을 결정한다.

7.6 선물 옵션 이외의 상품들

배출권시장의 직접참여자들은 선물과 옵션을 통해 탄소시장의 위험을 헷지하고 투명성을 제고할 수 있다. 반면 투자자관점에서 선물과 옵션 이외에도 탄소 Index와 지수를 추종하는 ETF의 상품을 거래함으로써 탄소시장을 활성화하는 데 기여할 수 있다.

1. IHS Markit Global Carbon Index

전 세계 탄소배출권 시장을 벤치마킹하는 지수이다. 구성요소에는 EUA(유럽), UKA(영국), CCA(캘리포니아), RGGI의 선물 계약을 포함하고 있다.

[그림7.9] IHS Markit Global Carbon Index

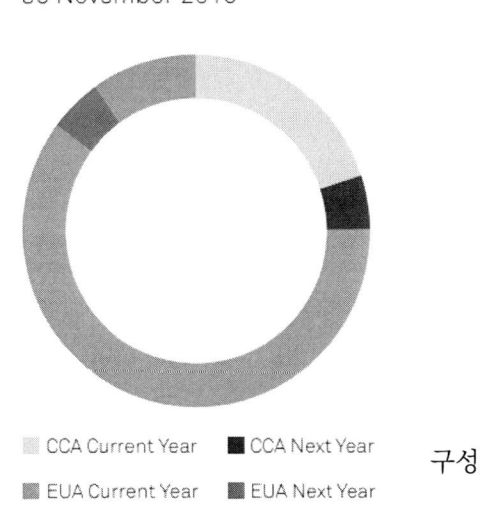

출처 : https://ihsmarkit.com/products/global-carbon-index.html

2. KraneShares Global Carbon ETF

IHS Markit Global Carbon Index를 벤치마킹하며 전세계에서 가장 많이 거래되는 탄소배출권의 선물계약을 추종한다. IHS Markit Global Carbon Index과 동일하게 EUA, CCA, RGGI, UKA 등 배출권을 포함한다.

[그림7.10] KraneShares Global Carbon ETF 구성

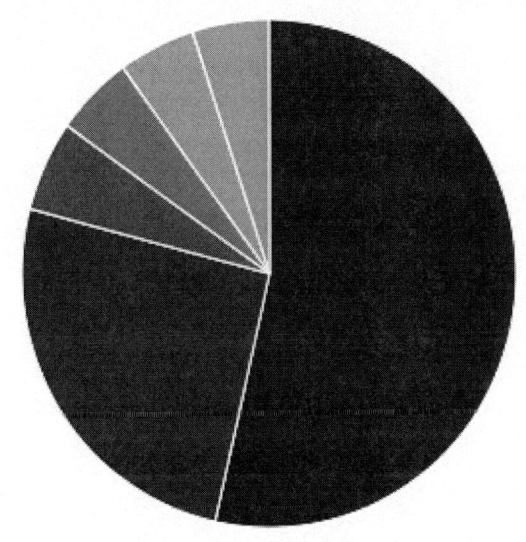

EUA 2022 Future	53.6%
CCA 2022 Future	25.7%
RGGI 2022 Future	5.8%
CCA 2023 Future	5.1%
UKA 2022 Future	5.1%
EUA 2023 Future	4.9%

출처 : https://kraneshares.com/krbn/

에듀컨텐츠·휴피아
CH Educontents Huepia

8. 국내 탄소시장과 탄소배출권

우리나라는 지난 20년간 이산화탄소 배출량 세계 10위 안에 꾸준히 들어온 탄소배출량 다량 배출국이다. 물론 1인당 배출량으로 따진다면 순위는 더욱 높아져 20년간 꾸준히 5위 안에 들 정도이다. 물론 개인이 탄소를 많이 배출한다기보다는 철강, 시멘트, 정유 등 탄소배출을 많이 하는 산업구조 때문이라 할 수 있다.

하지만 탄소감축을 위한 탄소시장 구축에 많은 투자를 했고, 그에 따라 괄목할 만한 성장을 한 것도 사실이다. 2015년 시작된 탄소배출권 시장은 커버되는 탄소량을 기준으로 볼 때, 2022년 현재 국가(또는 그 이상) 단위 탄소시장으로는 EU와 중국 다음으로 큰 규모의 시장이다.

이번 장에서는 우리나라의 탄소시장에 대해서, 역사, 법령, 참여자, 현황 등에 대해 자세히 살펴본다.

8.1 우리나라의 탄소감축의 역사

〉기후변화 대응 시작

지구온난화에 따른 기후변화에 적극 대처하기 위하여 국제사회는 1988년 UN총회 결의에 따라 세계기상기구(WMO)와 유엔환경계획(UNEP)에 "기후변화에 관한 정부간 패널(IPCC)"을 설치하였고, 1992년 6월 유엔환경개발회의(UNCED)에서 기후변화협약(UNFCCC)을 채택하였다. 우리나라는 1993년 12월에 세계 47번째로 이 협약에 가입하면서, 기후변화 대응에 대한 국제사회의 노력에 동조하기 시작했다.

　기후변화협약에 의한 온실가스 감축은 구속력이 없음에 따라, 제3차 당사국총회('97, 일본 교토)에서는 온실가스의 실질적인 감축을 위하여 과거 산업혁명을 통해 온실가스 배출의 역사적 책임이 있는 선진국(38개국)을 대상으로 제1차 공약기간(2008~2012) 동안 1990년도 배출량 대비 평균 5.2% 감축을 규정하는 교토의정서를 채택하여 2005년 2월 16일 공식 발효시킨다. 이에 우리나라에서는 감축의무가 없는 비부속서I 국가로써, 교토의정서를 2002년도에 비준하였다.('08.5월 기준 총 184개국 서명, 76개국 비준)

> 탄소배출권 거래제도

　2005년 교토의정서 발효를 시작으로 선진국들이 탄소배출권 거래제도를 본격 시행하는 시점에서, 우리나라는 교토의정서상 개발도상국으로 분류되어 온실가스 감축 의무는 없었으나 CDM 사업과 자발적 배출권(VER) 시장을 통하여 탄소시장의 일원으로 활약하였다. 우리나라 정부는 2009년 '신성장 동력 비전 및 발전전략'을 확정하고 당해 11월 국책 연구기관 공동의 감축잠재량 분석 결과를 토대로 온실가스 감축목표 설정하였다. 2010년 '저탄소 녹색성장 기본법'을 제정하면서 Cap & Trade 방식의 배출권 도입에 대한 법적 근거를 마련하였다. 녹색성장 기본법 제46조에 의거한 '온실가스 배출권 할당 및 거래에 관한 법률'이 2012년 제정되고, 2014년 한국거래소(KRX: Korea Exchange)가 배출권 거래소로 지정되면서 온실가스 배출권거래제는 2015년부터 운영이 시작되었다.

　온실가스 배출권 거래제와 같은 선도적 감축 정책을 적극적으로 시행하였으며, 2019년에는 NDC 이행의 점검·평가체계를 마련하고, 2020년에는 '2050년 장기 저탄소 발전전략'과 '갱신 NDC'를 유엔기후변화협약 사무국에 제출하였다. 또한 외교부는 유엔기후변화협약사무국의 국가연락책임관[National Focal Point]으로서, 기후변화에 관한 파리협정에 따라 '2030 국가온실가스감축목표[NDC]'와 '2050 장기저탄소발전전략[LEDS]'을 12.30.(수) 유엔기후변화협약사무국에 제출하였다.

[표8.1] 우리 정부의 파리협정 대응 경과

날 짜	내 용
2015.6.30	제1차 NDC 제출
2016.11.3	파리협정 국회 비준 및 비준서 UN에 제출
2016.12.6	제1차 기후변화대응 기본계획 및 2030 온실가스 감축 기본로드맵 주요 내용 발표
2018.7.24	2030 국가 온실가스 감축 기본 로드맵 수정안 확정
2019.10.22	제2차 기후변화대응 기본계획 확정
2020년	2050 장기저탄소 발전전략, 제1차 NDC(갱신) 제출

출처: 파리협정 이행규칙 안내서(2019, 환경부, 한국환경공단)

〉 온실가스 배출권 거래제 계획기간

2022년 현재까지 3기로 나뉘어 운영되고 있으며, 제1차 계획기간은 안정적인 안착을 목적으로 2015년부터 2017년까지 시행되었으며, 주요 정책으로는 전량 무상할당, 일부 업종 벤치마크 할당방식 적용, 유연성 메커니즘(상쇄배출권, 이월, 차입) 허용, 시장안정화 조치 등이 있다. 제2차 계획기간은 본격적으로 온실가스 감축에 기여를 목적으로 하여 2018년부터 2020년까지 시행되었으며 정부는 보다 점진적이고 안정적인 제도운영을 위하여 배출권거래제 기본계획과 할당계획을 마련하고 관련지침을 개정하였다. 개정된 제도로는 유상할당 경매제도 도입, 시장조성제도 실시, 이월의 제한기준 도입, 벤치마크 할당방식 확대 등이다. 정부는 제3차 계획기간(2021~2025) 배출권 거래제 이행을 위해 2019년 12월 배출권 거래제 기본계획을 수립하여 운영 기반을 구축하고, 2020년 온실가스 배출권의 할당 및 거래에 관한 법률 및 시행령을 개정하고 배출권 거래제 할당계획을 수립 및 공표하였다.

〉 2030년 국가 온실가스 감축 목표 달성을 위한 기본 로드맵

정부는 국제사회에 약속한 2030 온실가스 감축목표를 이행하기 위하여 2016년 전환(전력 + 열공급), 산업, 수송, 건물, 농축산, 폐기물, 공공, 산림 등 8개 부문에 대한 감축 잠재량을 분석하고 이를 기반으로 부문별 감축 계획을 담은 「2030년 국가 온실가스 감축 목표 달성을 위한 기본 로드맵(이하 '2030 로드맵)」을 마련하였다. 이후 기존에 수립한 '2030 로드맵'에서 이행방안이 불확실한 국외 감축량을 최소화하

고, 국내 각 부문별로 감축량을 강화한 '2030 로드맵' 수정안을 발표하였다.

[그림8.1] 기존 로드맵과 수정 로드맵 비교 (단위 : 백만톤$CO_2.e$)

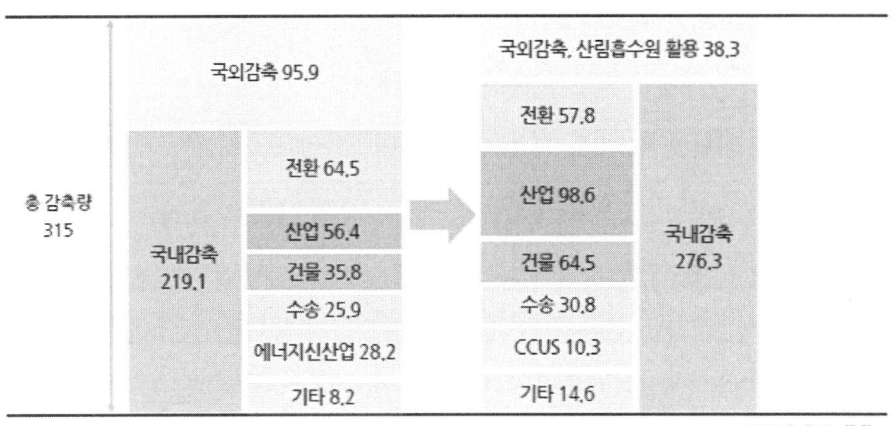

출처: 기후변화홍보포털

> 제2차 기후변화 대응 기본계획

'기후변화대응 기본계획'은 기후변화 정책의 목표를 제시하는 기후변화 대응의 최상위 계획으로서 '저탄소 녹색성장 기본법'에 따라 20년을 계획기간으로 5년마다 수립하며, 제2차 기본계획은 환경부 등 총 17개 관계부처가 합동으로 수립하여, '19년 10월 22일에 국무회의에서 심의 확정되었다. 동 계획은 '지속가능한 저탄소 녹색사회 구현'을 비전으로 2030년까지 온실가스 배출량을 5억 3,600만 톤으로 줄이며, 이상기후(2℃ 온도상승)에 대비하며, 파리협정 이행을 위한 전 부문 역량을 강화하는 것을 목표로 하고 있다.

> 국가 기후변화 적응대책

국가 기후변화 적응대책은 '기후변화대응 기본계획'의 하위계획이자, 광역·기초지자체 기후변화 적응대책 세부시행계획의 상위계획으로, 「저탄소 녹색성장 기본법」에 따라 5년 단위로 관계 중앙행정기관의 장과 협의 및 녹색성장위원회의 심의를 거쳐 수립된다.

1차대책(2011~2015), 2차대책(2016~2020)이 수립·시행되었으며, 제3차 기후변화 적응대책은 '21년~'25년을 대책기간으로 하여 2020년 말 수립되었다.

◆ 8. 국내 탄소시장과 탄소배출권

[표8.2] 제3차 국가 기후변화 적응대책 체계도

비전	국민과 함께하는 기후안심 국가 구현
목표	- 2도 지구온도 상승에도 대비하는 사회 전부문의 기후탄력성 제고 - 기후감시, 예측 인프라 구축으로 과학기반 적응 추진 - 모든 적응 이행주체가 참여하는 적응 주류화 실현
3대 정책	① 기후리스크 적응력 제고 ② 감시, 예측 및 평가 강화 ③ 적응 주류화 실현
중점 추진분야	8개 분야(홍수, 가뭄, 생물대발생, 산림재해, 식량안보, 감염병·질환, 취약계층, 거버넌스)

8.2 배출권거래제의 법적 근거

우리나라 배출권거래제도는 "저탄소 녹색성장기본법(2010.1)" 제46조에 의거하여 "온실가스 배출권 할당 및 거래에 관한 법률(2012.5)"이 제정되어 2015년 1월 1일부터 시행 중에 있다. "온실가스 배출권 할당 및 거래에 관한 법률" 최신 개정판은 법제처 국가법령정보센터 웹 페이지39)에서 찾을 수 있다.

〉 저탄소 녹색성장 기본법 및 시행령

정부는 경제와 환경의 조화로운 발전을 위하여 저탄소(低炭素) 녹색성장에 필요한 기반을 조성하고 녹색기술과 녹색산업을 새로운 성장동력으로 활용하기 위해 「저탄소 녹색성장 기본법」을 제정·시행하고 있다.

〉 온실가스 배출권 관련 저탄소 녹색성장 기본법 내용

「저탄소 녹색성장 기본법」 제2조(정의) 제1호 "저탄소"란 화석연료(化石燃料)에 대한 의존도를 낮추고 청정에너지의 사용 및 보급을 확대하며 녹색기술 연구개발, 탄소흡수원 확충 등을 통하여 온실가스를 적정수준 이하로 줄이는 것을 말한다.
「저탄소 녹색성장 기본법」 제2조(정의) 제2호 "녹색성장"이란 에너지와 자원을 절약하고 효율적으로 사용하여 기후변화와 환경훼손을 줄이고 청정에너지와 녹색기술의

---

39) https://www.law.go.kr/법령/온실가스배출권의할당및거래에관한법률

연구개발을 통하여 새로운 성장동력을 확보하며 새로운 일자리를 창출해 나가는 등 경제와 환경이 조화를 이루는 성장을 말한다.

〉 총량 제한 배출권 거래제

「저탄소 녹색성장 기본법」 제46조(총량제한 배출권 거래제 등의 도입) ① 정부는 시장기능을 활용하여 효율적으로 국가의 온실가스 감축목표를 달성하기 위하여 온실가스 배출권을 거래하는 제도를 운영할 수 있다.② 제1항의 제도에는 온실가스 배출 허용총량을 설정하고 배출권을 거래하는 제도 및 기타 국제적으로 인정되는 거래 제도를 포함한다.③ 정부는 제2항에 따른 제도를 실시할 경우 기후변화 관련 국제협상을 고려하여야 하고, 국제경쟁력이 현저하게 약화될 우려가 있는 제42조제6항의 관리업체에 대하여는 필요한 조치를 강구할 수 있다. 〈개정 2017. 4. 18.〉④ 제2항에 따른 제도의 실시를 위한 배출허용량의 할당방법, 등록·관리방법 및 거래소 설치·운영 등은 따로 법률로 정한다.

〉 온실가스배출권의 할당 및 거래에 관한 법률 및 시행령에는 아래와 같은 내용들을 명료하게 규정해놓았다.

1) 배출권거래제 기본계획 및 국가 배출권 할당계획의 수립: 제4조 ~ 제7조
2) 배출권 할당대상업체 지정 및 배출권 할당, 신청, 적용배제: 제8조 ~ 제17조
3) 배출권의 거래 및 거래소 설치, 거래시장 안정화: 제19조 ~ 제22조
4) 배출량의 보고, 검/인증, 검증기관에 관한 지침: 제24조 ~ 제26조
5) 배출권의 제출, 이월, 차입, 상쇄 및 소멸: 제27조 ~ 제32조
6) 온실가스 관련 사업자를 위한 금융상/세제상의 지원: 제35조
7) 국제 탄소시장과의 연계: 제36조
8) 벌칙 및 과태료: 제41조 ~ 제43조

〉 온실가스 · 에너지 목표관리제

저탄소 녹색성장 기본법에 따른 국가 중기 온실가스 감축 목표(2030년의 국가 온실가스 총배출량을 2017년의 온실가스 총배출량의 1,000분의 244만큼 감축)를 달성할 수 있도록 온실가스 배출량 및 에너지 소비량이 일정 수준(50,000tCO$_2$eq 200TJ 이상 업체, 15,000tCO$_2$eq 80TJ 이상 사업장) 이상인 업체 및 사업장을 관리업체로 지정하여 온실가스 감축목표, 에너지 절약목표를 설정하고 관리하기 위한 제도

> 관리업체 기준

온실가스·에너지 목표 설정 및 관리대상인 관리업체는 업체 단위와 사업장 단위로 구분되며, 연차적으로 적용대상 확대(녹색법 시행령 제29조)

[표8.3] 연도별 온실가스·에너지 목표 관리대상 업체 및 사업장 기준

구분	2011.12.31까지		2012.1.1부터		2014.1.1부터 현재까지	
	업체기준	사업장기준	업체기준	사업장기준	업체기준	사업장기준
온실가스 (CO_2 Ton)	125,000	25,000	87,500	20,000	50,000	15,000
에너지소비 (TJ)	500	100	350	90	200	80

출처 : 기후변화홍보포털

> 법적 근거

저탄소 녹색성장 기본법 제42조(기후변화 대응 및 에너지의 목표관리)
저탄소 녹색성장 기본법 제44조(온실가스 배출량 및 에너지 사용량 등의 보고)
저탄소 녹색성장 기본법 시행령
제26조(온실가스·에너지 목표관리의 원칙 및 역할)
제28조(중앙행정기관등의 목표관리 방법 및 절차)
제35조(명세서의 공개 등)
온실가스·에너지 목표관리 운영 등에 관한 지침(환경부고시)
공공부문 온실가스·에너지 목표관리 운영 등에 관한 지침(환경부고시)

> 운영체계

[그림8.2] 온실가스 목표관리제 운영체계

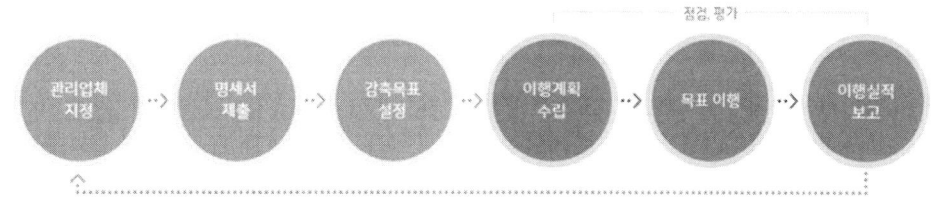

출처 : 한국환경공단

8.3 온실가스 배출권거래제: 할당 배출권(KAU)

배출권거래제는 교토의정서 제17조에 규정되어 있는 온실가스 감축체제로서, 정부가 온실가스를 배출하는 사업장을 대상으로 연단위 배출권을 할당하여 할당범위 내에서 배출행위를 할 수 있도록 하고, 할당된 사업장의 실질적 온실가스 배출량을 평가하여 여분 또는 부족분의 배출권에 대하여는 사업장 간 거래를 허용하는 제도이다.

온실가스 감축 여력이 높은 사업장은 보다 많이 감축하여 정부가 할당한 배출권 중 초과감축량을 시장에 판매할 수 있고, 감축 여력이 낮은 사업장은 직접적인 감축을 하는 대신 배출권을 살 수 있어 비용절감이 가능하다. 각 사업장이 자신의 감축 여력에 따라 온실가스 감축 또는 배출권 매입 등을 자율적으로 결정하여 온실가스 배출 할당량을 준수할 수 있다.

[그림8.3] 온실가스 배출권거래제 추진체계

출처 : 국가온실가스 종합관리시스템

◆ 8. 국내 탄소시장과 탄소배출권

> 배출권 할당

정부는 국가온실가스 감축목표를 효과적으로 달성하기 위하여 배출권 총수량을 정하고 이를 기업별로 할당하는 '계획기간별 국가 배출권 할당계획'을 수립하여 운영하고 있다. 할당 대상은 계획기간 4년 전부터 3년간 온실가스 배출량 연평균 총량이 125,000톤 이상인 업체 또는 25,000톤 이상 사업장을 하나 이상 보유한 업체, 자발적으로 할당대상업체로 지정 신청을 한 업체이다. 관리대상물질은 이산화탄소(CO_2), 메탄(CH_4), 아산화질소(N_2O), 수소불화탄소(HFCS), 과불화탄소(PFCS), 육불화황(SF_6) 6가지 항목이다.

[표8.4] 배출권거래제 계획기간별 운영

구분	제1기('15~'17년)	제2기('18~'20년)	제3기('21~'25년)
주요 목표	경험축적 및 거래제 안착	상당수준의 온실가스 감축	적극적인 온실가스 감축
제도 운영	상쇄인정범위 등 제도의 유연성 제고 정확한 MRV 집행을 위한 인프라 구축	거래제 범위확대 및 목표 상향 조정 배출량 보고·검증 등 각종 기준 고도화	신기후체제 대비 자발적 감축유도 제3자 거래제 참여 등 유동성 공급 확대
할당	전량 무상할당 목표관리제 경험 활용	유상할당 개시 * 무상 : 97%, 유상 : 3% 벤치마크 할당 등 할당방식 선진화	유상할당 비율 확대 * 무상 : 90%, 유상 : 10% 선진적 할당방식 정착

출처 : 기후변화홍보포털

할당방식은 크게 유상할당과 무상할당 두 가지로 나눌 수 있다. 제1기의 운영목적은 기업들이 배출권거래제에 대한 경험을 축적하고 거래제를 잘 안착시키기 위함이기 때문에 전량 무상할당 되었다. 제2기부터 유상할당[40]의 비율을 3%로 증가시켰으며 제3기(실효적 감축을 추구하는 단계)에는 10%의 배출권이 유상할당되었다.

---

40) 경매 등을 통해 배출권을 유상으로 할당하는 방식. KRX 배출권시장 정보플랫폼에서 KAU의 시세와 경매가격을 확인할 수 있다.
https://ets.krx.co.kr/contents/ETS/03/03010000/ETS03010000.jsp

[표8.5] 제3차 할당계획 주요 변경 사항

구분	2차(2018~2020)	3기(2021~2025)	비고
국가 감축후 배출량 (백만톤)	691	663	△4.0%
ETS 커버리지 (직접배출량 기준)	70.1%	73.5%	• 교통·건설업종 추가 • 공정·시설 추가
배출허용총량 (연평균, 백만톤)	592	609	+3.2% (ETS 커버리지 확대에 기인)
할당량 산정 단위	시설	사업장	• 할당, 추가할당, 할당취소가 사업장 단위로 전환
배출효율기준(BM) 할당방식 적용 대상	7개 업종 (총배출량의 50%)	12개 업종 (총배출량의 60%)	
유상할당 비율	3%	10%	
무상할당 업종 기준	① 비용발생도 ≥ 30% ② 무역집약도 ≥ 30% ③ 비용발생도 ≥ 5% & 무역집약도 ≥ 10%	비용발생도×무역집약도 ≥ 0.2%	
무상할당 인정 특례 업체	-	학교, 병원, 지자체, 대중교통운영자	• 공공성 기관·단체
배출권 거래 허용대상	할당대상업체	할당대상업체 + 금융기관·개인	• 거래참여자 확대
장내파생상품	-	선물거래 도입	• 미래가격발견, 예측가능성 확대
예비분 종류	기타, 시장안정화, 시장조성	기타, 시장안정화, 시장조성 및 유동성 관리	• 시장의 적정 유동성 관리 용도 추가

출처: 제3차 계획기간(2021~2025) 국가 배출권 할당계획 마련, KDI 경제정보센터[41]

> 할당방식

- 배출량 기준 할당방식 (Grandfathering, GF)
• 온실가스 과거 배출실적을 근거로 배출권을 할당하는 방식
• BM 적용받는 사업장을 제외한 모든 사업장에 대하여 GF 적용
• 자료 요구량이 그다지 많지 않아 비교적 간단
• 초기에는 배출권 거래의 필요성을 낮출 수 있음
• 배출량 감축 시 '과거 배출량 기준선'을 낮춤으로써 배출권 할당량이 줄어들 수 있음
• 조기에 배출량 감축에 투자하는 기업에 오히려 불이익을 초래할 수 있다

- 과거활동자료 기반 할당 (Benchmark, BM, 배출효율 기준 할당방식)
• 제품생산량 등 업체별 과거 활동자료 대비 배출실적을 근거로 설비 효율성을 고려하여 배출권을 할당하는 방식
• 각 사업자별 활동자료량 선정 방식을 변화시켜서 적용
①적용 용이성
②자료 확보 및 검증 가능성
③배출 효율 비교의 적절성 등을 종합적으로 고려하여 선정
• 배출효율이 좋은 사업장, 공정, 시설 등을 보유한 업체에 유리 → 실질적 형평성 제고 및 감축투자 유도

[표8.6] GF와 BM 할당방식의 장단점

구분	그랜드파더링 방식	벤치마크 방식
장점	• 기준배출량 산정 및 지표 선정이 상대적으로 용이 • 정책 집행이 상대적으로 용이	• 조기 감축행동 및 지속적인 저감노력 인정 • 동일한 기준 적용에 의한 형평성 유지 가능 • 저탄소 기술수준 반영 가능 • 저탄소 기술개발 촉진효과
단점	• 조기 감축행동 미반영(逆인센티브 유발) • 시간이 지남에 따라 저탄소 고효율 달성 업체에 불리 • 성장률 반영이 제한적	• 벤치마크 적용을 위한 동일그룹 분류와 지표 선정에 어려움 • 활동량 자료에 대한 추가적인 측정·보고·검증 필요 • 상대적으로 높은 행정비용

출처: 배출권거래제도의 벤치마크 사례 국제비교 연구, 공성용, 김이진, 김용건, 한국환경정책 평가연구원, 탄소재활용 연구센터

---

41) https://eiec.kdi.re.kr/policy/materialView.do?num=205570&topic=

8.4 온실가스 배출권거래제 : 상쇄 배출권(KCU)

외부사업자는 외부사업을 통해 인증실적(KOC)을 발행받을 수 있다. 이를 배출권거래제 할당 대상업체에게 판매하여 수익을 창출하고, 할당대상업체는 외부사업 인증실적(KOC)를 동량의 상쇄배출권(KCU)으로 전환하여 배출권거래제에서 상쇄 또는 거래를 할 수 있다. 이를 '상쇄 제도(Offset mechanism)'라고 한다.

[그림8.4] 온실가스 배출권거래제 상쇄제도

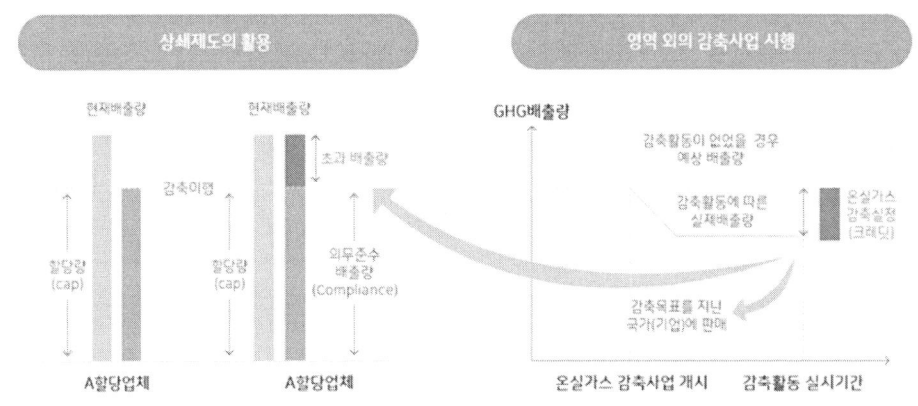

출처: 해양환경공단

상쇄제도는 배출권거래제의 유연성 메커니즘으로 할당대상업체의 보다 효율적인 목표 달성을 위해 타 이행연도에배출권을 차입해오거나, 배출권이 남는 경우 다음 이행연도로 이월하거나, 상쇄제도 외부사업[42]을 추진하여 얻은 인증실적을 배출권으로 전환하여 사용 가능하도록 유연성을 보장한다.

---

[42] 외부사업이란 배출권거래제 할당대상업체 조직경계 외부의 배출시설 또는 배출활동 등에서 국제적 기준에 부합하는 방식으로 온실가스를 감축, 흡수 또는 제거하는 사업을 의미한다. 단순한 생산량 감소, 유지보수 등의 행태변화에 의한 감축활동은 외부사업으로 승인이 불가하다.

[그림8.5] 인증실적의 발행, 상쇄배출권 전환, 배출권 거래 프로세스

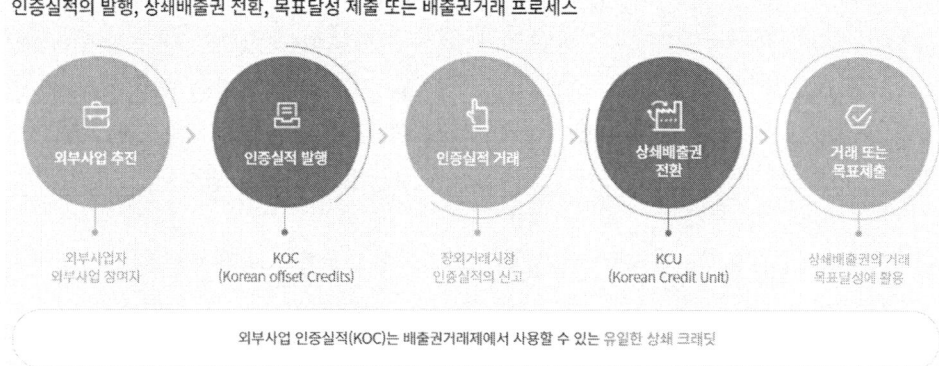

출처: 한국에너지공단, 산업발전온실가스 배출권거래제 상쇄제도[43]

상쇄제도는 할당대상 업체들이 비용 효율적으로 배출권거래제에 따른 의무를 이행할 수 있도록 선택의 여지를 부여하는 제도이다. 하지만 외부사업 감축량의 배출권 전환을 무제한으로 허용한다면 할당 대상업체가 본연의 사업과정에서 온실가스 감축을 소홀히 할 우려가 있고, 따라서 할당 대상업체들이 배출권 제출 시 사용할 수 있는 상쇄배출권의 범위를 이행연도에 제출해야 하는 배출권의 10% 범위내에서 제출할 수 있도록 제한하고 있다. 현재(22년 9월) 기준 인정된 외부사업은 794건, 방법론은 279건, 인증실적은 961건으로 4,111만 톤에 달한다. 구체적인 방법론과 인증 실적은 상쇄등록부시스템(ors.gir.go.kr/ors/)에서도 확인가능하다.

1) 환경부

환경부는 국내 상쇄배출권 주무관청으로 상쇄배출권에 대한 인증, 타당성 평가, 모니터링, 외부사업승인 신청 등을 주관한다.

〉 외부사업 타당성 평가 및 감축량 인증에 관한 지침

- 제1조(목적) 이 지침은 '온실가스 배출권의 할당 및 거래에 관한 법률'(이하 "법"이라 한다) 제30조와 동법 시행령(이하 "영"이라 한다) 제39조 및 제40조의 규정에 의한 외부사업에 대한 타당성 평가 및 감축량 인증, 그리고 법 제31조 규정에 의한 상쇄등록부에 관한 구체적인 사항과 절차를 정하는 것을 목적으로 한다.

---

43) https://offset.energy.or.kr/main/main.do

- 제2조(주요 용어의 정의)
  외부사업: 할당대상업체의 조직경계 외부에서 온실가스를 감축, 흡수 또는 제거하는 사업
  외부사업 사업자: 외부사업의 발굴·시행 및 운영에 책임이 있는 사업주체 청정개발체제 사업을 통하여 확보한 온실가스 인증실적에 대한 소유권을 가진 자 포함
  외부사업 인증실적: 상쇄등록부에 등록된 외부사업으로부터 발생하여 최종적으로 인증 받은 온실가스 감축량
  추가성: 법적·제도적·경제적 측면에서 고려되어 일반적 경영여건에서 실시할 수 있는 활동 이상의 추가적 노력

[그림8.6] 배출권 거래제 상쇄제도 추진체계

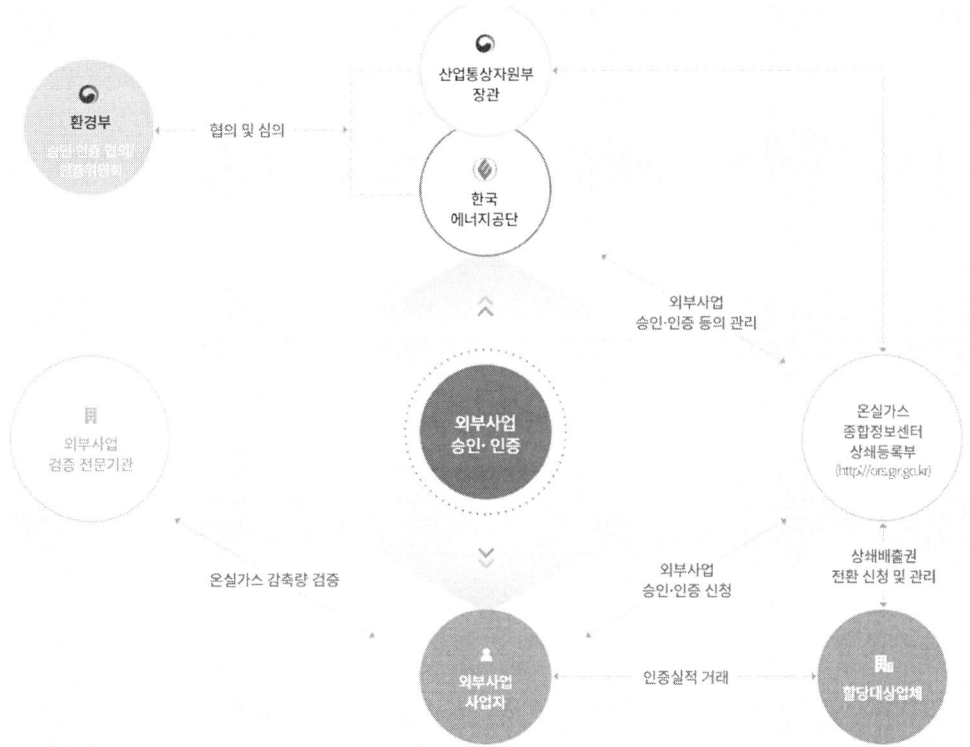

출처 : 한국에너지공단, 산업발전온실가스 배출권거래제 상쇄제도

2) 외부사업자
- 외부사업 신청 유형에 따른 분류: 단일감축사업, 묶음감축사업, 프로그램 감축사업
- 온실가스 배출감축 또는 흡수 예상량에 따른 분류: 일반 감축사업, 소규모 감축사업, 극소규모 감축사업

[표8.7] 국내 외부사업 현황

구분	단일감축사업	묶음감축사업	프로그램 감축사업
정의	극소규모 감축사업연간 예상 감축량 100톤이하	소규모 감축사업 및 극소규모 감축사업	정책적으로 시행되는 감축사업 Program CDM과 유사
	소규모 감축사업연간 예상 감축량 100톤 초과,	여러 개를묶은 하나의 사업	
	3,000톤 이하	소규모 감축사업단위사업 3,000톤 이하, 묶음 감축사업	
	일반 감축사업연간 예상 감축량 3,000톤 초과	15,000톤 이하	
		극소규모 감축사업단위사업 100톤 이하, 묶음 감축사업	
		500톤 이하	
모니터링 주기	모니터링 보고서 작성 시 모니터링 기간은 최대 2년까지 가능(산림분야는 최대 5년)* 단, 소규모 감축사업 및 극소규모 감축사업 모니터링 기간은 최대 인증유효기간		
추가성	공통 : 법적·제도적 추가성 / 연간 감축량 60,000톤 초과 : 공통 + 경제적 추가성		
사업자	단일 외부사업 사업자(사업참여자는 관계 없음)	대표 외부사업 사업자 + 개별 단위 사업자	총괄 외부사업 사업자 + 개별 단위 사업자
방법론	사업 유형에 적합한 승인 방법론	각 단위사업 방법론 상이해도 무방(단, 산림분야는 산림분야 방법론만 해당)	각 단위사업은 동일한 승인 방법론
유효기간	갱신형(최대7년 연장2회)※산림분야(최대 20년, 연장 2회)	단일 감축 사업과 동일	28년 이내(연장 불가)
	고정형(최대10년, 연장 불가)※산림분야(최대 30년, 연장 불가)	각 단위사업은 동일한 사업유형 및	각 단위사업의 동일한 사업 유형(갱신/고정형) 및 인증 유효기간 적용 불필요※ 프로그램 감축사업 인증 유효기간 종료 시
		인증유효 기간 적용	각 단위사업의 인증 유효기간 종료

출처 : 한국에너지공단, 산업발전온실가스 배출권거래제 상쇄제도

탄소시장과 탄소배출권

3) 한국 환경공단: 외부사업자 지원 및 탄소시장 정보제공 기관
- 배출권거래제 참여기업 감축설비 지원사업: 설비투자비의 절반까지 보조금 지원
  에너지 공급원을 신재생에너지로 전환하는 탄소 무배출 시설사업
  고효율 기기 및 폐열 회수시설 등 저탄소 배출 설비 지원
- 배출권거래제 탄소시장 정보지(ETS INSIGHT) 매월 2회 발간
- 시장정보 포럼으로 통해 주요국 배출권 거래동향, 탄소시장 분석 등 자료제공

4) 검증기관

우리나라의 분야별 온실가스 통계관리는 저탄소 녹색성장기본법(이하 녹색성장법) 시행령에서 정하는 분야별 관장기관이 담당한다. 관장기관은 해당 분야 통계에 전문성을 지닌 기관을 산정기관으로 지정하여 활동자료 수집, 국가고유 배출계수의 개발, 분야별 온실가스 통계 산정 등 관련 업무를 위임한다.

외부사업자는 등록된 외부사업의 감축실적을 인정받기 위해서는 모니터링보고서를 작성하여 외부사업 검증기관을 통해 검증 후 인증 신청을 해야 합니다. 이후 관장기관은 검증보고서와 모니터링보고서를 기준으로 검토하고, 환경부 협의와 인증위원회 심의를 거쳐 최종 인증실적을 발행하게 된다. 여기서 검증기관은 외부사업 사업자의 모니터링 보고서를 검증하여 외부사업에 대한 감축량을 인증한다. (재)한국품질재단, ㈜디엔브이지엘비즈니스어슈어런스코리아, 한국표준협회가 대표적인 검증기관이다.

5) 레지스트리-상쇄등록부 시스템(ORS)

상쇄등록부시스템(ORS)은 Offset Registry System의 약자로써 배출권거래제의 상쇄제도와 관련한 업무를 수행하기 위해 개발된 시스템이다. 외부사업 방법론과 온실가스 감축량 등을 등록 및 관리하고 있으며 외부사업자는 상쇄등록부에서 외부사업 신청, 외부사업 감축량 인증 신청 등을 수행할 수 있다. 상쇄등록부시스템은 큰 범위에서 방법론 관리, 사업관리, 감축량 및 인증실적관리, 상쇄배출권 전환 관리로 구분할 수 있으며, 세부적으로는 방법론 신청, 사업승인 신청, 감축량 인증 신청, 인증실적 이전 신청, 상쇄배출권 전환 신청과 같은 업무처리가 가능하다.

8.5 KRX와 거래시장 구조

배출권 시장은 한국거래소(KRX)에서 일반 주식시장 거래와 유사하게 운영되고 있다. 따라서 배출권시장도 역시 크게 장내시장과 장외시장으로 구분할 수 있다. 장내시장은 '온실가스 배출권의 할당 및 거래에 관한 법률' 제22조에 따라 한국거래소가 배출권 거래를 위해 개설한 시장이며 거래방식에 따라 경쟁매매와 협의매매로 분류된

다. 경쟁매매는 주식매매와 동일한 방식이며 단일가격 매매와 복수가격 매매(또는 접속매매)로 나뉜다. 단일가 매매는 장 개시와 장 종료, 매매 재개시 결정된 최초가격으로 매매하는 방식이다. 복수가격 매매는 단일가격 매매 이외의 시간에 매수호가가 매도호가 가격 이상인 경우 거래가 즉시 체결되는 방식이다. 협의매매는 단일 참여자 간 사전 협의를 통해 종목, 수량 및 가격을 협의하여 매수 및 매도호가를 시스템에 입력하면 체결되는 방식이다. 호가할 수 있는 가격은 당일 상한가와 하한가 이내의 가격이며 호가 접수시간, 호가 수량 등은 제한범위가 존재한다. 일반적으로 대량매매 시 협의매매가 유리한 것으로 알려져 있다.

장외시장은 장내거래 협의매매와 동일하게 단일 참여자간 이루어지는 장외거래로 구성된 시장이다. 장외거래가 장내거래 협의매매와 다른 점은 거래 양방간 협의가 오프라인으로 이루어진다는 점이며, 장외거래는 3단계 과정을 거쳐서 거래가 이루어진다. 첫째, 당사자 간 협의 또는 브로커를 통한 협의 이후에 상호계약서를 작성한다. 둘째, 협상내역을 등록부시스템에 입력하고, 계약서는 GIR에 발송한다. 셋째, GIR에서 협상내역 및 계좌 검토후 매매를 승인하면 배출권이 이전된다. 장외 거래방식은 기업이 배출권 거래정보를 공개하지 않고 거래가 가능한 것이 특징이며, 외부사업 감축량(KOC)거래에서 주를 이루고 있다.

[표8.8] 배출권 거래소(KRX) 업무

배출권거래소 운영규정내용	배출권거래소 업무
배출권거래소 회원	시장의 개설 및 운영
거래방법	(경쟁)매매·(유상할당시) 경매
청산·결제	매매확인, 채무인수, 차감, 결제품목·금액의 확정, 결제이행보증, 결제불이행처리, 결제지시
거래정보공개	※매도·매수 우선호가, 시·고·저·종가, 현재가 등 실시간 공표
시장감시	가격, 거래량의 비정상적인 변동 등 이상거래의 심리 및 감리
분쟁조정 등	당사자 신청의 매매분쟁조정 등
회원의 시장에서의 영업	수탁에 관한 사항

출처 : KRX 배출권시장 정보플랫폼[44]

---

44) https://ets.krx.co.kr/

8.6 KRX와 거래 종목

현재 우리나라에서 거래 가능한 배출권은 할당배출권(KAU: Korean Allowance Unit), 상쇄배출권(KCU: Korean Credit Unit), 외부사업 인증실적(KOC: Korean Offset Credit)이다. 모든 배출권의 단위는 이산화탄소 상당량 톤과 일치한다. 즉 1 tCO$_2$eq = 1 KAU = 1 KCU = 1 KOC이다. 그러나 대부분의 거래는 KAU를 중심으로 이루어지고 있다. 제1기의 거래실적은 KAU(거래규모 66.6백만 톤, 거래비중 77%), KCU(거래규모 3.4백만 톤, 거래비중 4%), KOC(거래규모 16.2백만 톤, 거래비중 19%)이었으며 제2기에서 KCU는 거래되지 않았다. (KAU 거래규모 101.2백만 톤, 90.6%, KOC 거래규모 10.5백만 톤, 9.4%).

[그림8.7] 한국거래소 KAU 상품 거래 예시

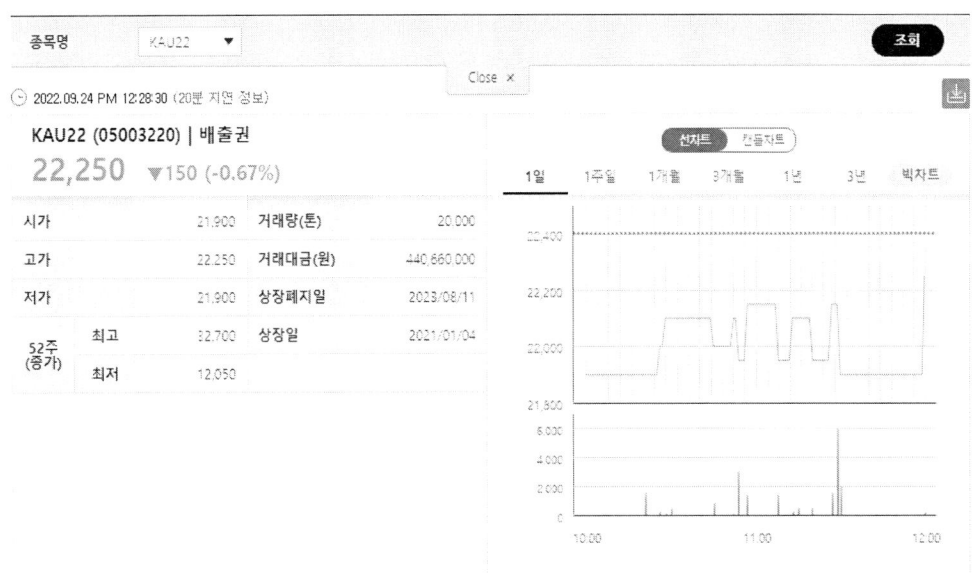

할당배출권과 상쇄배출권은 이행연도별 거래종목이 구분되는 반면, 외부사업 감축량은 단일 종목이다. 제1차 계획기간을 예로 들면 거래대상 종목은 할당배출권인 KAU15, KAU16, KAU17 그리고 상쇄배출권인 KCU15, KCU16, KCU17, KOC으로 구성된다. 2015년 도입 당시 KAU와 KCU만 배출권거래소에 상장되어 KOC는 장외거래만 가능했지만, 2016년 5월 KOC가 신규 상장된 후에는 모든 종목이 장내·외 거래가 가능하다. 배출권 종목별 거래기간은 계획기간이 시작되는 해 최초 거래일부터 해당 이행연도 다음 해 6월 30일까지이다.

8. 국내 탄소시장과 탄소배출권

[표8.9] 배출권 상품 기본정보(22년 9월 기준)

한글종목명	영문약칭	상장일	상장폐지일
2022년 배출권	KAU22	2021/01/04	2023/08/11
2023년 배출권	KAU23	2021/01/04	2024/08/13
2024년 배출권	KAU24	2021/01/04	2025/08/12
2025년 배출권	KAU25	2021/01/04	2026/08/11
2022년 국내 상쇄배출권	KCU22	2022/03/30	2023/08/11
2020-2022년 외부사업 온실가스 감축량	KOC20-22	2016/05/23	2023/01/02
2021-2023년 외부사업 온실가스 감축량	KOC21-23	2021/06/22	2024/01/02
2022-2024년 국내 외부사업 감축량	KOC22-24	2022/03/30	2025/01/02
2022년 국외 상쇄배출권	i-KCU22	2022/03/30	2023/08/11
2020-2022년 국외 외부사업 온실가스 감축량	i-KOC20-22	2019/12/04	2023/01/02
2021-2023년 국외 외부사업 온실가스 감축량	i-KOC21-23	2021/06/22	2024/01/02
2022-2024년 국외 외부사업 감축량	i-KOC22-24	2022/03/30	2025/01/02

출처 : KRX(http://data.krx.co.kr/contents/)

[표8.10] 국내 배출권 종목별 거래기간

	제3차 계획기간(21~25년)									
	2021		2022		2023		2024		2025	
	상반기	하반기	상반기	하반기	상반기	하반기	상반기	하반기	상반기	하반기
KAU22	거래가능				상장폐지					
KAU23	거래가능						상장폐지			
KAU24	거래가능								상장폐지	
KAU25	거래가능(~2026년 8월 11일)									

출처 : KRX(http://data.krx.co.kr/contents/)

8.7 계획기간별 거래 현황

[그림8.8] 배출권별 총 거래 규모 및 가격 추이

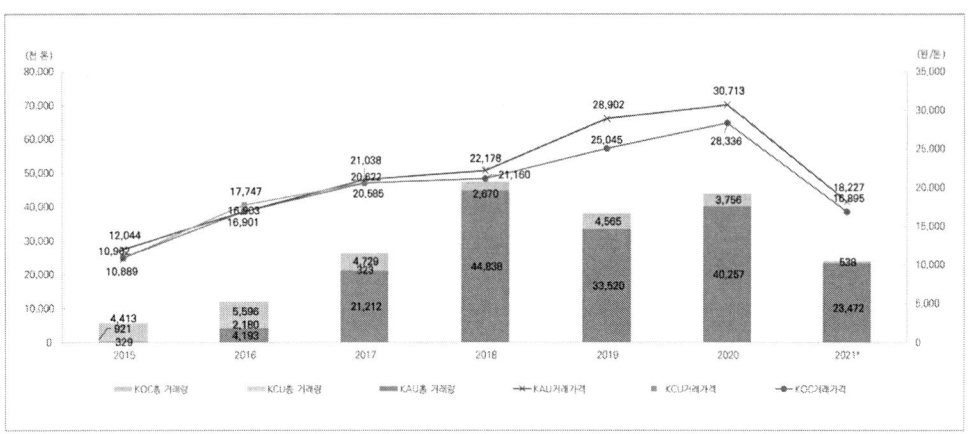

출처 : 2020 배출권거래제 운영결과보고서(2021)

2015년부터 2020년까지 배출권가격은 꾸준히 상승하는 추세를 보였다. 제1차 계획기간과 제2차 계획기간 동안 총 198백만 톤이 거래되었으며 대부분이 KAU(84.8%)였다. KCU(1.7%)는 제1차 계획기간에서 비교적 활발하게 거래되었으나 그 이후 거래되지 않았으며 그 대신 KOC(13.5%)는 정부 배출량 인증위원회 개최시점을 중심으로 장내 및 장외거래가 활발하게 이뤄졌다. 2015년 도입 당시에는 KAU와 KCU만 거래소에 상장되어 KOC는 장외거래만 가능했으나 2016년 5월 KOC의 신규상장으로 이후 모든 종목이 장내 및 장외거래가 가능해졌다. 시장별 거래규모는 장내거래가 43.9%, 장외거래가 56.1%를 차지했다.

[표8.11] 1기, 2기 전체 배출권 장내 시장 가격 동향단위: 원)

	2015	2016	2017	2018	2019	2020	2021 (~8.9)	합 계
톤당 평균 거래가격	11,013	17,056	20,951	22,120	28,440	30,411	18,187	23,914
거래량(단위 :천톤)	5,663	11,969	26,264	47,507	38,084	44,013	24,455	197,956
거래대금(단위:백만원)	62,372	204,146	550,268	1,050,881	1,083,129	1,338,469	444,751	4,734,016

◆ 8. 국내 탄소시장과 탄소배출권

[그림8.9] 배출권거래제 3차 계획기간 주요 일정

출처 : 국가온실가스종합관리시스템

우리나라 배출권 가격은 배출권 정산을 기점으로 거래량이 크게 증가하며 이에 따라 가격 또한 급등락하는 모양을 띄고 있다. 그 외에도 가격이 급등락했던 몇 사건을 소개하겠다.

[그림8.10] KAU20의 월별 거래량 추이

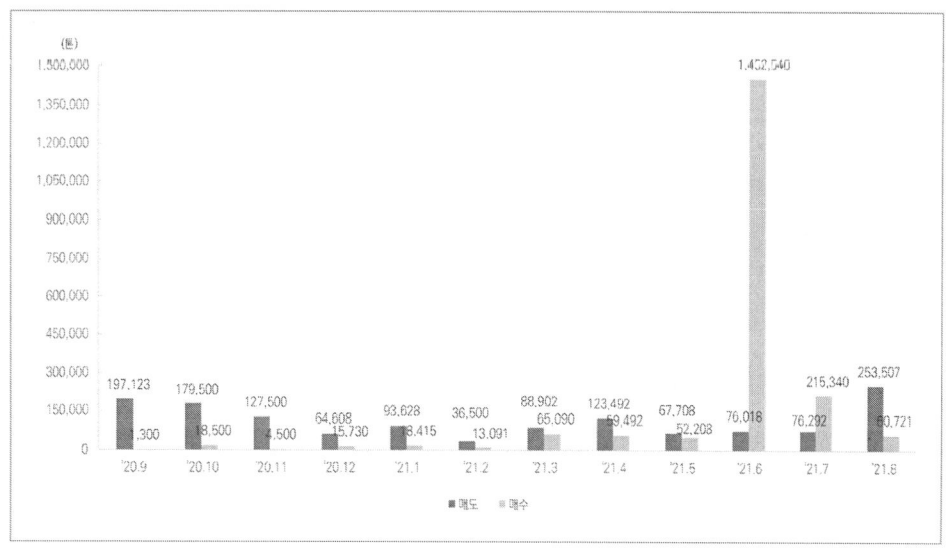

출처 : 2020 배출권거래제 운영결과보고서

-- 177

> 2016년 5월 시장안정화조치 예비분 경매

정부가 제1차 계획기간 동안 거래할 수 있도록 할당한 15억 9,772만 톤의 배출권 중 2015년 배출권거래제가 개장한 이후 2016년 5월까지 거래된 배출권은 344만 톤(0.2%)에 불과했다. 배출권이 100% 무상할당되기도 했지만, 실제 배출량보다 더 많은 배출권을 무상할당 받은 기업들이 배출권을 매도하지 않아 공급부족 현상이 나타났고, 이로 인해 2015년 이후 배출권 가격은 상승추세를 보였다. 이에 2016년 5월 정부는 배출권 예비분 90만 톤을 시장에 공급했다.

> 2017년 2월~6월 이월제한 정책 발표

2016년 7월 이후 2017년 초까지 배출권 가격은 16,000원에서 25,000원 수준으로 꾸준히 상승하였다. 그 원인은 배출권 여유업체가 배출권을 보유하는 전략을 세워 공급이 원활하게 이루어지지 않았음으로 분석되었다. 이에 2017년 3월 6일 한국남동발전, 롯데케미칼 등 석유화학 업종과 민간 발전사 등 27개 업체가 정부에 배출권거래제 공동건의문을 제출하였고, 정부는 4월 배출권 거래시장 안정화 방안을 제시했다. 정부는 이월량 제한을 연평균 할당량의 10%와 2만 톤으로 설정하였고, 기존 20%였던 차입 한도를 10%로 줄일 예정이었지만 15%로 완화했다.

> 2018년 6월 시장안정화 목적 예비분 경매

2015년부터 2017년까지 배출한 온실가스에 대한 배출권 제출 기한은 2018년 6월 말이었다. 정부는 배출권 공급이 부족한 시장 상황을 고려하여 6월 1일 550만 톤을 유상으로 공급하였다. 이처럼 1차 계획기간은 배출권 수급 불균형 문제가 계속해서 거론되었기 때문에 2차 계획기간의 운영에 시장조성 예비분 정책과 시장조성자 제도 도입을 고려하게 되었다.

> 2019년 5월 업종별 간담회

환경부는 2019년 5월 간담회와 공청회를 개최하여 6월 배출권 이월기준을 변경하였다. 기존 이월제한 규정은 계획기간인 3년이었으나 배출권 보유 기간이 1년을 넘어가면 배출권 거래를 제한하도록 변경하여 배출권 거래 활성화를 유도했다.

이후 2020년 4월을 기점으로 코로나19로 인한 의무기한 유예, 예비분 공급, 환경규제 완화 정책뿐 아니라 경기의 침체 등으로 인해 배출권 가격은 하락하기 시작했다. 또한, 탄소배출권 최저거래가격(LTP: Lower Transaction Price)을 도입하였다. 최저거래가격 제도는 5일 중 최저 가격(종가)에 10%의 가격제한폭을 적용한 가격을 최저거래가격으로 설정하는 제도이다. 설정일로부터 한 달간은 설정가격 아래로 탄소배출권을 거래할 수 없다.

[표8.12] 계획기간별 운영방향 주요 내용

구분	1차 계획기간 ('15~'17)	2차 계획기간 ('18~'20)	3차 계획기간 ('21~'25)
배출권 할당	• GF 할당 방식 적용	• BM 할당 방식 확대	• BM 할당 방식 정착
	• 전면 무상할당	• 유상할당 실시(3%)	• 유상할당 확대(10%)
외부 사업 감축	• 감축방법론 다양화	• 국내 외부감축사업 활성화	• 해외배출권 인정 범위 구체화
	• 외부사업 활성화	• 해외 감축활동 촉진	• 외부사업 방법론 확대
배출량 검·인증	• 검·인증 체계 확립	• 배출량 명세서 정교화	• 검증인력 전문성 재고
	• 검증전문가 확충	• 국제수준 검증체계 마련	• 국제 검·인증 기준 도입
배출권 거래 시장	• 배출권거래소발족(KRX)	• 주기적 경매 실시	• 제3자 시장참여 실시
	• 시장안정화 조치 시행	• 시장조성자 도입 검토	
국제 협력, 산업 지원	• 국제협력 사업 추진	• 국제협력 사업 확대	• 거래제 국제연계 확대
	• 감축설비 지원사업 등 금융·세제지원 시행	• 할당수입의 재투자	• 재원 활용방법 다양화

출처 : ETS INSIGHT 온실가스 배출권 거래제 & 탄소시장 정보지 2020-23호

8.8 국내 NDC 추진경과와 계획[45]

[그림8.11] 대한민국 NDC 상향안(2021.10.18.)

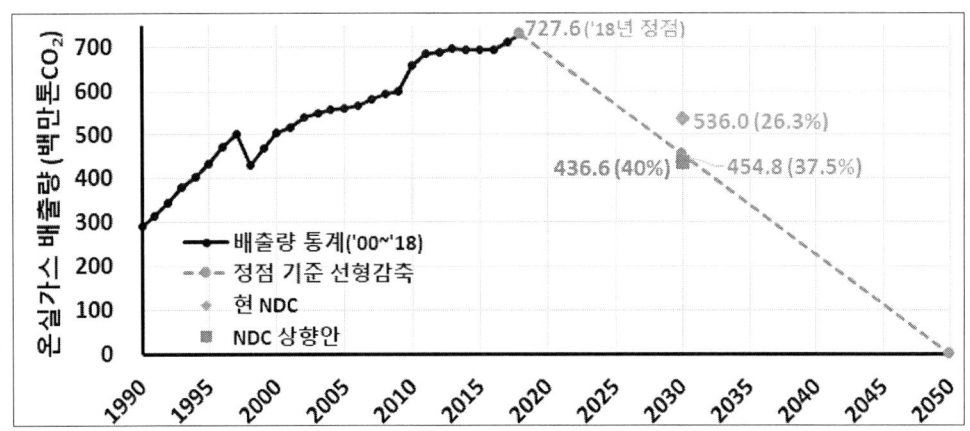

출처 : 2050 탄소중립녹색성장위원회

    2015년 06월, 2030 국가 온실가스 감축목표(NDC)를 최초 수립하면서 2030년까지 BAU(Business As Usual, 배출전망)인 851백만 톤 대비 온실가스 배출을 37% 감축하는 목표를 수립하였다. 2018년 07월) 「2030 국가 온실가스 감축목표 달성을 위한 기본 로드맵」을 수정하여 2030 목표분 37% 중 국내 감축 규모를 확대(25.7%p → 32.5%p)하고 실질적인 감축을 강화하였다. 2019년 12월, 17년 대비 24.4% 감축으로 목표를 변경하여 제출하였고 이를 2020년 12월 UN에 제출하였다. 이후 2020년 10월, 2050 탄소중립 선언에 대한 후속 조치로 2030 목표에 대한 상향안을 마련하고 2021년 4월 상향안을 국제사회에 발표하였다. 2021년 8월까지 NDC 상향안 마련을 위한 기술작업반을 운영하고 관계부처 협의를 진행하였고, 8월 탄소중립기본법에서 NDC 최소 기준을 설정하였다. 그러나 탄소중립기본법의 입법 취지와 국제 동향 등을 고려하여 2018년 대비 35% 이상 감축으로 NDC를 상향하였으며 이를 2021년 11월 COP26에서 발표, 12월 UN에 제출하였다. 최종적인 2030 목표는 2018년 배출량이었던 727.6백만 톤의 40%인 291백만 톤을 감축한 436.6백만 톤이다. 기준연도인 2018년부터 2030년까지 NDC 상향안의 연평균 감축률은 4.17%로, 주요국(EU 1.98, 미국 2.81, 영국 2.81, 일본 3.56)대비 도전적인 목표를 설정했다.

---

45) 출처 : 탄소중립 녹석성장 위원회(최종접속: 2022.9.26.)
    https://www.2050cnc.go.kr/base/contents/view?contentsNo=11&menuLevel=2&menuNo=13

【참 고 문 헌】

강만옥, 강광규, 조정환(2011), 탄소세 도입 빛 에너지세제 개편방안 연구, 한국환경연구원(KEI),

교토의정서 이후 신 기후체제 파리협정 길라잡이, (2016), 환경부
https://me.go.kr/home/file/readDownloadFile.do?fileId=130470&fileSeq=1&openYn=Y

과학기술정보통신부, https://www.msit.go.kr/

국가온실가스 종합관리시스템, https://ngms.gir.go.kr/main.do

국내 온실가스 배출권거래제 시행 효과 분석(2017), 한국환경정책 평가연구원(KEI)

기후변화홍보포털, https://www.gihoo.or.kr/

기후변화협약 관련 업무보고(2001.04.26.), 환경부

기후변화협약과 교토의정서(2002.07), 산업자원부, 에너지경제연구원

기후환경외교편람(2021), 외교부

김태선(2009), 탄소시장의 비밀, 경문사

김현석(2011), 배출권 할당이 거래가격에 미치는 영향분석: EU-ETS를 중심으로, 에너지경제연구원

김현창, 김성은(2014), 온실가스 배출권거래제 이렇게 대응하라!, 인포더북스

대한민국 국가감축목표 요약, NDC 현황, 국가기후기술정보시스템
https://www.ctis.re.kr/ko/analysis/mitigation.do?key=1563

무역통상정보뉴스, 한국무역협회, https://www.kita.net/

문진영, 한민수, 송지혜, 김은미(2018), 온실가스 감축을 위한 국제사회의 탄소가격제 도입과 경제영향 분석, 대외경제정책연구원(KEIP)

박광수, 이영기(2013), 금융위기의 유럽 탄소배출권시장에 대한 영향 분석,

박순철, 조용성(2018), 한국 탄소시장에서의 배출권 가격 결정요인 분석, 한국환경경제학회 경제학공동학술대회논문집

배출권거래제 운영결과보고서(2019), 환경부

백웅조, 황현정, 이대원(2017), 세계 그린뱅크 현황 및 시사점, KDB 미래전략연구소

백정호, 김현석(2013), EU-ETS의장단기가격결정요인분석, 에너지경제연구, v12(1), pp.25-43. DOI : 10.22794/keer.2013.12.1.002

법제처 국가법령정보센터, https://www.law.go.kr/

세계 에너지 및 기후통계(2022), Enerdata, https://yearbook.enerdata.co.kr/

세계 에너지 시장 인사이트 제21-12호 (2022.06), 에너지 연구원

손동희, 전용일(2018), 한국 탄소배출권 시장 가격결정체계의 학습효과 연구, 자원환경경제연구, v27(4), pp. 667-694, DOI : 10.15266/KEREA.2018.27.4.667

손인성(2019), 온실가스 배출권거래제 제1차 계획기간의 성과 분석, 에너지 경제연구원

손인성, 김동구(2020), EU 배출권거래제 4기의 핵심 설계 변화 분석과 국내 배출권거래제 3기에의 시사점, 에너지경제연구원

손인성, 김동구(2021), EU-ETS 4기의 주요 제도 설계가 향후 국내 배출권거래제 운영에 미칠 영향 분석

신동윤, 연다혜(2021.3.11), 프로젝트 1.5°C : 고장난 배출권 거래제... 온실가스 내뿜고 돈 번 기업들, 뉴스타파 https://newstapa.org/article/eRQBR

양승용(2009), 국제 탄소시장의 이해, 집문당

에코아이(ecoeye), http://ecoeye.com/

오오구시 타쿠야(2011), 탄소배출권 거래와 시장, 아카데미 프레스

우주희, 신동훈(2022), 국내 탄소배출권거래시장 수요측면의 가격결정요인 분석, Journal of the Korean Data Analysis Society, 24(4), pp.1391-1404

유럽 그린딜을 향한 여정, FIT FOR 55를 살펴보자(2021.08), Kotra 해외시장뉴스

유범준(2005), 실물옵션분석, 울산대학교출판부

윤경준, 김정해, 조성한, 이혜영(2010), 기후변화정책조정체계의 대안모색: 정책조정체계의 국가간 비교를 중심으로, 한국행정학보, v44(2), pp.169-191.

윤영(2021), 주요국 신재생에너지 지원제도 현황 및 변화과정, 전기저널

이은정, 박명섭(2014), 유럽시장의 탄소배출권(EUA)가격 결정요인에 관한 연구, 무역연구, v10(2), pp. 427-452, DOI : 10.16980/jitc.10.2.201404.427

이응균, 황민섭, 이명균(2014), 국제 배출권 거래 시장의 제도변화가 국내 비(非)CO_2 CDM 사업에 미치는 영향 분석, 자원 환경경제연구, 23권 2호, 157-185.

이정은, 조용성, 이수철(2015), 한국형 온실가스 배출권 거래제도 활성화를 위한 EU 및 일본 사례 비교 연구. 한국기후변화학회지 6(1), pp.11-19.

이재형, 스위스 배출권 거래제 소개, 환경부 한국 환경 산업기술원.(2018)

정유진, 임종수, 김준순(2020), LULUCF분야 온실가스 통계 작성을 위한 제도 개선방안 연구, Journal of Climate Change Research

제26차 유엔기후변화협약 당사국총회(COP26) 폐막(2021), 외교부,

제33장 온실가스 배출권과 배출부채(2014), 한국 회계기준원(Korea Accounting Institute)

제3차 국가 기후변화 적응대책(환경부, 2020)

제5차 신재생에너지 기술개발 및 이용보급 기본계획 (2020.12), 산업통상자원부

제9차 전력수급기본계획(2020.12.28.), 산업통상자원부

참고문헌

조광조(2014), EU 탄소배출권 가격의 결정 요인에 대한 연구, 수요측면과 CER과의 상관관계를 중심으로, 무역연구, v10(6), pp.925-942, DOI : 10.16980/jitc.10.6.201412.925

진화하는 배출권거래제 시장과 기업의 탄소비용 대응방안(2018), 삼정 KPMG, https://assets.kpmg/content/dam/kpmg/kr/pdf/kr-im-ets-cabon%20cost-20180910.pdf

파리협정 함께보기(2022.3), 환경부

한국거래소, https://www.krx.co.kr

한국전력공사 월별 전력통계속보, 연도별 한국전력통계

한국환경공단, 환경부 https://www.keco.or.kr/kr/main/index.do

한낙현, 조성우, 김은주(2013), 녹색보험산업의발전방안에대한연구, 무역상무연구 51, pp.305-331.

한수현, 이주영, 성민규, 고도연, 염성찬, 오채운, 녹색기후기술백서 2019, GTC 녹색기술센터
https://www.gtck.re.kr/gtck/gtcPublication.do?mode=view&articleNo=1814&article.offset=0&articleLimit=10

홍이슬, 오형나, 홍종호(2016), EU-ETS 배출권가격 결정요인 분석: 과잉할당량을 중심으로, 경제학연구, v64(4), pp.91-123

2019, 2020 배출권거래제운영결과보고서, 환경부온실가스종합정보센터 http://www.gir.go.kr/

2050 탄소중립 녹색성장 위원회, https://www.2050cnc.go.kr/base/main/view

Alberola, E., Chevallier, J., Cheze, B., (2008) Price drivers and structural breaks in European carbon prices 2005-2007. Energy Policy, v36, pp.787-797.

Allowance Price Explorer, ICAP https://icapcarbonaction.com/en/ets prices

Auctioning, European Commission, https://ec.europa.eu/clima/eu-action/eu-emissions-trading-system-eu-ets/auctioning_en#auctioning-revenues-and-their-use

Bunn, D. and Fezzi, C.(2007): Interaction of European Carbon Trading and Energy Prices, Fondazione Eni Enrico Mattei Working Paper 123.

CDM methodologies - sectoral scope linkage, UNFCCC
https://cdm.unfccc.int/DOE/scopes.html

CDM METHODOLOGY BOOKLET(2021)
https://cdm.unfccc.int/methodologies/documentation/meth_booklet.pdf

CDM 인증센터 통계자료(2020.05.31.)
http://www.koreacdm.com/boards/cdm_projects

Chevallier, J.(2011), Evaluating the carbon-macroeconomy relationship: Evidence from threshold vector error-correction and Markov-switching VAR models. Econ. Model. v28, pp.2634-2656.

ClimateWatch, 글로벌 온실가스 배출통계, https://www.climatewatchdata.org/

Convery F, Redmond L.(2013), The European Union Emissions Trading Scheme: Issues in allowance price support and linkage. Annual Review of Resource Economics v5, pp.301-324

Energy-intensive industries-Challenges and opportunities in energy transition(2020), European Parliament

https://www.europarl.europa.eu/RegData/etudes/STUD/2020/652717/IPOL_STU(2020)652717_EN.pdf

EU-ETS Handbook(2015)

EUA futures, EUA futures options. https://www.theice.com/products:

EU-ETS price https://icapcarbonaction.com/en/ets-prices

Ewing. J., 신민영(2017), 동북아시아와 차세대 탄소시장 협력, 아시아소사이어티 정책연구소 보고서

Global Carbon Index, S&P Global,

https://ihsmarkit.com/products/global-carbon-index.html

Global Environmental Markets Report(2022.07), ICE

https://www.theice.com/microsite/usenvironmentalmonthlymarketreport#

Global Risks Report(2022), World Economic Forum

II, M. Bonacina, A. Creti, S. Cozialpi(2009), The European Carbon Market in the Financial Turmoil: some empirics in early Phase IEFE, SSRN Working paper series

IMPACT ON(임팩트온), http://www.impacton.net

IPCC 5차 보고서& 6차 보고서, 기상청 기후정보포털

http://www.climate.go.kr/home/cooperation/lpcc.php

Jiménez-Rodríguez, R.(2019), What happens to the relationship between EU allowances prices and stock market indices in Europe? Energy Econ. v81, pp.13-24.

John C. Hull.(2016), Fundamentals of Futures and Options Markets, 8ed, Pearson.

Joint Implementation, UNFCCC https://ji.unfccc.int/index.html

Joint implementation: CDM's little brother grew up to be big and nasty (Newsletter #2),(2013), Carbon Market Watch.

참고문헌

Keppler, J. and Mansanet-Bataller, M.(2010): Causalities between CO_2, electricity, and other energy variables during phase I and phase II of the EU-ETS. Energy Policy v38, pp.3329-3341.

Key Trends in CO_2 Emissions.(2015), IEA

Lovcha, Y., Perez-Laborda, A., Sikora, I.(2022), The determinants of CO_2 prices in the EU emission trading system, Applied Energy, v305, 117903

Mansanet-Bataller, M., Pardo, A., Valor, E.(2007), CO_2 prices, energy and weather. Energy. v28, pp.67-86.

Ministry for the environment, New Zealand, https://environment.govt.nz/

Montgomery, W. D.(1972). Markets in Licenses and Efficient Pollution Control Programs. Journal of Economic Theory, v5(3).

Our World in Data, https://ourworldindata.org/

Emissions by sector: https://ourworldindata.org/emissions-by-sector

Provisional Claims Code of Practice (2022), Voluntary Carbon Markets Integrity Initiative (VCMI), https://vcmintegrity.org/

RE100, 온실가스 배출권과 RPS 제도 간 연결고리가 되다,(2020.10.13.), Solar Connect Insight,

https://www.solarconnect.kr/insight/policy-issue/3321

Revision for phase 4(2021-2030), European Commission,

https://ec.europa.eu/clima/eu-action/eu-emissions-trading-system-eu-ets/revision-phase-4-2021-2030_en

Role of Derivatives in Carbon Markets(2021), ISDA

https://www.isda.org/a/soigE/Role-of-Derivatives-in-Carbon-Markets.pdf

Schumacher, Katja, Cludius, Johanna, Matthes, Felix, Diekmann, Jochen, Zaklan, Aleksandar, and Schleich, Joachim.(2012). Price determinants of the European carbon market and interactions with energy markets. UMWELTBUNDESAMT.

State and trend of Carbon Pricing(2022, 2021, 2020), World Bank

Stefano F. Verde, Simone Borghesi(2022), The International Dimension of the EU Emissions Trading System: Bringing the Pieces Together, Environmental and Resource Economics v83, pp.23-46

Tan, Wang(2017), Dependence changes between the carbon price and its fundamentals: A quantile regression approach, Applied Energy, v190(5), pp.306-325

The Carbon Brief Profile: Iran, Carbonbrief,
https://www.carbonbrief.org/the-carbon-brief-profile-iran

The Global Risks Report(2020), World Economic Forum. Geneva, Switzerland.

The Ten Point Plan for a Green Industrial Revolution(2020.11.), Government of the UK

The world bank, Carbon Pricing Dashboard,
https://carbonpricingdashboard.worldbank.org/map_data

WCI(WesternClimateInitiative), https://wci-inc.org

【약어정리】

약 어	페이지
A/R CDM: Afforestation/Reforestation CDM, 상쇄배출권조림	52
AAU: Assigned Amount Unit	25, 42
ACR: American Carbon Registry	58, 59
BAU: Business As Usual, 배출전망치	38
BM: Benchmark	47, 167
CAR: Climate Action Reserve	59
CBAM: Carbon Boarder Adjustment Mechanism, 탄소국경조정제도 또는 탄소국경세	68
CCS: Carbon Capture & Storage, 탄소포집저장기술	51
CCUS: Carbon Capture, Utilization & Storage, 탄소포집저장 및 활용기술	51
CDM: Clean Development Mechanism, 청정개발체제	23, 28, 56
CER: Certified Emission Reductions	28, 42, 56
COP: Conference of Parties, 당사국총회	17, 20
CORSIA: Carbon Offsetting and Reduction Scheme for International Aviation, 국제항공 탄소상쇄감축제도	51
CTCN: Climate Technology Centre & Network, 기후기술센터&네트워크	18
EEX: Europe Energy Exchange	44, 45, 80
EII: Energy-intensive industries, 에너지 다소비 산업군	72
ERU: Emission Reduction Units	27, 42
ETS: Emission Trading System, 배출권 거래제	23, 25, 41
FIT: Feed-in Tariff, 발전차액지원제도	77, 78
GCF: Green Climate Fund, 녹색기후기금	18
GEF: Global Environmental Facility, 지구환경기금	18
GF: Grandfathering	47, 167
GS: Gold Standard	43, 56, 59
ICE: Intercontinental Exchange	44, 45, 81
IPCC: Itergovernmental Panel on Climate Change, 기후변화에 관한 정부간 협의체	14
ITL: International Transaction Log, UN의 국제탄소계정	133
ITMO: Internationally Transferred Mitigation Outcome	62

JI: Joint Implementation, 공동이행..23, 26, 56
JVETS: Japan Valuntary Emissions Trading Scheme..........................43, 105
LULUCF: Land Use, Land Use Change and Forestry, 토지 이용, 토지
이용 변경 및 임업..42, 54
MRV: 산정(Monitoring), 보고(Report), 검증(Verification).............................51
NAP: National Allocation Plan, 국가 할당계획...48
NDC: Nationally Determined Contribution, 국가별 감축목표 또는 국가별
기여방안..35
NGO: Non-Governmental Organization, 비정부기구 또는 비영리기관............87
NMA: New Market Approach, 새로운 시장 접근법.......................................36
OTC: Over the counter, 장외시장...44
RE100: Renewable Energy 100%, 재생에너지 100% 캠페인...........................76
REC: Renewable Energy Certificate, 신재생에너지 공급인증서...............77, 136
REDD 또는 REDD+: Reducing Emissions from Deforestation and forest
Degradation..36, 52
RGGI: Regionall Greenhouse Gas Initiative...43, 98
RMU: Removal Unit..42, 53
RPS: Renewable Energy Portfolio Standard, 신재생에너지
의무할당제...77, 78, 136
SBI: Subsidiary Body for Implementation, 이행부속기구..................................18
SBSTA: Subsidiary Body for Scientific and Technological Advice,
과학기술자문부속기구...18
SDM: Sustainable Development Mechanism, 지속가능발전 메커니즘........36, 61
SMP: System Marginal Price, 계통 한계가격..136
UNEP: United Nations Environment Programme, 유엔환경계획....................14
UNFCCC: United Nations Framework Convention on Climate Change,
유엔기후변화협약..16
VCM: Voluntary Carbon Market...56, 59
VCMI: Voluntary Carbon Markets Integrity Initiative, 자발적 탄소시장
무결성 이니셔티브..61
VCS: Verified Carbon Standard...36, 56, 59
VER: Verified Emission Reduction...43
WCI: Western Climate Initiative...99

에듀컨텐츠·휴피아
CH Educontents·Huepia

탄소시장과 탄소배출권

2022년 12월 10일 초판 1쇄 인쇄
2022년 12월 15일 초판 1쇄 발행

저　　자 | **신 동 훈** 著

발 행 처 | 도서출판 에듀컨텐츠휴피아
발 행 인 | 李 相 烈
등록번호 | 제2017-000042호 (2002년 1월 9일 신고등록)
주　　소 | 서울 광진구 자양로 28길 98, 동양빌딩
전　　화 | (02) 443-6366
팩　　스 | (02) 443-6376
e-mail　 | iknowledge@naver.com
web　　 | http://cafe.naver.com/eduhuepia
만든사람들 | 기획·**김수아** / 책임편집·**이진훈 이수민 김예빈 송하경 장서진**
　　　　　　디자인·**유충현** / 영업·**이순우**

ISBN　 | 978-89-6356-377-0 (93530)

정　 가 | 15,000원

ⓒ 2022, 신동훈, 도서출판 에듀컨텐츠휴피아

> 이 책은 저작권법에 따라 보호받는 저작물이므로 무단전재와 무단복제를 금지하며, 책 내용의 전부 또는 일부를 이용하려면 반드시 저작권자 및 도서출판 에듀컨텐츠휴피아의 서면 동의를 받아야 합니다.

> "본 저서는 인하대학교의 지원에 의하여 연구되었습니다."